Escrevendo a história do futuro
A leitura do passado no processo de **Independência do Brasil**

CONSELHO EDITORIAL
Ana Paula Torres Megiani
Eunice Ostrensky
Haroldo Ceravolo Sereza
Joana Monteleone
Maria Luiza Ferreira de Oliveira
Ruy Braga

CRISTIANE ALVES CAMACHO DOS SANTOS

Escrevendo a história do futuro
A leitura do passado no processo de **Independência do Brasil**

alameda

Copyright © 2017 Cristiane Alves Camacho dos Santos

Grafia atualizada segundo o Acordo Ortográfico da Língua Portuguesa de 1990, que entrou em vigor no Brasil em 2009.

Edição: Haroldo Ceravolo Sereza
Editora assistente: Danielly de Jesus Teles
Projeto gráfico e diagramação: Dafne Ramos
Capa: Dafne Ramos
Assistente acadêmica: Bruna Marques
Revisão: Alexandra Colontini
Imagens da capa: AMÉRICO, Pedro. *Quadro Independência ou Morte! (O Grito do Ipiranga).*

Este livro foi publicado com o apoio da FAPESP, número do processo: 2015/00348-2

CIP-BRASIL. CATALOGAÇÃO NA PUBLICAÇÃO
SINDICATO NACIONAL DOS EDITORES DE LIVROS, RJ

S234E

Santos, Cristiane Alves Camacho dos
ESCREVENDO A HISTÓRIA DO FUTURO: A LEITURA DO PASSADO NO PROCESSO DE INDEPENDÊNCIA DO BRASIL
Cristiane Alves Camacho dos Santos. - 1. ed.
São Paulo : Alameda
21 cm

Inclui bibliografia
ISBN 978-85-7939-396-9

1. Brasil - História - Independência, 1822.
I. Título.

16-33214   CDD: 981.04
                     CDU: 94.(81)

ALAMEDA CASA EDITORIAL
Rua 13 de Maio, 353 – Bela Vista
CEP 01327-000 – São Paulo, SP
Tel. (11) 3012-2403
www.alamedaeditorial.com.br

*As páginas que se seguem são dedicadas a Luiz Claudio,
pelo amor, conforto e papel encorajador.*

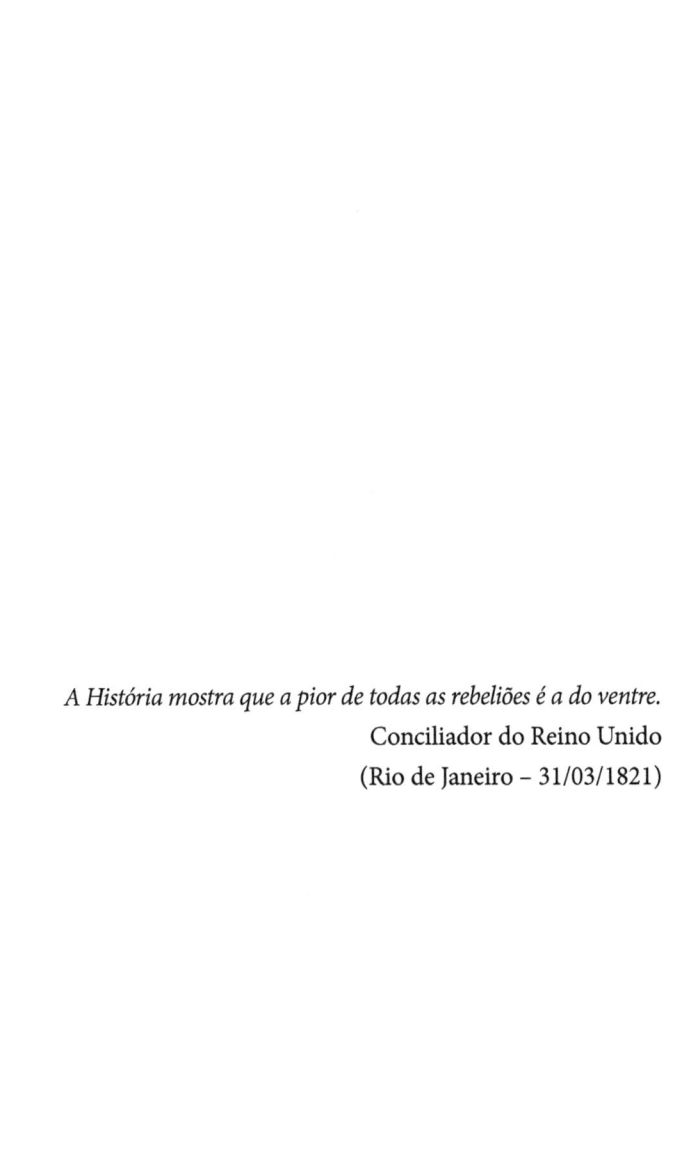

A História mostra que a pior de todas as rebeliões é a do ventre.

Conciliador do Reino Unido
(Rio de Janeiro – 31/03/1821)

Sumário

11 Prefácio

13 Introdução

31 **Capítulo 1 - Identidades políticas e experiência do tempo na crise do antigo regime português**
32 Reformismo ilustrado, escrita da História e ideia de Brasil no século XVIII
44 A transferência da Corte: uma nova dignidade histórica ao Brasil.
60 Disputas linguísticas em torno do conceito de colonização

73 **Capítulo 2- A tematização da presença portuguesa na américa de 1821**
74 Imprensa periódica de 1820: fonte e tema de pesquisa
87 Entre a unidade e a opressão
117 Condições de emergência da politização do discurso histórico nas diferentes províncias do Brasil

129 **Capítulo 3 - A vitória dos "três séculos de opressão"e a valorização das experiências históricas recentes**
143 A mobilização das experiências históricas recentes
163 A autoridade do abade De Pradt
178 Politização do discurso histórico nas províncias do Brasil em 1822

207 **Epílogo: uma história nacional antes da nação?**

217 **Fontes e Bibliografia**

Prefácio

João Paulo Pimenta
Universidade de São Paulo

Tema canônico, visitado e revisitado em uma multidão de páginas desde que começou a existir, ele mesmo, como história, a Independência do Brasil parece sofrer de um paradoxo: quanto mais sobre ele se escreve, e quanto mais novas fontes, personagens, acontecimentos e fenômenos são revelados ou se tornam melhor conhecidos, mais robustas se fazem determinadas convenções epistemológicas a enquadrar a matéria empírica, como se esta fosse atraída por algum processo de natureza irresistível para centros de gravidade a organizar modelos – explicativos, historiográficos, até mesmo culturais – previamente estabelecidos. Contudo, não seria de se esperar justamente o contrário, já que temas canônicos são naturalmente tendentes a sofrerem intervenção permanente e variada, de onde resultaria permanente estímulo à sua própria revisão? Tal paradoxo parece estimulado pelo fato da ênfase na dimensão parcialmente cumulativa do conhecimento histórico não ser prática das mais generalizadas na historiografia atual, voltada ou não para o Brasil e sua Independência, produzida no Brasil ou alhures.

Contudo, sempre há exceções. E em muitos sentidos, *Escrevendo a história do futuro* é um livro excepcional: respeitosamente amparado em boa bibliografia sobre o processo de separação política entre Brasil e Portugal, ciente do seu coeficiente de contributo a uma historiografia pretérita mas sem medo de dizer coisas novas, amparado em uma análise de fontes tão conhecidas como ainda abertas a novas análises e, finalmente, desenvolvido com o ardor e maturidade nem sempre afeitos aos limites formais impostos a uma dissertação de mestrado. Ao analisar a dinâmica de concepções e narrativas sobre o passado vivamente atuantes no processo de Independência, e que disponibilizaram à posteridade as bases de uma narrativa histórica nacional brasileira, Cristiane Camacho dos Santos nos fala da materialização de projetos e identidades políticas nas utilidades que agentes sociais do passado conferiram ao seu próprio passado; em suma, do peso da história *na própria história.* Se neste começo de século XXI, e após os quase duzentos anos que nos separam de um dos momentos mais importantes da história do Brasil - justamente por ser fundador desse Brasil - o passado não fornece mais, como costumava fazê-lo, parâmetros razoáveis de apreensão e compreensão de um futuro ao qual modernidade impôs a imperiosidade da novidade e da inovação, não há porque ignorar a permanente dialética de múltiplos tempos históricos que sempre amparou (e continua a amparar) a constituição das sociedades; logo, de uma dialética necessária ao entendimento dessas sociedades. Das do passado, da nossa atual. Principalmente se a prática de uma ótima historiografia, como a que ora se apresenta ao leitor deste livro, nos permite fazê-lo.

Introdução

Em 12 de março de 1822, o *Reverbero Constitucional Fluminense* publicou um artigo sobre a necessidade de se promover a instrução pública no Brasil. O tema principal do artigo era precedido por reflexões sobre o tempo:

a instrução não só regula a conduta do presente, senão ainda previne e providencia a marcha do futuro. O presente está prenhe do porvir, diz Leibniz, e pode-se conhecer a conexão por observadores e profundos. As medidas e providências dos homens são proporcionais às suas vistas. O que é cego do futuro, tropeçará em mil obstáculos no caminho da vida.[1]

Embora a história seja aqui mobilizada como capaz de ensinar, não se trata de aprender com a história nos termos do *topos* ciceroniano da *historia magistra vitae*, concepção politico-filosófica segundo a qual a história é útil como meio demonstrativo de doutrinas morais, teológicas, jurídicas ou políticas, com capacidade

---

[1] *Reverbero Constitucional Fluminense* n. XIII, Tomo I, 12/03/1822. p. 212. Circulou de 15 de setembro de 1821 a 8 de outubro de 1822, no Rio de Janeiro. Seus redatores eram Joaquim Gonçalves Ledo e Januário da Cunha Barbosa. Tinha periodicidade quinzenal até 1 de janeiro de 1822, quando se tornou semanal. RIZZINI, Carlos. *O livro, o jornal e a tipografia no Brasil. 1500-1822*. Rio de Janeiro, Kosmos, 1946; SODRÉ, Nelson Werneck. *História da imprensa no Brasil*. Rio de Janeiro, Civilização Brasileira, 1966; LUSTOSA, Isabel. *Insultos impressos. A guerra dos jornalistas na independência (1821-1823)*. São Paulo: Companhia das Letras, 2000. Embora entendida como proparoxítona, a palavra *reverbero* não era utilizada com acento agudo pelos redatores. *Instrumentação da edição fac-similar do Reverbero Constitucional Fluminense (1821-1822)* organizado por Marcello de Ipanema e Cybelle de Ipanema. Rio de Janeiro: Edições Biblioteca Nacional. 2005. 3v.

de se repetir e de ser apreendida. Ao contrário, o trecho é exemplar de uma mudança qualitativa na relação dos homens com o tempo, qual seja, a tentativa de controle de um futuro em fuga resultante, de acordo com Reinhart Koselleck, do distanciamento entre experiência e expectativa, típico da experiência da modernidade.[2] Nesse caso específico, a compreensão do presente como um momento de transição para o futuro é acompanhada pela defesa da instrução pública como um dos mecanismos de controle desse futuro em fuga.

As reflexões do *Reverbero Constitucional Fluminense* acerca do tempo se inserem num quadro de reflexões inaugurado no último quartel do século XVIII, caracterizado por uma profunda aceleração do tempo histórico no mundo ocidental, momento que marca, para alguns historiadores, o início da crise do Antigo Regime e, para outros, a experiência da modernidade – fenômenos que, evidentemente, não se excluem mutuamente; pelo contrário, sinalizam para a totalidade de uma mesma realidade histórica.[3] Essas transformações adquiriram ritmos e características próprios na América, com implicação direta no que diz respeito à politização das identidades coletivas, tema que será objeto de análise no decorrer deste livro. Mais especificamente, a presente obra analisa a leitura da colonização portuguesa da América na imprensa perió-

---

2   KOSELLECK, Reinhart. *Futuro passado. Contribuição à semântica dos tempos históricos.* Rio de Janeiro, Contraponto, 2006.

3   Uma abordagem consagrada sobre a crise do Antigo Regime, mais especificamente sobre a crise do antigo sistema colonial pode ser encontrada em NOVAIS, Fernando A. Novais. *Portugal e Brasil na crise do antigo sistema colonial (1777 – 1808).* 6ª ed. São Paulo, Hucitec, 1995. Para um panorama mais amplo da crise do Antigo Regime na Europa ver: KOSELLECK, Reinhart. *Crítica e crise. Uma contribuição à patogênese do mundo burguês.* Rio de Janeiro, Editora da Uerj/Contraponto, 1999. Sobre a modernidade ver: KOSELLECK, Reinhart. *Futuro passado. Contribuição à semântica dos tempos históricos. Op. cit.* Em outra chave interpretativa, ver: GUERRA, François Xavier. *Modernidad e independencias: ensayos sobre las revoluciones hispánicas.* México: FCE, 1993. Para a crescente politização das identidades coletivas na América Portuguesa a partir do último quartel do século XVIII, ver JANCSÓ, I. & PIMENTA, João G. Peças de um mosaico (ou apontamentos para o estudo da emergência da identidade nacional brasileira). In: MOTA, Carlos G. *Viagem incompleta – a experiência brasileira.* São Paulo, Senac, 2000. p. 127-175.

dica publicada no Brasil durante a independência em meio a um processo de politização de identidades coletivas e de transformação na percepção e representação do tempo histórico.

Convém, desde já, um esclarecimento acerca da *modernidade*, categoria aqui utilizada para a compreensão de uma situação de crise que começou a se manifestar entre o último quartel do século XVIII e o início do XIX. Inaugurada pela Revolução Francesa e pela Americana, embora tendo sido alimentada pela reflexão histórica progressiva e mais anteriormente pelo Iluminismo, essa experiência não deve ser entendida apenas como um momento novo ou mais recente, mas sim, definido por mudanças qualitativas de largo alcance. A saber, um novo sistema de referências, mutações múltiplas no campo das ideias, do imaginário, dos valores e dos comportamentos que, por um lado, minarão o Estado absolutista sem extinguir completamente algumas de suas marcas que continuarão a existir em novas formações políticas; e, por outro, condicionarão o surgimento e consolidação de uma nova forma de experimentar e representar o tempo.

Por meio da generalização da crítica racional iluminista e da expansão progressiva do foro interior privado ao domínio público, o Estado e a sociedade do Antigo Regime sofreriam abalos profundos no século XVIII.[4] À extensão da crítica ao Estado, antes restrita ao foro íntimo e canalizada pelas lutas confessionais, soma-se a consolidação de uma rede de sociabilidade de novo tipo – indivíduos reunidos em tertúlias, em torno de cafés, salões, academias, lojas maçônicas e sociedades literárias –, baseada em critérios igualitários e cuja legitimidade estava pautada na vontade de seus associados.

A generalização desse novo tipo de sociabilidade, em tendencial contraste com estruturas sociais do Antigo Regime, daria força, por sua vez, a uma nova instância de legitimidade. E esta, gradativamente, adquiriria a capacidade de influenciar profundamente o curso dos eventos políticos – a opinião pública moderna, instância moral independente do Estado que julga, em nome da razão, a validade das medidas do governo e os princípios gerais que devem reger a sociedade, baseada na livre dis-

---

4 KOSELLECK, Reinhart. *Op. cit.*

cussão sobre assuntos políticos e na liberdade de pensamento e de expressão.[5]

Em meio ao surgimento de uma esfera pública de discussão política, também surgia uma nova forma de percepção e representação do tempo, que adquiria materialidade a partir dessa esfera pública nascente. Por isso, a consciência nítida de que os homens entravam em uma nova era é outro aspecto decisivo que permite o tratamento da modernidade como categoria histórica em uma outra vertente teórica. Progressivamente, o tempo não é mais considerado uma unidade formal em que todas as histórias se desenvolvem, mas ele mesmo adquire qualidade histórica, ou seja, consolidam-se gradativamente critérios considerados imanentes à história, processo que marcou a ruptura anunciada no mundo ocidental de meados do século XVIII, com a transformação da concepção político-filosófica da *historia magistra vitae*.

Com a tendencial perda da operacionalidade de tal concepção, anuncia-se uma nova, de um tempo que remete à unicidade dos fatos e que confere à história um caráter processual. Esse é, segundo Koselleck, o principal traço distintivo daquilo que denomina modernidade, o que implicava aos homens da época um futuro incerto, impossível de se prever, momento em que se observa a crescente discussão (e disputa) sobre os ritmos da mudança e direção a seguir, diante de um passado que parecia deixar de ter funções normativas para o presente.[6]

A perda da operacionalidade da história cíclica, compreendida como repetição, não significava, contudo, que ela deixava de ser importante para o presente. A perspectiva histórica assumia uma função superior e era entendida cada vez mais como forma necessária de inteligibilidade e de reordenamento dos fatos passados que, por sua vez, perdiam seu caráter estável, sendo por isso sujei-

---

5   GUERRA, François-Xavier. *Op. cit.*
6   Esse traço não é abordado diretamente na obra de François Xavier Guerra, todavia se relaciona com ele, pois adquiriu materialidade em meio à nascente esfera pública de discussão política apontada pelo autor. Nesse sentido é que se pode relacionar as duas abordagens historiográficas sobre *modernidade*, uma vez que os traços identificados por Guerra e Koselleck, embora diferentes, são elementos relacionados entre si que compõem uma mesma realidade histórica.

tos a ressignificações, de acordo com as experiências vividas. Nas palavras de Koselleck, ocorre um progressivo afastamento entre experiências e expectativas fortemente marcado pela percepção de uma profunda aceleração que cada vez mais se tornava a experiência básica do tempo. Como consequência dessa transformação, "o tempo passou a ser um título de legitimação utilizável para todos os fins. Os títulos particulares de legitimação já não seriam possíveis sem uma perspectiva temporal".[7] Trata-se, portanto, de uma transformação em que a história não assumia somente uma nova natureza, mas também novas funções.

Dessa forma, a crise do Antigo Regime se manifestava tanto no plano político como nas formas de perceber e representar o tempo (o que em parte é, também, um fenômeno político). No mundo luso-americano, os primeiros sintomas de transformação profunda na ordem geral do Antigo Regime se manifestam em meados do século XVIII quando, por um lado, a política reformista portuguesa é obrigada, por conta do reordenamento político europeu, a refletir sobre o papel dos espaços coloniais no conjunto do Império Português; e, por outro, quando inaugura-se uma conjuntura revolucionária que abalava os alicerces do Antigo Regime e da colonização europeia da América.

Nesse contexto, movimentos sediciosos, como a Inconfidência Mineira (1789) e a Conjuração Baiana (1798), tocavam de algum modo nos alicerces do sistema, ao expressarem a politização de identidades de recorte regional, inclusive raciais, e o esboço da demanda por um novo modelo de legitimação do poder político – muito embora não representem um conflito mobilizado por um sentimento nacional brasileiro contra a nação portuguesa.

Na esteira dessas transformações, observa-se o delinear da ideia da autonomia de uma História do Brasil em relação à portuguesa que, no contexto do reformismo ilustrado, era entendida como totalmente compatível com a lógica de complementaridade entre colônia e metrópole, defendida por intelectuais e estadistas lusos.[8]

7 KOSELLECK, Reinhart. *Futuro passado. Op. cit.* p 296
8 KANTOR, Íris. *Esquecidos e renascidos: a historiografia acadêmica luso--americana (1724-1759)*. São Paulo-Salvador: Hucitec-Centro de Estudos

Outrossim, a conjuntura revolucionária era acompanhada pela crescente transformação e ampliação dos espaços públicos de discussão política na América portuguesa, materializadas pelo surgimento de academias científicas e literárias, da circulação cada vez mais abrangente de livros e de reuniões de letrados para leitura coletiva de textos. Elementos estes que consolidavam a existência de uma sociabilidade de novo tipo no espaço luso-americano.

Por fim, será em meio às modificações dessa cena pública, na qual projetos reformistas e revolucionários por vezes conviviam lado a lado, e não raramente até se confundiam, que o mundo luso-americano também conheceria manifestações denunciatórias do advento do movimento geral de aceleração do tempo, engendrando modalidades típicas em função de sua situação histórica particular.

A transferência da Corte portuguesa para o Brasil em 1808 acrescentaria novos ingredientes a essa conjuntura permeada de contradições, de fermentação de novas ideias e de gradual valorização da América, no conjunto do Império Português. Por um lado, a abertura dos portos em novembro de 1808, seguida da elevação do Brasil à condição de reino em dezembro de 1815, acentuou as especificidades do continente americano no conjunto do Império Português. Nesse momento, a América adquiria uma nova dignidade, associada à sua condição de sede do governo português. Esse quadro acentuou o esboço de uma identidade da América portuguesa que, de certo modo, já existia desde meados do século XVIII, mas que agora se reconfigurava, tendo por fundamento a territorialidade. Por outro lado, o ano de 1808 também inaugurava uma conjuntura revolucionária na América espanhola que seria constantemente mobilizada, fornecendo exemplos, pretextos ou advertências para diferentes projetos de futuro no mundo luso-americano.[9] Isso implicava a percepção coeva de que as transformações ocorriam de maneira mais intensa e acelerada, oferecendo conteúdos para a ressignificação dos acontecimentos, na América portuguesa.

Baianos-UFBA, 2004.

9   PIMENTA, João Paulo G. *O Brasil e a América espanhola (1808-1822)*. São Paulo, Faculdade de Filosofia, Letras e Ciências Humanas da Universidade de São Paulo, 2003. (Tese de Doutorado).

No que diz respeito à constituição dos espaços públicos, a inauguração da imprensa no Rio de Janeiro em 1808 foi elemento decisivo. Embora a *Gazeta do Rio de Janeiro* tenha sido o primeiro periódico publicado no Brasil, foi o *Correio Braziliense*, editado em Londres por Hipólito José da Costa, que acentuou a crescente politização da esfera pública, tornando-se o grande expoente da imprensa de opinião no universo luso-americano. Por meio da pena de Hipólito, observa-se a percepção de que o tempo vivido inaugurava uma experiência inédita, assim como a recorrente mobilização da experiência hispano-americana, apontando para a mudança na forma de perceber e representar o tempo.[10]

A experiência inaugurada no mundo luso-americano em torno de 1808 condicionaria, anos mais tarde, os termos e os limites da união entre as partes do Império Português, produzindo materialidade à ideia de Brasil já esboçada desde fins do século XVIII e ressignificada pelas transformações advindas da presença da família real em seu interior.

Muito embora desde fins do século XVIII sejam notáveis algumas características indicadoras da inauguração da experiência de uma modernidade no mundo luso-americano – caracterizada por novas formas de sociabilidade política, embasadas, por seu turno em uma nova visão do tempo e da história –, além da crescente politização de identidades políticas de recorte regional que gradualmente ameaçavam a integridade do Império Português, é apenas com o movimento constitucional iniciado no Porto – que resultou na reunião das Cortes Constituintes em 1821 – que o acirramento das contradições características desse período esboça um sentido de diferenciação ou de interesses divergentes entre Brasil e Portugal capaz de sustentar um projeto político estável. Nesse contexto, a manifestação de incompatibi-

---

10 ARAUJO, Valdei Lopes de. & PIMENTA, João Paulo G. História - Brasil. *In*: FERNÁNDEZ SEBASTIÁN, Javier. (dir.) *Diccionário político y social del mundo iberoamericano*. Madrid: Fundación Carolina/Sociedad Estatal de Conmemoraciones Culturales/Centro de Estudios Políticos y Constitucionales, 2009. p. 593-604. Para uma versão do texto em português, ver: ARAUJO, Valdei Lopes de. & PIMENTA, João Paulo G. História. *In*: FERES JUNIOR, João. (org.) *Léxico da história dos conceitos políticos do Brasil*. Belo Horizonte: Editora UFMG, 2009. p. 119-140.

lidades entre Brasil e Portugal terá o discurso histórico como um de seus recursos mais eficientes.

Mesmo que em meados do século XVIII e início do XIX já houvesse um senso de especificidade e autonomia de uma História do Brasil em relação à portuguesa, não havia, contudo, a instrumentalização dessa percepção em direção a projeções de futuro incompatíveis com a unidade do Império Português – ação que se esboçará e ganhará força entre 1821 e 1822.

A partir de tais considerações, defende-se a hipótese de que, em meio a novas formas de sociabilidade associadas à ampliação da esfera pública de discussão política, os debates travados na imprensa periódica publicada no Brasil entre 1821 e 1822 revelam uma mudança substantiva na maneira de perceber e representar o tempo e a História nos termos da modernidade. Defende-se, ainda que a história da colonização portuguesa da América como uma trajetória peculiar e específica em relação à história de Portugal é forjada e utilizada, entre 1821 e 1822, como instrumento político para sustentar projetos de futuro que viabilizaram a independência. Também parece plausível supor que a mobilização do discurso histórico e, especialmente, da experiência colonial esboçada nesse período, ofereceu subsídios que serão apropriados pela historiografia científica de meados do século XIX, no sentido de forjar um sentimento identitário baseado numa história peculiar brasileira a partir do passado colonial.

. Como resultado da Revolução Constitucional Portuguesa, as Cortes de Lisboa assumiram o papel de centro do poder e de articulação política do Império Português, sendo reconhecidas como tal por muitas províncias do Brasil até o início de 1822, quando se intensificam as incompatibilidades entre as duas partes da monarquia. Tais incompatibilidades podem ser verificadas, por exemplo, por meio de discussões tensas sobre o envio de tropas às províncias do Brasil e sobre o comando do governo das armas, revelando a incompatibilidade entre o anseio de autonomia nas diferentes partes do Brasil e projetos que defendiam a centralização política em torno das Cortes de Lisboa.[11] Em particular, a transferência

---

11 ALEXANDRE, Valentim. *Os sentidos do Império*. Porto: Afrontamento, 1993.

da Corte portuguesa para o Rio de Janeiro em 1808, seguida da elevação do Brasil à condição de reino, contemplara e criara interesses e possibilidades de participação política das quais os protagonistas políticos no Brasil, e especialmente na nova Corte, não desejavam abrir mão.

Os decretos de 1º de outubro de 1821 que previam, além da regulamentação dos governos provinciais, a extinção do Reino do Brasil e o retorno de D. Pedro para a Europa, foram decisivos no contexto de politização das diferenças entre as partes do Brasil e Portugal, revelando a força simbólica que a condição de reino assumiu na defesa da unidade territorial do Brasil, cujo centro passaria a ser, desde meados de 1821, a regência de D. Pedro.[12]

Em meados de 1822, com o acirramento das tensões entre os dois reinos e a instalação da Assembleia Constituinte no Rio de Janeiro, a defesa de manutenção do reino do Brasil em união com o de Portugal perde espaço para um projeto de separação política entre os dois reinos, e da fundação do Império do Brasil. A coroação de D. Pedro como imperador do Brasil, em outubro deste mesmo ano, evidencia a vitória de tal projeto. No entanto, a consolidação da independência e do Estado brasileiro seria um processo ainda conflituoso, estendendo-se por muitos anos durante a primeira metade do século XIX.[13]

Nessa conjuntura política extremamente dinâmica e marcada pela instabilidade e pela multiplicidade de projetos políticos,

---

12 SOUZA, Iara Lis C. *Pátria coroada: o Brasil como corpo político autônomo. 1780-1831*. São Paulo: Editora da Unesp, 1998. A força simbólica da manutenção do reino do Brasil explica-se, ainda, pelo temor do esfacelamento da unidade territorial sugerida pela experiência histórica recente e em curso de desagregação política da América hispânica. PIMENTA, João Paulo G. *Op. cit.*.

13 HOLANDA, Sergio B. de. A herança colonial, sua desagregação In: *História geral da civilização brasileira*. São Paulo, Difel, 1960. Tomo II – O Brasil Monárquico.; MATOS, Ilmar R. de. Construtores e herdeiros. A trama dos interesses na construção da unidade política. *In*: JANCSÓ, István. (org.) *Op. cit.*, p. 271-294; DOLHNIKOFF, Miriam. *Construindo o Brasil: unidade nacional e pacto federativo nos projetos das elites (1820-1842)*. São Paulo: Faculdade de Filosofia, Letras e Ciências Humanas da Universidade de São Paulo, 2000 (Tese de Doutorado); CARVALHO, José Murilo de. *A construção da ordem: elite política imperial*. Brasília, UnB, 1980.

observa-se uma mobilização constante e intensa do discurso histórico, especialmente do "passado colonial" e das experiências históricas recentes.

Assim como a condição de reino do Brasil, adquirida em 1815 assumiu uma força simbólica, as leituras do passado e sua instrumentalização discursiva compuseram, também, outro elemento de grande força simbólica. Sobre esse ponto, é necessário esclarecer que o século XVIII assistiu a transformações gradativas na configuração das identidades coletivas e na escrita da história na América portuguesa. Esse acúmulo de experiências da condição colonial criou, entre outros fatores, as condições de possibilidade para o surgimento de identidades associadas a um passado especificamente "brasileiro" que justificariam projetos de futuro igualmente específicos, a partir de 1821.

Desse modo, tem-se em vista, ao longo deste livro, realizar uma contextualização que visa evidenciar esse acúmulo de experiências e, especialmente, sua apropriação coeva, procurando descortinar uma gradual diferenciação de perfis entre Europa e América que, por um lado, era, até o último quartel do século XVIII, totalmente compatível com a integridade do Império Português e, por outro, valorizava progressivamente as especificidades do espaço americano. Essa contextualização objetiva, também, realçar a mudança qualitativa provocada pela transferência da Corte para o Brasil, especialmente, no tocante à valorização do espaço americano no conjunto do Império Português e à mobilização da história, agora acionada em termos substancialmente diferentes do que ocorria até então, incitando os luso-americanos à reflexão histórica e à reconfiguração da experiência anterior a 1808.

Contudo, embora esse acúmulo de experiências engendrasse, especialmente a partir do século XVIII, elementos identitários associados à condição colonial, somente a partir de 1821 esses elementos serão apropriados, tendo em vista a afirmação de antagonismos entre Brasil e Portugal. Em outras palavras, esse acúmulo de experiências, associado à condição colonial, é um elemento que condicionou a politização de uma identidade especificamente "brasileira", mas só a partir de 1821, com as transformações advindas da Revolução do Porto é que se e esboçou e se cristalizou essa identidade em contraposição à portuguesa.

Defende-se que essa conjuntura inaugura o momento de "outorga" de significados políticos a elementos identitários associados à condição colonial tendo em vista a sustentação de um projeto político estável de independência do Brasil.[14] Tal esclarecimento é fundamental por dois motivos. Primeiro, porque as identidades coletivas não existem em si, objetivamente, mas adquirem materialidade por meio de seus portadores – advertência necessária uma vez que evita o falso problema da existência de elementos identitários "verdadeiros" ou "naturais", em contraposição aos "falsos" ou "artificiais". Em segundo lugar, se por um lado, na historiografia brasileira e sobre o Brasil a crítica intensa aos "mitos de origem" alertou para os riscos do compromisso com o nacionalismo que envolve o trabalho historiográfico, por outro lado, parece ter ofuscado parcialmente os nexos que conferem inteligibilidade às relações entre fundação do Estado e surgimento da nação, talvez devido à preocupação excessiva em não incorrer nos equívocos para os quais a própria crítica se dirigiu.[15] Se não há

---

14 Neste ponto, as reflexões de Anthony Smith acerca da identidade nacional foram esclarecedoras para o aprimoramento das hipóteses orientadoras da pesquisa que resultou neste livro. SMITH, Anthony. *A identidade nacional*. Lisboa: Gradiva, 1997; SMITH, Anthony. *Myths and Memories of the Nation*. New York: Oxford University Press, 1999.

15 O problema das mediações entre Estado e nação para além da precedência de uma dimensão sobre a outra foi colocado em pauta por JANCSÓ, István. *In: Projeto Temático A fundação do Estado e da nação brasileiros (1750 – 1850)*. São Paulo, 1º semestre de 2003, p. 8 (mimeo). Sobre o nacionalismo presente no trabalho do historiador e as diferentes manifestações do chamado "mito de origem", ver também: WEHLING, Arno. (coord.) *Origens do Instituto Histórico e Geográfico Brasileiro: ideias filosóficas e sociais e estruturas de poder no Segundo Reinado*. Rio de Janeiro, IHGB, 1989; WEHLING, Arno. *Estado, história, memória :Varnhagen e a construção da identidade nacional*. Rio de Janeiro : Nova Fronteira, 1999.; PIMENTA, João Paulo G. *Estado e nação no fim dos impérios ibéricos no Prata (1808-1828)*. São Paulo, Hucitec/Fapesp, 2002. CHIARAMONTE, José Carlos. El mito de las orígenes en la historiografia latinoamericana. *In: Cuadernos Del Instituto Ravignani, 2*. Instituto de Historia Argentina y Americana Dr. Emilio Ravignani, Faculdad de Filosofia y Letras, Universidad de Buenos Aires, s. d. p. 1 a 35; GUERRA, François-Xavier. A nação

uma correspondência imediata entre Estado e nação, é inegável a existência de uma conexão entre esses fenômenos históricos. Este livro, portanto, não pretende atualizar as explicações formuladas na segunda metade do século XIX, segundo as quais a independência do Brasil seria o resultado de um sentimento nacional anterior, embora busque enfrentar o problema das mediações entre Estado e nação, afastando-se, também, da postura modernista segundo a qual o Estado seria o demiurgo da nação.[16]

A imprensa periódica assumiu, então, no contexto de politização das identidades coletivas, um papel privilegiado para análise, pois intensificou o debate sobre os interesses públicos em Portugal e no Brasil. O estabelecimento da liberdade de imprensa no Brasil, em março de 1821, provocou a proliferação e circulação de panfletos e periódicos, o que forneceu materialidade para um debate político, que vivia um processo de alargamento e adensamento, com especial interesse pelas questões de governo. Os periódicos tornaram-se ao mesmo tempo expressão e elemento condicionante da constituição de um espaço público de discussão no mundo luso-americano.[17] Com isso, assumia o papel de verdadeiras armas de luta política em defesa de interesses que, mesmo na eventualidade de divergências, atribuíam ao Brasil um papel de destaque no Reino Unido português.

Identificar a recorrência da mobilização de argumentos históricos para a afirmação do Brasil como entidade política, a despeito das divergências políticas entre os jornais, será fundamental ao

---

na América espanhola – a questão das origens. *In: Revista Maracanan.* Rio de Janeiro. UFRJ, ano 1, nº 1, 1999-2000. Para um panorama da historiografia sobre a independência, ver: COSTA, Wilma P. A independência na historiografia brasileira. In: JANCSÓ, I. (org). *Independência: História e Historiografia.* São Paulo: FAPESP/Hucitec, 2005. p. 53 - 118.

16 Defendida por historiadores como Ernest Gellner e Eric Hobsbawm. Para um panorama desta discussão, ver: SMITH, Anthony. O nacionalismo e os historiadores. *In:* BALAKRISHNAN, Golpal. (org.). *Um mapa da questão nacional.* Rio de Janeiro: Contraponto, 2000. p. 185-208.

17 SLEMIAN, Andrea. *Vida política em tempo de crise: Rio de Janeiro (1808-1824).* São Paulo: Hucitec, 2006.; MOREL, Marco. *As transformações nos espaços públicos. Imprensa, Atores Políticos e Sociabilidades na Cidade Imperial (1820 – 1840).* São Paulo, Hucitec, 2005.

longo deste livro uma vez que os periódicos permitem considerar as fontes não apenas como reduzidas a "máscaras" de interesses econômicos,[18] mas principalmente como portadoras de contradições do quadro de reconfiguração de múltiplas identidades políticas, no contexto de crise e superação do Antigo Regime português. Segundo Benedict Anderson a imprensa periódica representa o recurso técnico para o reordenamento e criação de identidades políticas. Em outras palavras, a arbitrariedade da inclusão e justaposição de informações coincidentes no calendário, assim como a reiteração de recursos discursivos em comum, possibilita o enraizamento de um mundo imaginado na vida cotidiana, permitindo a produção de consciência de pertencimento político.[19] Em certa medida, é isso o que ocorre com o Brasil nas primeiras décadas do século XIX.

Desse modo, pretende-se levar em consideração algumas das assertivas teóricas de Anderson, buscando nelas inspiração para análise documental. Objetiva-se destacar a recorrência da apropriação discursiva de um passado específico, ou seja, identificar maneiras de falar, referências, termos e expressões que remetam à colonização portuguesa da América e observar as interações entre o discurso e o contexto em que foi emitido. Procura-se, contudo, trazer à tona um movimento de duplo sentido: ao mesmo tempo em que o recurso discursivo é tomado como expressão da busca de reordenamento político num momento de profunda transformação, ele fornece parâmetros para uma ação possível, tendo em vista projeções de futuro.

Nesse sentido, tenciona-se demonstrar como o discurso histórico e, particularmente, a leitura da colonização portuguesa da América, torna-se um recurso discursivo eficiente e utilizável por mais de um ator social na dinâmica da independência, a despeito de divergências políticas e econômicas existentes entre os redatores dos periódicos em questão. Daí a análise, que prioriza evidenciar os elementos discursivos que delineiam, progressivamente, uma identidade especificamente brasileira a partir de um passado igualmente específico, implicando, com isso, dar menor destaque

---

18 MOREL, Marco. *Op. cit.*
19 ANDERSON, Benedict. *Nação e consciência nacional.* São Paulo: Ática, 1989.

às divergências políticas e econômicas subjacentes ao periodismo de 1821 e 1822.

Evidentemente, as divergências e interesses de grupos específicos são recuperados sempre que se fazem úteis à compreensão do problema geral desta obra. Todavia, o olhar está voltado com mais atenção a elementos discursivos e identitários agregadores, em detrimento dos que afastam os periódicos analisados.

Leva-se em consideração que alguns dos jornais foram editados em um período mais abrangente do que o recorte cronológico aqui estabelecido. Neste caso, a leitura e análise estão concentradas nas edições publicadas entre 1821 e 1822. Não se perde de vista, no entanto, a contextualização da leitura no conjunto da publicação de cada título. Embora a análise se concentre substancialmente nos periódicos publicados no Brasil entre 1821 e 1822, também são analisados alguns folhetos publicados no Brasil no mesmo período.

Imersos no mesmo ambiente de debate dos jornais, os panfletos que circularam no período são numerosos: mais de 250 publicados principalmente no Rio de Janeiro. Por conta disso, não são incorporados de maneira substantiva à análise, embora seu uso seja circunscrito àqueles que sinalizem conter, por indicação da historiografia ou de sua citação nos periódicos, operações discursivas associadas ao tema deste livro.

No Capítulo 1, discute-se a concepção e a escrita de uma História da América portuguesa de meados dos Setecentos até 1820, buscando, a partir da bibliografia consultada sobre o tema, caracterizar elementos tradicionais e inovadores no que diz respeito à percepção e representação do tempo num momento de profunda transformação. Objetiva-se enfatizar a abordagem do problema de uma autonomia de uma História do Brasil em relação à portuguesa, salientando os fatores dessa experiência que condicionaram as leituras do passado em 1821 e 1822 e, ao mesmo tempo, indicar a mudança qualitativa no plano político, discursivo e identitário, provocada pela transferência da Corte para o Brasil.

Os Capítulos 2 e 3 reúnem os resultados efetivos da pesquisa empírica, a saber, a análise da mobilização discursiva e identitária da história na imprensa periódica do Brasil de 1821 e 1822. Ainda no Capítulo 2, são retomados temas como o papel da imprensa periódica na constituição dos espaços públicos no Brasil e as peculiaridades dessa documentação para o estudo das identidades políticas num contexto de profunda transformação. Em seguida, é feita a análise dos periódicos publicados no Brasil em 1821, a fim de demonstrar como o discurso histórico e, particularmente, a leitura da colonização portuguesa da América, parece ter dado materialidade à singularização da História do Brasil, sem, contudo, indicar para a independência política.

A abordagem do problema, já esboçada no primeiro capítulo, concernente à autonomia de uma História do Brasil em relação à portuguesa, também é aprofundada no capítulo 2. Mais especificamente, tenciona-se apresentar as ambiguidades acerca do papel da colonização portuguesa da América, ora apresentada como elemento que trouxera unidade, prosperidade e civilização ao Brasil, ora apresentada como sinônimo de opressão e exploração pontual e historicamente qualificadas.

No terceiro capítulo, analisa-se o discurso histórico e a leitura da colonização portuguesa da América tendo em vista as situações criadas pelos decretos de 1º de outubro de 1821. Seu impacto, a partir de dezembro de 1821, manifesta-se de maneira eloquente na imprensa periódica publicada no Brasil, especialmente no Rio de Janeiro. É o momento em que a fórmula "três séculos de opressão", como referência à presença portuguesa na América, parece instrumentalizar projetos políticos que se tornariam incompatíveis com a indivisibilidade da nação portuguesa, tal como preconizada pelas Cortes lisboetas.

Objetiva-se, assim, demonstrar como o discurso histórico é instrumentalizado de acordo com a dinâmica política em curso, e como este viabiliza, no plano intelectual, político e identitário, a independência política do Brasil. Procura-se não se perder de vista as especificidades da dinâmica política, levando-se em conta a província onde se publicava determinado periódico. Elementos como as distâncias entre as províncias, o jogo de forças políticas regionais e o descompasso de tempo na circulação de informações nas diferentes províncias são levados em conta na análise.

No Epílogo, retoma-se a discussão sobre a questão nacional, avaliando, brevemente, como as leituras do passado no período da independência se aproximam ou se distanciam da historiografia "científica" do século XIX, cujo marco é a fundação do Instituto Histórico e Geográfico Brasileiro em 1838.

***

Essa obra foi originalmente produzida como dissertação de mestrado, defendida no Departamento de História da Faculdade de Filosofia, Letras e Ciências Humanas da Universidade de São Paulo, em agosto de 2010. Para a publicação em livro, o texto foi submetido a uma revisão e a alterações pontuais que procuraram incorporar parcialmente as sugestões e críticas da banca examinadora na ocasião da defesa. Todas as citações documentais sofreram atualização ortográfica e gramatical, preservando-se, todavia, as construções sintáticas originais. A pesquisa contou com o financiamento da Fundação de Amparo à Pesquisa do Estado de São Paulo (FAPESP).

Agradeço especialmente a João Paulo Garrido Pimenta: sua orientação segura e motivadora foram fundamentais para o rigor na realização da pesquisa. Também agradeço a ele o incentivo a essa publicação. Sou muito grata aos professores Marco Morel e Valdei Lopes de Araujo, cujas críticas e sugestões realizadas quando das bancas examinadoras da dissertação foram decisivas. A este último também agradeço a interlocução estabelecida durante os Seminários de História da Historiografia promovidos pela Universidade Federal de Ouro Preto.

Sou muito grata aos professores Andréa Slemian, Márcia Regina Berbel e Rafael de Bivar Marquese que, em diferentes momentos e de diferentes maneiras, contribuíram para concretização dessa obra. Não poderia deixar de mencionar o professor István Jancsó, uma referência inspiradora.

Agradeço a convivência acadêmica enriquecedora aos colegas parceiros em grupos de estudos: Ana Claudia Fernandes, Jaqueline Lourenço, Flávia Varella, Júlia Neves, Camila Farah, Adriana Leme, Brisa de Araújo. Devo meus agradecimentos à Romilda Costa Motta, à Ana Claudia Fernandes e ao Nilton Pereira dos Santos, com quem desenvolvi uma grande amizade, para além dos laços acadêmicos. Agradeço a Maria Heloisa Aguiar da Silva, uma das responsáveis pelo meu "despertar" para a História. Aos meus pais, José e Edinalva, agradeço o apoio incondicional. Devo muito à Kátia, minha irmã querida, o carinho nas horas difíceis. Ao João Pedro, cuja inocência e alegria deram um novo significado para a minha vida. Aos queridos Miguel e Davi agradeço a transformação de minha vida em uma "loucura feliz". Devo muitos agradecimentos a Luiz Claudio, a quem também dediquei estas páginas. Seu amor, conforto e papel encorajador me permitem estar em lugares onde eu achava que não devia.

Capítulo 1

IDENTIDADES POLÍTICAS E EXPERIÊNCIA DO TEMPO NA CRISE DO ANTIGO REGIME PORTUGUÊS NA AMÉRICA

A atribuição de um senso de unidade ao Brasil a partir de sua constituição histórica não foi tarefa original dos protagonistas de sua independência. Desde pelo menos o início da colonização, no século XVI, observa-se o delinear de uma ideia de História do Brasil, mas que só viria a adquirir feições precisas no século XVIII.

Em meio à disputa a respeito da nomenclatura das terras a serem colonizadas, no início do século XVI, muitos cronistas escreveram sobre o Brasil, nomeado, por vezes, de "Terra de Santa Cruz". A divergência remete a um debate sobre qual era o sentido do empreendimento colonizador – como um empenho de caráter mercantil ou ligado a uma missão salvacionista.[1]

Nesse contexto, Pero de Magalhães Gandavo escreve o *Tratado descritivo do Brasil* em 1570, e a *História da Província de Santa Cruz* em 1575, obras significativas à explicação desse fato, uma vez que demonstram como a disputa acerca da nomenclatura das novas terras implicava diferentes perspectivas sobre a colonização, já que Gandavo, nas duas obras, oscilou entre as duas nomenclaturas. Anos mais tarde, em 1587, Gabriel Soares de Souza escrevia a *Notícia do Brasil*, explicando a origem da nomenclatura "Terra de Santa Cruz", a partir de um relato fatual e objetivo. Em 1618, Ambrósio Fernandes Brandão, escreveu o *Diálogo das grandezas do Brasil*, obra em que pela primeira vez foi feita a associação entre as terras a serem colonizadas e o nome do continente, América. Mas a primeira *História do Brasil* foi escrita pelo Frei Vicente de Salvador, em 1627.

---

1 SOUZA, Laura de Mello. O nome do Brasil. *In: Revista de História*. São Paulo: Departamento de História da Universidade de São Paulo. N. 145. 2º semestre de 2001. p. 61-86.

Tais elaborações, mesmo que indicadoras de identidades coletivas associadas, por exemplo, ao território do continente americano – como na obra de Ambrósio Fernandes Brandão –, ou, ainda, inscrevendo o nome "Brasil" em seus títulos, não traziam consigo conteúdos políticos, sequer significando que a escrita da história sobre as terras a serem colonizadas significasse a compreensão do Brasil como um todo coeso e autônomo dos domínios da história da monarquia portuguesa.[2]

Contudo, em meados do século XVIII, observa-se o delinear de uma ideia da autonomia de uma *História do Brasil* em relação à portuguesa, em meio às transformações provocadas pelo reformismo pombalino. Tal autonomia não representava, nesse momento, ameaça à unidade da nação portuguesa. Mesmo que em meados do século XVIII e início do XIX já houvesse um senso de especificidade e autonomia da História do Brasil em relação à portuguesa, não havia, contudo, a instrumentalização dessa percepção em direção a projeções de futuro incompatíveis com a unidade do Império Português, algo que se esboçaria e ganharia força entre 1821 e 1822. A construção setecentista de uma autonomia da História do Brasil, no entanto, de alguma forma serviria à posteridade, já que seria objeto de releitura e ressignificação, durante o processo de independência do Brasil.

Reformismo ilustrado, escrita da história e ideia de Brasil no século XVIII

O início do século XVIII foi marcado por grande instabilidade política no mundo ocidental e redefiniu o jogo de forças entre as grandes potências europeias. A Guerra de Sucessão Espanhola (1701-1713) polarizou a Áustria, Inglaterra, Províncias Unidas e Portugal, em favor da sucessão dos Habsburgos e contra a candidatura do neto de Luís XIV, sustentada pela aliança francoespanhola. Tal redefinição transformara a França e a Inglaterra em grandes potências, o que obrigou Portugal e Espanha a

---

2 PIMENTA, João Paulo G. Portugueses, americanos, brasileiros: identidades políticas na crise do Antigo Regime luso-americano. In: *Almanack Braziliense*. (revista eletrônica). N. 03. Maio/2006. p. 69-80. Disponível em: http://www.almanack.usp.br. Acesso em 24. mai. 2010.

mercadejarem com as vantagens da exploração de seu ultramar para garantir a independência da metrópole e preservar o Império.[3] Em consequência da aliança anglo-portuguesa, intensificaram-se as investidas de corsários franceses na costa do Brasil, situação que refletia um momento em que a hegemonia europeia se definia, entre outros fatores, pela disputa por mercados coloniais. Concomitantemente, a descoberta de ouro no interior da América portuguesa no fim do século XVII causou grande euforia, o que levou à corrida pelo metal precioso e, por conseguinte, a uma tendencial mudança do eixo econômico da zona açucareira para a região das minas. As investidas de corsários franceses eram, dessa forma, acompanhadas pela dificuldade de controle sobre o interior, decorrente desse novo quadro econômico.

Na América portuguesa, o despontar dos Setecentos assistiria, ainda, a uma série de levantes que exigiria pronta mobilização das autoridades metropolitanas. O Império Português enfrentava, assim, uma conjuntura insurgente na América, o que levou o então conselheiro ultramarino, Antônio Rodrigues da Costa, a alertar para os perigos de ameaças internas.[4]

Além da Guerra dos Emboabas, entre 1707 e 1709, as autoridades metropolitanas enfrentaram outras contestações: Mascates em Pernambuco (1710-11); Maneta na Bahia (1711); motim de negros em Camamu e Maragugipe, também na Bahia (c. 1712); motins de potentados no sertão do rio das Velhas, Minas Gerais (1717); Revolta do Terço Novo na Bahia (1728), Revolta de Vila de São Salvador do Paraíba do Sul, no Rio de Janeiro (1730); e revolta em Cuiabá, Mato Grosso.[5] Tais revoltas, no entanto, não possuíam um sentido de contestação profunda à soberania real e ao domínio português na América. Circunscritas a questões específicas,

3   NOVAIS, Fernando. *Portugal e Brasil na crise do Antigo Sistema Colonial (1777-1808)*. 6ª ed. São Paulo: Hucitec, 1995. p. 26

4   SOUZA. Laura de Mello e. A conjuntura crítica no mundo luso-brasileiro de início do século XVIII. In: *O sol e a sombra. Política e administração na América portuguesa do século XVIII*. São Paulo: Cia das Letras, 2006. p. 78-108.

5   FIGUEIREDO, Luciano. *Revoltas, fiscalidade e identidade colonial na América portuguesa. Rio de Janeiro, Bahia e Minas Gerais, 1640-1761*. São Paulo, Faculdade de Filosofia, Letras e Ciências Humanas da Universidade de São Paulo, 1996 (Tese de Doutorado).

esses descontentamentos voltavam-se geralmente contra o representante do poder monárquico, e não contra a natureza desse poder – característica sintetizada pela fórmula "viva o rei, morra o mau governo" tão comum às revoltas do período.

Conforme demonstra Luciano Figueiredo, muitas delas assumem a função de reafirmar a lealdade dos súditos para com seu soberano.[6] "Os colonos, vassalos del Rei, não se consideravam como formando um todo, e sim como integrantes de segmentos isolados: eram luso-brasileiros a viverem cada qual em sua região, ignorando o mais das vezes o que ia pelas outras".[7]

Segundo Laura de Mello e Souza, a ausência de instituições (como universidades ou Cortes) que englobassem a América portuguesa como um todo, assim como a comunicação direta das Câmaras Municipais com oficiais régios e conselheiros de Portugal, reforçava o localismo e impedia sua integração.

Ao analisar a atuação do conselheiro ultramarino Antônio Rodrigues da Costa, Mello e Souza salienta, porém, que a realidade concreta das revoltas inspirava considerações do conselheiro sobre a unidade do território, ou seja, para Rodrigues da Costa, em 1732, a teoria do perigo interno se assentava na possibilidade de os vassalos, com base na prática política, se tornarem conscientes do que havia de comum nas distintas partes do Brasil. Dito de outra forma, Rodrigues da Costa compreendia que da sedição poderia surgir a unidade. Desse modo, Mello e Souza defende que a unidade política de colônias ou conquistas luso-americanas foi ideia surgida antes na cabeça dos centros decisórios do poder em

---

6   *Idem.*

7   SOUZA, Laura de Mello e. *Op. cit.* p. 98. Segundo Stuart Schwartz, quando muito, as conquistas portuguesas na América formavam blocos, até meados do século XVIII: "uma zona central de grandes lavouras costeiras e, posteriormente, uma zona mineira situada além dessa área costeira; periferia localizada ao sul, centrada no planalto de São Paulo; a região da bacia do Amazonas, situada ao norte, de fato instituída, com a criação do Estado do Maranhão em 1621 como um estado separado". SCHWARTZ, Stuart. A formação de uma identidade colonial no Brasil. In: *Da América portuguesa ao Brasil – estudos históricos*. Lisboa, Difel, 2003, p. 242. Ver, ainda: KANTOR, Íris. *Esquecidos e renascidos: a historiografia acadêmica luso-americana (1724-1759)*. São Paulo/Salvador, Hucitec/ Centro de Estudos Baianos-UFBA, 2004.

Lisboa que na dos insurretos de Minas, Bahia ou Pernambuco, no início do século XVIII.[8]

Ao longo do século XVIII, a construção de uma ideia de unidade da América portuguesa conheceria várias oportunidades de definição e reforço. De maneira especial, a criação da *Academia Real de História Portuguesa*, em 1720, cumpriria papel fundamental no desenvolvimento dessa tarefa. Tratava-se de uma das primeiras academias europeias sustentadas pela Coroa e dedicada, exclusivamente, às investigações históricas, peculiaridade que era informada por paradigmas geopolíticos.

A possibilidade de união das coroas francesa e espanhola advinda da Guerra de Sucessão Espanhola transformava a necessidade de separação de Portugal em relação à Espanha um princípio geoestrategicamente sagrado e expresso nos estatutos da *Academia Real de História Portuguesa*.[9] A conjuntura geopolítica aquecera os debates no interior da Academia, momento em que a concepção de uma "ilha-Brasil" foi utilizada com engenho pelos diplomatas portugueses para justificar a fundação da Colônia de Sacramento e os distritos portugueses às margens do Prata.

Os diplomatas portugueses chamavam a atenção para a necessidade de se fixar uma genealogia da ocupação territorial nos domínios ultramarinos e a associação intrínseca entre a diplomacia e as atividades da Academia: historiadores régios eram convocados para municiarem os diplomatas nas negociações internacionais.

No que diz respeito à escrita da História, a intensa disputa pelos espaços coloniais entre as potências europeias impeliu à secularização da escrita histórica, uma vez que se questionavam severamente os princípios teológicos que fundamentavam o domínio dos países ibéricos sobre o território americano.[10] Todavia, a criação de academias na Europa de fins do século XVII e início do XVIII, mesmo que apontasse para a perda de exclusividade dos monarcas na apreciação das artes e das ciências, não foi acompanhada, imediatamente, por uma transformação semântica da his-

---

8 SOUZA, Laura de Mello e. *Op. cit.*
9 KANTOR, Íris. *Op.Cit.*
10 KANTOR, Íris. *Op. cit.*

tória, algo que ocorreria apenas em meados do século XVIII.[11] As academias contavam com a participação de homens experientes nos trâmites ultramarinos e também com uma rede de contatos institucionais e interpessoais de membros supranumerários. Residentes na América portuguesa, Sebastião da Rocha Pitta e Gonçalo Soares da França eram correspondentes da Academia Real de História Portuguesa. Em meio à proliferação de academias científicas no mundo ocidental do século XVIII, surgiria, em 1724, a *Academia Brasílica dos Esquecidos*, em Salvador. Tal academia teve duração curta, de março de 1724 a janeiro de 1725. Seu nome fazia alusão ao desejo de incorporação dos eruditos luso-americanos ao orbe literário metropolitano, por meio da escrita da história da América portuguesa. Sua criação estava pautada, segundo Íris Kantor, por dois anseios: aumentar o prestígio simbólico na Corte, a partir da sociabilidade intelectual (o que significava a possibilidade de retribuição dos serviços prestados ao rei mediante remunerações ou mercês) e aprofundar os laços com as elites locais, num momento de percepção de ameaça à preeminência de Salvador, representada pela produção aurífera das minas.

Anos mais tarde, em 1759, surgiu a *Academia Brasílica dos Renascidos*, sob o impacto das reformas pombalinas, cujo principal objetivo era dar continuidade à escrita histórica da América iniciada pelos *Esquecidos*. A partir da segunda metade do século XVIII, observa-se que a política de Estado portuguesa, fortemente marcada pela percepção da decadência e pela ética racional da Ilustração, reconhecia cada vez mais que os espaços coloniais na América eram regiões econômicas muito importantes e que, por isso, deveriam ter papel estratégico no conjunto do Império Português. Mais especificamente, o reformismo pautou-se pela lógica de complementaridade entre Europa e América, promovendo a redefinição da soberania territorial no ultramar, o que interferiu diretamente na realidade colonial.

---

11 ZERMEÑO PADILLA, Guillermo. História, experiência e modernidade na América ibérica, 1750-1850. In: *Almanack Braziliense*. (revista eletrônica). Número 07, maio de 2008. p. 5-46. Acesso em: http://www.almanack.usp.br. Acesso em 24. mai. 2010.

A expulsão dos jesuítas, em 1759, causou grande impacto na sociedade colonial, uma vez que a companhia tinha papel fundamental na formação intelectual e no conhecimento sobre o território e os habitantes americanos. O Diretório dos Índios, por sua vez, demarcou territórios indígenas e realizou a promoção civil destes, o que alteraria substancialmente a configuração da sociedade colonial. Essas mudanças foram intensamente discutidas no interior da *Academia Brasílica dos Renascidos*.

Concomitantemente a esses eventos, observa-se o eclodir de obras eruditas produzidas na América portuguesa, cujas principais preocupações eram narrar a história da colonização portuguesa na América, sobretudo o seu povoamento, e empreender uma descrição geográfica do território. É importante salientar que tal distinção entre História e Geografia, tão comum atualmente, passava a ser praticada pelos cronistas do século XVIII.

A atividade das academias e as obras eruditas produzidas no mundo luso-americano compartilhavam do intuito de escrever a história da América portuguesa. Tal empreendimento se apresentava plenamente compatível com a lógica de complementaridade entre Europa e América, compreendida como necessária pela política reformista do Estado português, e implicava, necessariamente, uma diferenciação de perfis que se desdobraria no reconhecimento de autonomia da História do Brasil em relação à portuguesa.

Antes mesmo da política reformista pombalina, em 1730, Sebastião da Rocha Pitta empreendera o primeiro projeto de escrita da história da América portuguesa. A obra se insere em um contexto de exaltação dos feitos portugueses na América, diante de uma situação crítica de levantes coloniais. Além de correspondente da *Academia Real de História Portuguesa*, Rocha Pitta também foi membro da *Academia Brasílica dos Esquecidos*.

Domingos Loreto Couto, por sua vez, escreveu em 1757, seus *Desagravos do Brasil e glórias de Pernambuco*. Descrições corográficas, de tipos sociais e genealógicas compunham, também, esse repertório de obras que, segundo Valdei Lopes de Araujo e João Paulo G. Pimenta, atribuíam aos acontecimentos passados um caráter singular, por conta do espaço no qual ocorreram. Para os autores, "de um lado, com a escrita de obras eruditas, o Estado contará com um espaço privilegiado de materialização e reforço da lógica de complementaridade entre metrópole e colônias; de outro, os autores de ditas obras terão renovadas as oportunidades de promoverem a obtenção, para portugueses naturais da América, de títulos nobiliárquicos de serviço".[12]

Iris Kantor observa que muitos acadêmicos faziam parte da elite que compunha os quadros da "nobreza de serviço imperial", entretanto, assevera que há uma dimensão contraditória do empreendimento erudito e acadêmico em situação colonial. Segundo a autora, "a criação da academia proporcionava, em tese, o estreitamento dos vínculos entre as elites americanas e os desígnios imperiais lusitanos, mas também dava margem à formação de uma nova percepção sobre a territorialidade e as condições de efetivação da soberania portuguesa no continente".[13] Tal contradição manifesta-se objetivamente por meio da produção acadêmica dos *Renascidos*. De acordo com a historiadora, as memórias e catálogos genealógicos produzidos em meados do século XVIII pelos acadêmicos são estimuladas pela proliferação de pleitos territoriais. Tal associação permitia, então, o confronto da territorialidade instituída pela Coroa (que nem sempre coincidia com os fluxos internos de mercadorias, pessoas e

---

12 ARAUJO, Valdei Lopes de. & PIMENTA, João Paulo G. História - Brasil. In: FERNÁNDEZ SEBASTIÁN, Javier. (dir.) *Diccionário político y social del mundo iberoamericano*. Madrid: Fundación Carolina/Sociedad Estatal de Conmemoraciones Culturales/Centro de Estudios Politicos y Constitucionales, 2009. p. 593-604. Para uma versão do texto em português ver: ARAUJO, Valdei Lopes de. & PIMENTA, João Paulo G. História. In: FERES JUNIOR, João. (org.) *Léxico da História dos conceitos políticos do Brasil*. Belo Horizonte: Editora UFMG, 2009. p. 119-140. Além da *História da América Portuguesa*, de Sebastião da Rocha Pitta, e dos *Desagravos do Brasil*... de Loreto Couto, pode-se citar, ainda, *Caramuru*, poema épico sobre o descobrimento da Bahia, de Santa Rita Durão (1781); *Catálogo Genealógico das principais famílias*, de frei Antônio de Santa Rita Jaboatão (1762); *Nobiliárquica paulistana histórica e genealógica*, de Pedro Taques de Almeida Paes Leme e, por fim, *Memórias para a história da capitania de São Vicente, hoje chamada de São Paulo*, do frei Gaspar da Madre de Deus (1797). KANTOR, Iris. *Op. cit.*

13 KANTOR, Iris. *Op. cit.* p. 122.

informações) com o processo de ocupação efetiva do território. Dessa forma, a tentativa de redefinição administrativa a partir dos interesses locais presente na produção historiográfica dos acadêmicos luso-americanos é testemunho claro da dimensão contraditória identificada pela historiadora.

O reformismo pombalino implicava, ainda, a racionalização fiscal e de transferência de lucros da colônia para a metrópole. Tal preocupação se cristalizou a partir de diversas medidas: transferência da sede do governo geral para o Rio de Janeiro, em 1763; extinção do Estado do Grão-Pará e Maranhão, sendo este incorporado ao Brasil (1772); criação do Erário Régio (1761), de companhias de comércio (Grão Pará e Maranhão, em 1755; Pernambuco e Paraíba, em 1759), e da Junta de Comércio, em 1755.[14]

Essas mudanças acirraram o controle metropolitano sobre a América, o que exacerbou as heterogeneidades no espaço colonial.[15] Isso não significou propriamente a produção de antagonismos entre colônias e metrópoles.[16] Mesmo diante das contradições verificadas através da produção historiográfica dos acadêmicos, não havia a instrumentalização desse espaço intelectual no sentido de ruptura com a metrópole. Pelo contrário, almejava-se a manutenção das prerrogativas e dividendos adquiridos por intermédio dos serviços prestados pelos vassalos à Coroa.

Contudo, conforme defende Kantor, a existência da Academia representava um estímulo à autonomização intelectual e política dos colonos, pois ela propiciava a formação de uma imagem mais global da realidade colonial e aumentava as possibilidades de superação da fragmentação política imposta pela administração metropolitana – esta, vista por sua vez, como inadequada e, por isso, passível de ser superada. Por isso, "se por um lado, a exis-

---

14 FALCON, Francisco C. *A Época Pombalina. Política econômica e monarquia ilustrada.*São Paulo, Ática, 1982.

15 HALPERIN DONGHI, Túlio. *Reforma y disolución de los impérios ibéricos. 150-1850.* Madrid: Alianza, 1985.

16 Para a associação entre reformismo pombalino e antagonismos entre colônias e metrópoles, ver: NOVAIS, Fernando A. *Op. cit.* ; FALCON, Francisco C. Pombal e o Brasil. In: TENGARRINHA, José. (org.) *História de Portugal.* Bauru: Edusc; São Paulo: Unesp; Portugal: Instituto Camões, 2001. p. 227- 243

tência de uma academia luso-americana promovia a afirmação da soberania portuguesa na América (...), por outro, ela também abrira um canal de expressão dos interesses luso-americanos".[17]

Entretanto, a diversidade das identidades coletivas na América portuguesa não sofreu grau de politização significativo antes do último quartel do século XVIII: "a identidade nacional portuguesa, até entrado o século XIX, observou rigorosa regularidade: (...) qual moldura, acomodava, tensa ou confortavelmente a depender da situação concreta que se considere, as identidades de recorte local (paulista, baiense e paraense) correspondentes às muitas pátrias criadas pela colonização".[18]

Tal regularidade começa a se alterar no último quartel do século XVIII, no contexto do reformismo ilustrado e dos movimentos de contestação ao sistema colonial. É o momento em que a crise do Antigo Regime Português na América torna-se perceptível pelos coevos como um momento de profunda aceleração do tempo vivido e representado.[19]

Ao analisar o pensamento ilustrado português, Novais constata que, em fins do século XVIII, cada vez mais a exploração colonial constituía-se em tema de indagação. Porém, tal preocupação não apontava para o questionamento sobre sua continuidade. Esteve pautada pela necessidade, reconhecida como urgente pelos estadistas lusos, de tornar a exploração ultramarina mais eficiente e, portanto, assumia o sentido de reforçar os laços entre metrópole e colônia, e não de negar essa relação. Tudo isso, diante de uma conjuntura revolucionária que abalava os alicerces do Antigo Regime e da colonização europeia.

A Revolução Americana (1776), a Francesa (1789) e a revolta de escravos em S. Domingos (1792) se tornavam referenciais his-

---

17 KANTOR, Iris. Op. cit. p. 160
18 JANCSÓ, István. "Independência, independências". In: Independência: história e historiografia. São Paulo: Hucitec, 2005. p. 21. Ver, também: JANCSÓ, I. & PIMENTA, João G. Peças de um mosaico (ou apontamentos para o estudo da emergência da identidade nacional brasileira). In: MOTA, Carlos G. Viagem incompleta – a experiência brasileira. São Paulo, Senac, 2000. p. 127-175.
19 ARAUJO, Valdei Lopes de. & PIMENTA, João Paulo G. Op. cit.

tóricos de corrosão do Antigo Regime e da relação entre colônias e metrópoles, fornecendo parâmetros para a ação política. Nesse contexto, movimentos sediciosos, como a Inconfidência Mineira (1789) e a Conjuração Baiana (1798), de algum modo tocavam nos alicerces do sistema ao demonstrarem a politização das identidades, inclusive raciais, e o esboço da demanda de um novo modelo de legitimação do poder político.[20] No entanto, tais movimentos, mesmo indicando tensões sociais ou raciais e acenando para a contestação da natureza do Antigo Regime, não representam um conflito de um sentimento nacional brasileiro contra outra nação (a portuguesa), sequer apresentando clareza no tocante ao seu grau de contestação frontal.

Não obstante, observa-se uma mudança expressiva no que diz respeito aos espaços públicos de discussão política. Cada vez mais a crítica deixava de se dirigir ao funcionamento do sistema e passava a incidir sobre sua natureza e existência.[21] O reformismo ilustrado fomentou, de alguma forma, o referencial iluminista de reflexão e crítica na América portuguesa, como testemunha, em parte, as atividades da *Academia Brasílica dos Renascidos*. Ademais, observa-se que as ideias espalhavam-se, em fins do século XVIII, através de livros reunidos em bibliotecas particulares, que circulavam por meio de doações, empréstimos ou cópias manuscritas, inclusive, muitos livros proibidos como as denúncias do abade Raynal ao caráter exploratório da colonização da América.[22]

20 Para as contestações ao sistema colonial do fim do século XVIII ver: JANCSÓ, István. & PIMENTA, João Paulo G. *Op. Cit*; JANCSÓ, István. A sedução da liberdade: cotidiano e contestação política no final do século XVIII. In: NOVAIS, Fernando A (dir.). & SOUZA, Laura de Mello e. (org.). *História da vida privada no Brasil*. São Paulo: Companhia das Letras, 1997. (V. I. Cotidiano e vida privada na América portuguesa). p. 387-437; STUMPF, Roberta G. *Filhos das Minas, americanos e portugueses: identidades coletivas na capitania de Minas Gerais (1763-1792)*. São Paulo: Faculdade de Filosofia, Letras e Ciências Humanas da Universidade de São Paulo, 2001. (Dissertação de Mestrado).

21 Para a crescente politização da esfera pública em meados do século XVIII na Europa, ver KOSELLECK, Reinhart. *Critica e Crise. Uma contribuição à patogênese do mundo burguês*. Rio de Janeiro: Contraponto/Editora da UERJ, 1999.; HABERMAS, Jürgen. *Mudança estrutural na esfera pública*. Rio de Janeiro: Tempo Brasileiro, 1984.

22 FRIEIRO, Eduardo. *O diabo na livraria do Cônego*. Belo Horizonte: Ita-

No contexto das sedições no espaço colonial de fins do século XVIII, observa-se também uma demanda por notícias sobre a conjuntura política internacional e, principalmente, sobre os ideais revolucionários franceses. Reuniões de letrados para leitura coletiva de textos se tornariam cada vez mais comuns. Além de seu caráter antiabsolutista, tais reuniões revelavam práticas novas, como a supressão de sinais de diferenças de condição e saber como definidores da elegibilidade de seus participantes.[23]

Em resposta a uma situação reconhecidamente crítica, esboça-se, no interior do reformismo ilustrado português, uma alternativa de materialização dos esforços de complementaridade entre colônias e metrópoles sintetizada pela Memória sobre o melhoramento dos domínios de sua majestade na América, de D. Rodrigo de Souza Coutinho. Na ocasião, D. Rodrigo era Ministro da Marinha e do Ultramar.[24] Propunha uma política de reordenamento geral para o Império, pautada pela necessidade de realizar reformas esclarecidas em seu interior.

Com efeito, a política ilustrada reformista de D. Rodrigo visava integrar o desenvolvimento metropolitano e colonial, sem romper com o sistema. Ao refletir sobre o sistema de governo mais adequado à monarquia portuguesa, D. Rodrigo reconhece o Brasil como a "base da grandeza" da monarquia, alertando que

> Portugal, reduzido a si só, seria dentro de um breve período uma província da Espanha, enquanto servindo de ponto de reunião e de assento à monarquia que se estende ao que possui nas ilhas de Europa e África, ao Brasil, às costas orientais e ocidentais da África, e ao

tiaia, 1957.; JANCSÓ, István. A sedução da liberdade... *Op. cit.*

23 JANCSÓ, István. A sedução da liberdade. *Op. Cit*; VILLALTA, Luís. O que se fala e o que se lê: língua, instrução e leitura, ambos publicados em NOVAIS Fernando A. (dir) & SOUZA, Laura de Mello e. (org.). História da vida privada no Brasil. São Paulo: Companhia das Letras, 1997 (V. I. Cotidiano e vida privada na América portuguesa.

24 COUTINHO, D. Rodrigo de Souza. Memória sobre o melhoramento dos domínios de Sua Majestade na América. Publicada na coletânea dirigida por Andrée Mansuy Diniz Silva. *Textos políticos, econômicos e financeiros (1783-1811)*. Lisboa: Banco de Portugal, 1993. Sem data de publicação, a *Memória* fora escrita, segundo Diniz Silva, entre 1797 e 1798.

que ainda a nossa Real Coroa possui na Ásia, e sem contradição uma das potências que tem dentro de si todos os meios de figurar conspícua e brilhantemente entre as primeiras potências da Europa.[25] Informado por pressupostos cientificistas e pragmáticos, o Ministro incentivava estudos e levantamentos sobre as condições naturais e econômicas do Reino e do Ultramar, procedimento iniciado pela política de Estado pombalina. Na tentativa de transformar a exploração ultramarina mais eficiente, D. Rodrigo esforçava-se para preservar a ideia de uma certa unidade de interesses, que só se salvaria pela lógica da complementaridade entre Europa e América.

A fraqueza de Portugal diante das potências europeias, aliada à desproporção entre metrópole e seus domínios, deixa de ser, para D. Rodrigo, um fator de ameaça de ruptura do sistema, sendo capaz de superar as contradições do pacto, por meio da harmonização das peças do conjunto.[26] Nesse sentido, Ana Rosa Cloclet da Silva compreende que os reformistas portugueses de final de Setecentos "condicionavam a regeneração econômica do Reino e a própria afirmação da soberania da monarquia nacional à capacidade de preservação e aproveitamento dos domínios coloniais", enfatizando que essa referência e valorização dos "domínios ultramarinos" deixa transparecer a "ideia do Brasil como esteio da Monarquia Lusitana".[27] Ademais, a lógica de complementaridade entre o Reino e o ultramar pressupunha a existência de espaços diferenciados e, por isso, complementares, o que favorecia o reconhecimento de especificidades do Brasil no conjunto do Império Português.

Dessa forma, a escrita da história da América portuguesa esteve intimamente associada à política reformista empreendida a partir de meados do século XVIII. Era um momento em que a

---

25 Idem. p. 48
26 NOVAIS, Fernando A. Op. cit..
27 SILVA, Ana Rosa Cloclet da. Inventando a nação. Intelectuais ilustrados e estadistas luso-brasileiros na crise do Antigo Regime português (1750 - 1822). São Paulo: Hucitec/Fapesp, 2006.

identidade nacional portuguesa acomodava as identidades de recorte regional que se modificavam no espaço colonial.

A necessidade de reformas para superar a crise em que se encontrava o Império Português levou, contudo, ao reconhecimento de que Portugal e Ultramar deveriam permanecer em união, de acordo com a lógica de complementaridade vislumbrada pelos estadistas ilustrados. Essa lógica pressupunha o reconhecimento de especificidades desses espaços, conduzindo, progressivamente, à autonomização da História do Brasil, o que não significou, neste momento, a produção de antagonismos entre colônia e metrópole.

A ideia de Brasil que se esboçava por meio da produção intelectual luso-americana de meados do século XVIII era plenamente compatível com a política reformista portuguesa. E mais que isso, a autonomia da História do Brasil e a diferenciação de perfis entre Europa e América presentes nessa produção não subsidiavam projetos políticos de mudança ou subversão da ordem. Eram compatíveis com a integridade da monarquia portuguesa nos quadros do Antigo Regime.

A TRANSFERÊNCIA DA CORTE: UMA NOVA DIGNIDADE HISTÓRICA AO BRASIL

Diante do acirramento de tensões entre França e Inglaterra, materializado no início do século XIX pelos avanços do Império napoleônico sobre a Europa, a neutralidade portuguesa mantida até então se tornaria insustentável, quando se iniciou, no seio do pensamento e da ação dos estadistas luso-americanos, uma tensão entre posturas em favor de uma aliança luso-britânica ou franco-lusitana.[28]

Ana Rosa C. Silva explicita como a política de Estado portuguesa adquire novos conteúdos a partir da decisão da transferência da Corte para o Brasil, em 1807, marco da aliança portuguesa com a Inglaterra. Segundo a autora, a instalação da Corte daria concretude ao projeto imperial. E mais: "sem abandonar a perspectiva de união política com o Reino", a concepção de um novo

---

28 NOVAIS, Fernando A. *Op. cit.*, especialmente, o capítulo 1, "Política de neutralidade".

império por ela destacada, "sinalizava uma necessária inflexão nos rumos do reformismo ilustrado de D. Rodrigo de Sousa Coutinho, o qual [...] passaria a dedicar maior atenção [a partir de 1807] às políticas de desenvolvimento interno [ao Brasil]".[29] Com isso, a historiadora considera possível afirmar que, se a instalação da Corte no Rio de Janeiro contribuiu decisivamente para alimentar o projeto de um "novo império" a partir do Brasil, ela também seria responsável "pela negação de um dos princípios definidores daquele todo representado pela Monarquia".[30] Parece-nos que essa transformação implica um potencial de conflito que é de fundamental valia para compreensão do objeto de estudo deste livro.

No bojo do processo de independência, entre 1821 e 1822, essa "visão imperial" comportará novos conteúdos, que seriam associados cada vez mais à ideia de uma trajetória histórica específica do Brasil. Por isso, priorizou-se uma contextualização sobre os impactos da transferência da Corte tendo em vista compreender a transformação qualitativa provocada pelo evento, no que diz respeito à valorização da especificidade do Brasil no conjunto do Império Português.

Partindo de Lisboa em novembro de 1807 e escoltada pela marinha britânica, parte da família real aportava em Salvador, em 22 de janeiro de 1808. Dias depois, em 28 de janeiro, D. João assinou o decreto, abrindo os portos da América portuguesa às nações estrangeiras aliadas. Em março de 1808, a família real chegou ao Rio de Janeiro, quando a cidade se transformou em sede do governo português. A instalação da Corte no Brasil e a abertura dos portos provocaram mudanças substantivas na antiga relação entre as possessões ultramarinas e a metrópole. Em primeiro lugar, com o fim do monopólio, as diferentes partes da América viviam o fim de uma modalidade multissecular de dependência, o que levou à adesão imediata das capitanias, em sua maioria, às iniciativas que conferiam visibilidade à liquidação da condição colonial. Nesse

---

29 SILVA, Ana Rosa Cloclet da. *Op. cit.* p. 241. Sobre projeto imperial "luso-brasileiro", ver: LYRA, Maria de Lourdes Vianna. *A Utopia do poderoso império: bastidores da política (1798-1822)*. Rio de Janeiro: Sette Letras, 1994.

30 SILVA, Ana Rosa Cloclet da. *Op. cit.*

contexto, junto com a Corte, instalaram-se portugueses reinóis no Rio de Janeiro, que estabeleceram negócios, atividades comerciais e compra de terras, bem como ocorreram transformações urbanas significativas para acomodar fisicamente a Corte na cidade e dar-lhe feições europeias.[31] Instalaram-se, ainda, diversas instituições que já existiam em Lisboa, para garantir o funcionamento do Estado português na América: o Erário Régio, o Desembargo do Paço, a Casa da Suplicação, a Intendência-Geral de Polícia e a Mesa de Consciência e Ordens.[32]

O estabelecimento da Corte no Rio de Janeiro incitou o anseio dos homens influentes da terra a ampliar sua participação na gestão da *coisa pública*. Tal anseio foi, ao mesmo tempo, possibilidade efetiva de participação política. "Quanto à configuração dos espaços públicos, isso significa um 'comércio' (no sentido mais amplo de trocas) entre interesses privados, econômicos, com a esfera pública", aspecto que não foi desprezado pela Corte na distribuição de prerrogativas e na composição dos quadros administrativos em sua nova sede.[33]

Conforme aponta Andrea Slemian, há uma dimensão qualitativa desse processo que não deve ser desprezada. Segundo a auto-

---

31 Existia, contudo, desde meados do século XVIII, uma relativa autonomia de parte da economia colonial em relação à metrópole, que envolvia contatos entre o Rio de Janeiro e outras partes da América portuguesa. Ver: FRAGOSO, João. & FLORENTINO, Manolo. *O arcaísmo como projeto: mercado atlântico, sociedade agrária e elite mercantil em uma sociedade colonial tardia: Rio de Janeiro, c. 1790-c. 1840*. Rio de Janeiro: Civilização Brasileira, 2001.

32 DIAS, Maria Odila da Silva. A interiorização da metrópole. In: MOTTA, Carlos G. (org.) *1822: Dimensões*. São Paulo: Perspectiva, 1972. p. 160-184; OLIVEIRA, Cecília Helena de Salles. *A astúcia liberal. Relações de mercado e projetos políticos no Rio de Janeiro (1820-1824)*. Bragança Paulista: Edusf-Ícone, 1999; MALERBA, Jurandir. *A Corte no exílio. Civilização e poder no Brasil às vésperas da Independência (1808 a 1821)*. São Paulo: Cia das Letras, 2000; SCHULTZ, Kirsten. *Versalhes tropical Império, monarquia e a Corte real portuguesa no Rio de Janeiro, 1808 – 1821*. Rio de Janeiro: Civilização Brasileira, 2008. Para um contraponto à ideia de interiorização da metrópole, ver: SLEMIAN, Andrea. *Vida política em tempo de crise: Rio de Janeiro (1808-1824)*. São Paulo: Hucitec, 2006, especialmente as páginas 31-50.

33 MOREL, Marco. *Op. cit.*. p. 159

ra, "uma delas, a partir da supressão tácita da relação colônia-metrópole, está na proximidade agora estabelecida entre portugueses americanos e o rei. Nos termos do Antigo Regime, a proximidade entre súdito e monarca estabelecia as antigas condições de mobilidade social não apenas em nível local, mas no âmbito do Estado português. Em meio às lutas por privilégios e ascensão social, alargavam-se os limites da sociedade política no Rio de Janeiro, com possibilidade para que homens influentes da terra também participassem de suas funções".[34]

Se a presença do rei no Rio de Janeiro fortalecia os laços entre ele e seus súditos americanos, a ausência da Corte na Europa, associada à invasão francesa do Reino e à extinção do monopólio comercial, provocou o descontentamento de grupos mercantis peninsulares que temiam a disputa comercial com estrangeiros, sobretudo ingleses. A presença da Corte na América tornava a abertura dos portos inevitável, mas estreitava as relações entre Portugal e a Grã-Bretanha, com inúmeras vantagens à economia desta nação confirmadas pelos tratados de 1810 que concediam

34 SLEMIAN, Andréa. *Op. cit.* p. 36. A mesma autora alerta que se a base da prosperidade dos negócios passa a ser a busca de favorecimentos pessoais junto ao Regente ou por meio de pessoas bem relacionadas na Corte, isso não significou um embate entre "portugueses e "brasileiros", em 1808, o que supostamente levaria, anos mais tarde, à independência do Brasil. A perspectiva de ampliação da participação política leva, evidentemente a conflitos. A elite emigrada, segundo Jancsó e Pimenta, "desconhecia pela maior parte os padrões de sociabilidade vigentes na América e via no domínio dos ritos peninsulares (sociais, econômicos ou políticos) instrumento de afirmação de sua diferenciação (quando não, de superioridade) em relação aos da terra". No entanto, a monarquia portuguesa representou, em 1808, "um elemento coesivo desse universo em que a proximidade ao rei significava a possibilidade de obtenção de privilégios, coisas muito perceptíveis e reais. Mas ela era dotada também de uma ancestralidade que anteriormente mantinha os laços dos colonos unidos com a metrópole, da qual surgia a identidade política mais importante e abrangente presente durante o período colonial". SLEMIAN, Andréa. *Op. cit.* p. 49. Assim, ocorre um recrudescimento do sentimento de adesão ao Império e ao trono, com o Rio de Janeiro como centro de poder. O sentido de diferenciação acima apontado servirá como combustível para a alternativa da separação política somente nos anos de 1821 e 1822, quando a manutenção do Reino do Brasil é ameaçada. JANCSÓ, István. & PIMENTA, João Paulo G. *Op. cit.* p. 150.

privilégios comerciais aos britânicos. Assinados em 19 de fevereiro de 1810 e ratificados em 26 de fevereiro e em 18 de junho, esses tratados concediam tarifas alfandegárias mais baixas às mercadorias transportadas à América portuguesa em navios britânicos (15%) do que aquelas proveninentes de navios portugueses (16%) e de outras nações (24%). Também ficava estabelecida a proibição de transporte, em navios portugueses, de mercadorias de potências inimigas da Grã Bretanha. Admitia-se a presença de navios de guerra britânicos em portos portugueses e, por fim, Portugal comprometia-se com a abolição gradual do tráfico, sem estabelecer data precisa para tanto.

A concorrência brutalmente desigual com o comércio e a indústria britânica intensificou o descontentamento de portugueses peninsulares. Os desdobramentos da transferência da Corte sinalizavam, portanto, para uma situação desfavorável a Portugal: a invasão napoleônica, que feria brutalmente a soberania portuguesa, o que somado com a percepção de uma condição inferior dos portugueses peninsulares em relação à América, acentuaria um sentido de diferenciação entre Brasil e Portugal, configurando um potencial de conflito, que foi sendo gradualmente gestado, e que logo viria a se manifestar, a partir de 1813.[35]

As transformações provocadas pela instalação da Corte no Rio de Janeiro tinham, ainda, impacto decisivo na constituição dos espaços públicos no mundo luso-americano. Entre as providências tomadas por D. João é de fundamental importância a instituição da Impressão Régia, por decreto de 13 de maio de 1808, uma vez que ela possibilitou a impressão de obras na América portuguesa e do primeiro periódico publicado no Brasil, a *Gazeta do Rio de Janeiro*.

Veículo oficial de comunicação do governo, começou a circular em 10 de setembro de 1808 e era de propriedade da Secretaria de Estado dos Negócios Estrangeiros e da Guerra. À semelhança das gazetas europeias do Antigo Regime, publicava atos oficiais, leis e decretos do governo joanino, extratos de folhas europeias e

---

35 ALEXANDRE, Valentim. *Os sentidos do Império: questão nacional e questão colonial na crise do Antigo Regime português*. Porto: Afrontamento, 1993.

elogios à família reinante, com raros artigos de opinião.[36] De acordo com João Paulo G. Pimenta, este veículo oferecia "aos súditos uma ideia factível de comunhão de interesses", disponibilizando "conhecimento acerca do que se passava em diversas partes do Brasil, da Europa e do mundo e, portanto, dos desafios impostos ao conjunto da nação portuguesa. Propiciava a seus leitores a materialização da nação e a face mais visível de sua unidade, que era o Estado, a dinastia e o monarca".[37]

De certo modo, a publicação da Gazeta do Rio de Janeiro na América portuguesa reforçava a ideia de unidade já presente na produção erudita e acadêmica de fins do século XVIII, mas agora tal unidade seria ressignificada, sobretudo, pela presença da Corte em seu interior.

Além da Gazeta do Rio de Janeiro foram editados na Bahia a Idade d'Ouro do Brasil, desde 1811, e Variedades ou Ensaios de Literatura, de duração efêmera. No Rio de Janeiro circularia, ainda, O patriota, de 1813 a 1814. Mas foi o Correio Braziliense, periódico mensal editado em Londres a partir de junho de 1808, que acentuou a crescente politização da esfera pública, tornando-se o grande expoente da imprensa de opinião no universo luso-americano. Seu redator, Hipólito José da Costa, natural da Colônia de Sacramento, fazia parte do círculo de ilustrados portugueses de fins do século XVIII e início do XIX.

De Londres, o Correio Braziliense publicava informações e analisava grandes acontecimentos políticos e econômicos do mundo ocidental. Crítico voraz do governo português, propunha reformas ao império ditadas pelas exigências das Luzes para a sobrevivência da monarquia. Fora formalmente proibido de circular nos domínios portugueses pelo governo, mas circulava em profusão tanto em Portugal como no Brasil: era lido, inclusive, por membros do Ministério joanino.[38]

---

36 MEIRELLES, Juliana Gesuelli. Imprensa e poder na Corte joanina. A Gazeta do Rio de Janeiro, 1808-1821. Rio de Janeiro: Arquivo Nacional, 2008.
37 PIMENTA, João Paulo G. O Brasil e a América espanhola (1808-1822). São Paulo, Faculdade de Filosofia, Letras e Ciências Humanas da Universidade de São Paulo, 2003. (Tese de Doutorado). p. 42.
38 JANCSÓ, István. & SLEMIAN, Andrea. Um caso de patriotismo imperial.

Enquanto a *Gazeta do Rio de Janeiro* priorizava notícias sobre a Europa, sobretudo os desdobramentos das guerras napoleônicas naquele continente,[39] o *Correio Braziliense* enfatizava informações sobre o que se passava na América, esboçando uma concepção de identidade territorial da América portuguesa que coincidia com a inflexão da política externa da Corte para o continente americano.[40] A percepção da decadência portuguesa predominante no círculo de letrados e estadistas de fins do século XVIII e início do XIX parecia relativizar-se para o readator do *Correio Braziliense* diante das "potencialidades" do Novo Mundo na tarefa de "regenerar" o Império Português.[41] Para Hipólito da Costa,

> a extensão de território, a riqueza de produções, e a vantagem da posição Geográfica, com que a Providência se dignou a abençoar o Estado do Brasil, ministram a seus habitantes os meios não só de gozar de todas as comodidades da vida, mas de adquirirem riquezas, e chegarem a grande ponto de prosperidade, se por meio do comércio externo, souberem tirar partido de todas as circunstâncias favoráveis.[42]

Se o ineditismo da presença de uma Corte europeia na América parecia ser uma alternativa para superar a crise em que se encontrava o Império Português, os desdobramentos das invasões napoleônicas no Império Espanhol impunham à Corte uma política cuidadosa, a começar pela defesa de suas fronteiras na América, procurando impedir que os impactos das invasões napoleônicas, que implicavam risco de contágio revolucionário nos domínio por-

---

In: DINES, Alberto. (org.). *Hipólito José da Costa e o Correio Braziliense. Estudos.* São Paulo, Brasília: Imprensa Oficial do Estado; *Correio Braziliense*, 2002, Volume XXX., p. 605-667.

39 MEIRELLES, Juliana Gesuelli. *Op. cit.*
40 PIMENTA, João Paulo G. *Op. cit.*
41 ARAUJO, Valdei Lopes de. & PIMENTA, João Paulo G. *Op. cit.*
42 *Correio Braziliense*. N. 79. 12/1814. Citado por PIMENTA, João Paulo G. Portugueses, americanos, brasileiros: identidades políticas na crise do Antigo Regime luso-americano. In: *Almanack Braziliense*. (revista eletrônica). N. 03. Maio/2006. p. 69-80. Disponível em: www.almanack.usp.br. Acesso em 24. mai. 2010.

tugueses, ameaçassem a unidade monárquica bragantina.[43] Em 1808, as invasões napoleônicas marcaram o auge da debilidade política dos impérios ibéricos. Decorrentes de uma mesma conjuntura crítica, as soluções para superar a crise foram diferentes em cada um deles. Se, mesmo que parcialmente, a transferência da Corte produzira o reforço dos laços que uniam o monarca a seus súditos americanos, na Espanha, as invasões napoleônicas produziram e intensificaram conflitos na América que, na década seguinte, tornariam o esfacelamento do Império Espanhol cada vez mais provável.[44] A Espanha, aliada da França até 1807, sucumbiu ao avanço militar francês quando o rei Carlos IV assinou o Tratado de Fontenebleau, em outubro de 1807, após a prisão do herdeiro do trono espanhol, por resistir à invasão napoleônica. O tratado dividia o território português entre França e Espanha.

Após a transferência da Corte portuguesa para o Brasil, em novembro de 1807, formaram-se bases militares francesas na Espanha para atacar Portugal, o que resignificava a posição da França em relação à Espanha, passando de aliada à invasora.

Em maio de 1808, Carlos IV e seu herdeiro Fernando VII foram obrigados a renunciar ao trono em favor de José Bonaparte, irmão mais velho de Napoleão. A partir de então, verifica-se uma explosão de movimentos de resistência ao domínio napoleônico em todo o território espanhol, inclusive em seus domínios americanos, com a proliferação de Juntas de Governo que se declaravam fiéis a Fernando VII.

A multiplicidade das Juntas de Governo levou a conflitos políticos, inaugurando uma crise de jurisdição no Império Espanhol, que culminaria na abertura dos processos de independência na América hispânica.[45] A desagregação da América espanhola significava um exemplo histórico concreto do desgaste na relação entre colônias e metrópoles e foi referência constante no universo luso-americano, principalmente nas páginas do *Correio Braziliense*. O processo revolucionário na

---

43   PIMENTA, João Paulo G. *Op. cit.*
44   *Idem.*
45   *Ibidem.*

América espanhola advertia para ameaças à sobrevivência da ordem dinástica no interior do Império Português.[46] Do ponto de vista da política de Estado joanina, garantir a integridade da monarquia significou uma política externa especialmente dirigida à região do Prata, espaço de intersecção entre as possessões ibéricas na América.[47] Tratava-se de um espaço de ocupação densa, com economia dinâmica e historicamente disputado entre as monarquias ibéricas.

A abertura do processo revolucionário no Prata levou a conflitos entre as Juntas de Buenos Aires e Montevidéu, esta inclinada a aproximações com D. João e sua esposa, D. Carlota, irmã de Fernando VII. O governo de de Montevidéu defendia a manutenção da monarquia bourbônica e o princípio de legitimidade dinástica, momento em que o projeto carlotista adquiriu força política, mas não se concretizou.

O governo joanino efetivou a intervenção militar na Província Oriental em dois momentos. Entre 1811 e 1813, a primeira intervenção foi marcada pela defesa portuguesa da legitimidade dinástica espanhola na região e pela atuação de Artigas, que propunha uma organização política para a Província Oriental e negava tanto sua incorporação ao Império Português, como sua união com as demais províncias do Prata, sob o comando de Buenos Aires. A retirada das tropas portuguesas foi acompanhada pela vitória do projeto encabeçado por Buenos Aires.

A instabilidade e multiplicidade de projetos conflitantes na região, aliadas aos interesses luso-americanos de ordem econômica e mercantil, levariam a uma nova intervenção militar portuguesa na região, em 1816, quando se iniciou um longo período de dominação portuguesa (e, posteriormente, brasileira) na região até 1828.[48]

É importante salientar que a intervenção militar portuguesa na região do Prata foi justificada pela necessidade de defesa da integridade monárquica no território luso-americano e pelo

---

46 Ibidem.
47 PIMENTA, João Paulo G. *Estado e nação no fim dos impérios ibéricos no Prata (1808-1828)*. São Paulo: Hucitec/Fapesp, 2002.
48 Idem.

argumento das "fronteiras naturais", segundo o qual a delimitação territorial de um país deveria ser estabelecida por meio de marcos assinalados pela natureza. A submissão da Província Oriental à monarquia portuguesa permitiria ao Brasil adquirir sua "fronteira natural", do Amazonas ao Prata. Esse argumento, mesmo que durante o governo joanino estivesse intrinsecamente comprometido com a preservação do Antigo Regime português, atribuía especificidades políticas e territoriais ao Brasil,[49] de certo modo, reeditando uma ideia em voga desde meados do século XVIII. Entre 1821 e 1822, tal ideia será recorrentemente recuperada, com conteúdo qualitativamente diferente no sentido de afirmar interesses específicos do Brasil em relação a Portugal. Por isso, é de extrema relevância observar as intersecções entre as identidades políticas, o discurso histórico e a afirmação de uma especificidade territorial do Brasil, elemento que se esboçava desde meados do século XVIII, mas que adquiria novos conteúdos e significados a partir de 1808.

Paralelamente à conjuntura revolucionária hispano-americana que tornava cada vez mais real a possibilidade de independência da América, multiplicaram-se os prognósticos sobre sua inevitabilidade, como os expressos nas obras dos abades Raynal e De Pradt que serão abordadas mais adiante. A partir da abertura do processo revolucionário na América espanhola, ampliou-se e intensificou-se a reflexão, no mundo ocidental, sobre as relações entre colônias e metrópoles. Esse quadro não escapou à análise do *Correio Braziliense*, que dava amplo destaque a informações sobre a América espanhola e resenhava obras de análise e prognósticos sobre os destinos do Novo Mundo.[50]

Entre 1808 e 1820, Hipólito da Costa comentou várias obras que apontavam para essa direção: a *Carta dirigida a los españoles americanos*, por Juan Pablo Viscardo y Guzmán, escrita em 1792, que será discutida mais adiante; a *História geografica, natural e*

---

49 Ibidem.
50 PIMENTA, João Paulo G. De Raynal a De Pradt: apontamentos para o estudo da ideia de emancipação da América e sua leitura no Brasil (1808-1822). In: *Almanack Braziliense*. N. 11. Maio/2010. (revista eletrônica). p. 88-99. Disponível em: http://www.almanack.usp.br.

civil do Chile, escrita por Inácio Molina; e o *Essai politique sur lê Royaume de la Nouvelle Espagne*, de Alexandre Humboldt; o *Examen imparcial de lãs disensiones de la América con la Espanã, de los medios de su reciproco interés, y de la utilidad de los aliados de la España*, escrita em 1811 pelo espanhol peninsular Álvaro Flores Estrada; a *História de la Revolución de Nova España*, por José Guerra, em 1813; *Dês trois derniers mois de l'Amerique meridional et du Brésil*, do abade De Pradt (1817); e por fim, *De la revolución actual de España e sus consecuencias*, também escrita pelo abade De Pradt, em 1820. Essas obras denunciavam o caráter nefasto da colonização europeia da América e/ou prognosticavam a inevitabilidade de separação entre os dois continentes.

A possibilidade de independência da América era, portanto, um dado que informava a reflexão em um momento em que a realidade se formava não apenas por ideias e práticas, mas também por prognósticos.[51] Esses prognósticos sinalizavam um processo de dimensão continental, o esboço de leituras politizadas da colonização europeia da América igualmente importante para os espaços hispano e luso-americano.

A aceleração dos acontecimentos provocada pelas invasões napoleônicas na América ibérica produziu entusiasmo no mundo luso-americano, com a possibilidade de que os domínios ultramarinos salvaguardassem o Império Português. Ao mesmo tempo, a valorização do continente americano pela Corte joanina era reflexo da proximidade com a América espanhola convulsionada, que representava uma ameaçava à ordem dinástica e à unidade portuguesa. Essa conjuntura possibilitou reflexões que testemunham claramente a mudança qualitativa na percepção e representação do tempo.

A partir de junho de 1809, a *Gazeta do Rio de Janeiro* começou a publicar uma cronologia "com os acontecimentos mais notáveis do ano".[52] Em 1816, o *Correio Braziliense* declarava sua intenção de escrever uma História do Brasil, "desde seu descobrimen-

---

51 Idem.
52 *Gazeta do Rio de Janeiro*, N. 79. 14/06/1809. Citado por PIMENTA, João Paulo G. *Brasil y las independencias de Hispanoamérica*. Castellón: Publicaciones de la Universidad Jaume I, 2007.

to até a época em que para ali se mudou a Corte e família real portuguesa".[53] Segundo Valdei de Araujo e João Paulo G. Pimenta, "no *Correio* a história é orientadora moral, juíza e guardiã da posteridade, e, finalmente, fonte para uma *história filosófica* capaz de revelar as vocações dos povos. [...] As medidas de abertura do comércio colonial adotadas por D. João foram tomadas pelo *Correio* como o fim do 'Antigo sistema colonial', isto é, o início de uma nova era".[54] Ademais, a recorrência, no *Correio*, de informações sobre a conjuntura revolucionária da América espanhola sinaliza para a tentativa de controlar os acontecimentos vindouros, em um momento em que o passado deixava de assumir funções normativas para o presente.[55] Recorrendo ao exemplo da "experiência hispano-americana", o *Correio* advertia para as ameaças à ordem monárquica portuguesa, asseverando a possibilidade de "contágio revolucionário" nos domínios bragantinos; mas também descortinava a possibilidade de separação entre Brasil e Portugal, algo que anos mais tarde se apresentaria como uma alternativa positiva e até mesmo reconhecida como necessária no mundo luso-americano.[56]

Em Portugal, a necessidade de se escrever uma História geral e filosófica portuguesa, indício da transformação semântica do conceito de história, ganhava força no interior da *Academia Real de Ciências de Lisboa*, em inícios do século XIX. Criada em 1779, a instituição concentrava reflexões de intelectuais e estadistas para solucionar os problemas políticos e econômicos enfrentados pelo Império Português. Em seu interior, esses homens formulavam políticas voltadas para a reorganização do sistema imperial que eram pautadas pela lógica de complementaridade entre Europa e América.[57]

---

53 *Correio Braziliense*, vol. XVII, 09-1816. Citado por João Paulo G. Pimenta. *Brasil y las independencias de Hispanoamérica. Op. cit.*

54 ARAUJO, Valdei Lopes de. & PIMENTA, João Paulo G. *Op.Cit.*

55 KOSELLECK, Reinhart. *Futuro passado. Contribuição à semântica dos tempos históricos.* Rio de Janeiro: Contraponto/Puc-Rio, 2006.

56 PIMENTA, João Paulo G. De Raynal a De Pradt: apontamentos para o estudo da ideia de emancipação da América e sua leitura no Brasil (1808-1822). *Op. cit.*

57 Sobre a atuação desses homens na Academia Real de Ciências de Lisboa,

José Bonifácio de Andrada e Silva, natural de Santos, foi secretário da *Academia* entre 1812 e 1819, defendendo a necessidade de publicação de antigas memórias e documentos da história portuguesa, que acreditava ser condição para o posterior desenvolvimento da escrita da história lusa. Além disso, admitia a necessidade de se empreender a escrita de uma História erudita e filosófica.

Em seus escritos, Bonifácio associou a restauração de Portugal ao Novo Mundo, deslocando a percepção de decadência predominante no pensamento ilustrado português de fins do século XVIII para a possibilidade de regeneração de Portugal a partir de sua porção americana.[58]

Segundo Valdei Araujo, a regeneração pretendida por Bonifácio preservava o compromisso entre o velho Portugal e o Novo Mundo, mas era permeável ao movimento e à inovação. Sobre esse aspecto, o pensamento de Bonifácio coincidia com a expectativa de Hipólito da Costa: a transferência da Corte era entendida por esses homens como uma possibilidade efetiva de superação da crise em que se encontrava o Império Português, com a crescente valorização do espaço luso-americano.[59]

Contudo, a transferência da Corte produzira a redefinição na relação entre as diferentes províncias da América portuguesa. Se nas diversas partes do Brasil a expectativa de participação política aumentou e a discussão política se tornou cada vez mais ampla e intensa, ocorreu também uma alteração substancial do tradicional equilíbrio entre essas partes. Com a instalação da Corte no Rio de Janeiro, instaurou-se uma hierarquia entre os espaços sociais que antes se relacionavam horizontalmente. Tal hierarquia, mais do que simples critério de prestígio, tinha consequências palpá-

---

ver SILVA, Ana Rosa Cloclet da. *Op. cit.*

58 ARAUJO, Valdei Lopes de. *A experiência do tempo: conceitos e narrativas na formação formação nacional brasileira.* São Paulo: Hucitec, 2008.

59 Embora as atividades no interior da *Academia Real de Ciências de Lisboa* sinalizassem para o intuito de se escrever uma história filosófica do Brasil, foi na pena do britânico Robert Soutlhey que esse empreendimento se concretizou. É ele quem, pela primeira vez, aplica as teorias civilizatórias da ilustração europeia para a escrita de uma história do Brasil como uma unidade autônoma em relação à história portuguesa. ARAUJO, Valdei Lopes de. & PIMENTA, João Paulo G. *Op. cit.*

veis na repartição dos privilégios, prerrogativas e na distribuição de recursos fiscais.[60] Assim, a subordinação de outras regiões ao Rio de Janeiro redefiniu hierarquias e potencializou conflitos que logo se manifestariam.

O fim do domínio napoleônico sobre a Europa, em 1814, foi imediatamente acompanhado pela preocupação das potências europeias em restaurar o equilíbrio de poder existente antes da Revolução Francesa. Reunidas em Viena, de outubro de 1814 a junho de 1815, as principais potências europeias determinaram que as antigas monarquias depostas deveriam reassumir seus tronos. O Congresso de Viena não reconhecia o Brasil como sede do governo português. O príncipe regente decidiu, então, pela elevação do Brasil à condição de Reino Unido a Portugal e Algarves, em carta de lei de 16 de dezembro de 1815, o que tornava legítima sua permanência na América e estreitava os laços de Portugal com a Grã-Bretanha, mais um indício da política de crescente valorização do continente americano no conjunto do Império Português.

Para os portugueses peninsulares, o fim das invasões napoleônicas significava a expectativa de retorno do rei a Portugal. Se até o momento a ausência da Corte tinha um caráter circunstancial, a elevação do Brasil à condição de Reino, que indicava as intenções de D. João em permanecer na América, acentuou nos peninsulares a sensação de orfandade política.

Desde a instalação da Corte no Novo Mundo, ocorreram manifestações contrárias à situação criada pela transferência. Diante das medidas dos governadores do Reino para conter tais manifestações, parte da oposição exilada criou importantes publicações fora de Portugal, especialmente em Londres. Desse conjunto, destacam-se *O Investigador Português*, *O Português* e o *Campeão Português*, que expressavam ideias em favor do retorno de D. João à Europa.

A partir de 1815, iniciou-se por meio desses jornais intensa campanha contra o *Reino Unido*, fundamentada nos direitos e na tradição da nação portuguesa. Os portugueses peninsulares não compreendiam a decisão como uma tentativa de equiparação entre as duas partes da monarquia, mas sim como a condenação de

---

60 *Idem*, p. 165

sua porção europeia a uma situação de inferioridade em relação à América, o que criava condições para a antagonização de interesses entre Portugal e Brasil.

Paralelamente ao descontentamento peninsular, na América a medida produzira entusiasmo e era compreendida como a consolidação da igualdade e da reciprocidade entre Brasil e Portugal. Se o ano de 1808 representou o 'fim do sistema colonial' para Hipólito da Costa, a carta de lei que criou o *Reino Unido*, em 1815, assumia também o papel de marco da liquidação da condição colonial para os luso-americanos.[61] A medida transformava, no plano simbólico, "um conglomerado de capitanias atadas pela subordinação ao poder de um mesmo príncipe numa entidade política dotada de precisa territorialidade e de um centro de gravidade",[62] tornando-se uma referência palpável de politização da condição americana que será potencializada no contexto de acirramento de tensões inauguradas pela Revolução do Porto.

Em 1817, em função de descontentamentos decorrentes da instalação da Corte no Rio de Janeiro e da redefinição de hierarquias entre as províncias do Brasil, iniciou-se em Recife um movimento revolucionário que aprofundava a crise em que se encontrava o Reino Unido português. Nesse momento, Pernambuco sentia os efeitos da queda do preço do açúcar e do algodão, principais gêneros de exportação da capitania, situação que foi agravada pela grande seca de 1816 que provocara a carestia de alimentos.

Informada por ideais republicanos, o movimento reclamava pelo fim dos benefícios concedidos ao Rio de Janeiro e contra os excessivos impostos estabelecidos pela Corte. Em parte como resultado de tensões na sociedade da capitania, a Revolução de Pernambuco instituiu um governo provisório, em março de 1817, de duração curta, 74 dias, devido à pronta repressão do governo joanino.

Embora aprofundasse a erosão do Antigo Regime português na América, o movimento de 1817 não se tornou uma alternativa política de tipo nacional, referida a um território, valores, insti-

---

61 ARAUJO, Ana Cristina. Um império, um reino e uma monarquia na América. In: JANCSÓ, István. (org.). *Op. cit.* p. 235-270.
62 JANCSÓ, István. & PIMENTA, João Paulo G., *Op. cit.* p. 154

tuições e símbolos que lhe conferissem visibilidade. Em outras palavras, o conteúdo do movimento de 1817, mesmo apontando para a politização da identidade regional associada a proposições republicanas, não projetava a fundação de uma nova nação.[63] A situação crítica em que se encontrava o governo português era anunciada, ainda, por revoltosos peninsulares que, liderados por Gomes Freire de Andrade em 1817, arquitetavam uma mudança de regime pautada por ideais liberais e constitucionais. Rapidamente reprimido pela ação de Beresford, o levante militar manifestava os descontentamentos peninsulares provocados pela transferência da Corte e anunciavam um momento de fermentação de ideias que, em 1820, ganhariam força e concretude.

A conjuntura histórica decorrente das invasões napoleônicas representou um marco fundamental para a compreensão do processo de independência do Brasil. Além de acentuar as especificidades do continente americano no conjunto do Império Português, conferiu ao Brasil dignidade histórica, conforme argumentam Valdei Lopes de Araujo e João Paulo G. Pimenta. Segundo os autores, tal percepção "atribuía ao presente funções de fundação mítica, capaz de orientar o olhar para o futuro em um momento carregado de incertezas".[64]

A percepção de que o tempo vivido inaugurava uma experiência inédita esteve presente nas páginas do *Correio Braziliense*, assim como as advertências para as ameaças sugestionadas pela experiência hispano-americana, elementos indicadores de uma mudança na forma de perceber e representar o tempo. A transferência da Corte inaugurou, ainda, condições para a antagonização de interesses entre Brasil e Portugal. O esboço de uma identidade territorial da América portuguesa entre luso-americanos era acompanhado pelo descontentamento de portugueses europeus. O fim do monopólio e os tratados de 1810 comprometiam os interesses de setores comerciais e nobiliárquicos peninsulares.

---

63 BERBEL, Márcia Regina. "Pátria e patriotas em Pernambuco (1817-1822)" *In*: JANCSÓ, István. (org.). *Brasil: formação do Estado e da nação*. São Paulo, Hucitec/FAPESP, 2003, p. 345-363. BERNARDES, Denis Antônio de Mendonça. *O patriotismo constitucional: Pernambuco, 1820-1822*. São Paulo: Hucitec; Recife: Editora Universitária UFPE, 2006.

64 ARAUJO, Valdei Lopes de. & PIMENTA, João Paulo G. *Op. cit.*

Após o fim das guerras napoleônicas, a permanência de D. João no Brasil e a criação do *Reino Unido* intensificaram o descontentamento peninsular, acirrando o sentido de diferenciação entre Brasil e Portugal. Dessa forma, a experiência inédita inaugurada em 1808 no mundo luso-americano condicionaria, anos mais tarde, os termos da união entre as partes do Império Português, produzindo materialidade à ideia de Brasil, já esboçada desde fins do século XVIII, e agora resignificada pelas transformações advindas da presença da família real em seu interior.

Disputas linguísticas em torno do conceito de colonização

A abertura dos processos de independência na América, a partir de fins do século XVIII, fomentou um debate intenso acerca da colonização europeia do continente e seu lugar na constituição das recentes nações americanas independentes. Segundo a historiadora Wilma Peres Costa, "nas emergentes nações americanas", os termos "nação" e "colônia" "passaram a operar em registros opostos", já que a afirmação da condição nacional era compreendida como resultado do rompimento com a condição de colônia.[65]

No mundo europeu, ocorria também um intenso debate sobre o significado passado e futuro dos processo de colonização. Segundo a historiadora, "eles se nutriam, em grande parte, das experiências nacionais que se processavam nas duas Américas e iriam desembocar, a partir dos anos de 1830, na retomada da expansão colonial europeia" dirigida principalmente ao continente africano.[66] Além disso, durante o século XIX, os recém-criados Estados independentes americanos, discutiram e levaram a cabo projetos de colonização e emigração de europeus, que também incitavam à reflexão sobre os processos de colonização. Dessa forma, observar as transformações do significado do conceito torna-se uma ferramenta de grande valia para observar como o passado da colonização europeia da América, sua crise e supera-

---

65 COSTA, Wilma Peres. Entre tempos e mundos: Chateaubriand e a outra América. In: *Almanack Braziliense*. N. 11. Maio/2010. p. 5-25. (revista eletrônica).

66 *Idem*.

ção vieram a alimentar novos projetos políticos, no Velho e no Novo Mundo.

No *Vocabulário português e latino*, de Bluteau, publicado entre 1712 e 1726, o vocábulo "colônia" é definido nos seguintes termos: "Gente que se manda para alguma terra novamete (sic) descoberta ou conquistada para a povoar. A mesma terra assi (sic) povoada também se chama colônia".[67] No *Diccionário da língua portugueza* de Antônio Morais Silva, prevaleceu o mesmo significado para palavra, pelo menos até a quarta edição, de 1831, com menção explícita ao modelo antigo de colonização:

> Povoação nova feita por gente enviada d'outra parte. § A gente que se manda povoar algum lugar. v. g. os Romanos descarregavam a República, enviando colônias aos países que conquistavam.[68]

Nesta edição também foram acrescentados os vocábulos "colonial", "colonização", e "colonizador". Embora os derivados preservassem o sentido usual para as palavras relacionadas ao povoamento de terras desconhecidas e ao modelo antigo de colonização, a edição já mencionava a colonização moderna da América, mesmo sem estabelecer qualquer diferenciação entre o modelo antigo e o moderno:

> Colonial – De colônia ou das colônias de alguma nação: v.g.: o *Direito Municipal* colonial; *produtos* coloniais. t. modo usual. das colônias do Brasil, América, etc.(...)

> Colonizador – O que levou ou mandou colônias. "Os donatários e colonizadores do Brasil.[69]

---

67 BLUTEAU, Rafael. *Vocabulário português e latino*. Coimbra: Colégio das Artes da Companhia de Jesus, c. 1712 – 1726, 8 vols. Disponível em http://www.brasiliana.usp.br/dicionario Acesso em 20. mai. 2010.

68 SILVA, Antônio de Morais. *Diccionário de Língua Portugueza*. Lisboa, Impressão Régia, 1831. Tomo I, p. 490. As três primeiras edições foram publicadas em 1789, 1813 e 1823.

69 *Idem*.

O mesmo ocorreu nas edições de 1855, 1858 e 1878 do *Novo Diccionário da Língua Portugueza*, de Eduardo Faria, com alterações sutis, mas esclarecedoras. Na edição de 1855, "colônia" é definida nos seguintes termos:

> número de pessoas de ambos os sexos que se mandam para fora de um país ou que saem de moto próprio para irem habitar outra terra; a terra povoada por uma colônia; estabelecimento colonial.[70]

É digno de nota que o significado para a palavra prevaleceu, porém, a cada edição novos termos foram incluídos. Em 1855, "colônia", "colonial", "coloniense", "colonização", colonizado", "colonizador", e "colonizar". Na edição de 1878 foi acrescentado o vocábulo "colonizável". Cada vez mais, ao lado dos exemplos históricos antigos, surgiam sentenças que incorporavam a colonização europeia da América como exemplo, embora não existisse qualquer diferenciação ou oposição entre os dois modelos, como é possível observar na definição do vocábulo "colonizador": "Que mandou ou levou colonos ou colônias, v.g., *Colonizadores* do Brasil. Os romanos foram o povo mais *colonizador* do mundo. A república romana foi grande *colonizadora*".[71]

É também notável a inserção do verbo "colonizar", na edição de 1855 do dicionário de Faria, e do adjetivo "colonizável", em 1878. Eduardo Faria definiu o verbo como ato de estabelecer uma colônia ou povoar de colonos, advertindo que o termo é moderno (oriundo do francês *coloniser*), mas necessário. "Colonizável", por sua vez, foi definido brevemente como o "que é suscetível de ser colonizado".[72]

O progressivo crescimento no número dos vocábulos derivados do substantivo "colônia", assim como a definição de alguns termos, permite concluir que esta palavra ganhava significados cada vez mais específicos, ou seja, associava-se com mais força

---

70   FARIA, Eduardo. *Novo dicionário de língua portuguesa*. Lisboa, Tipografia Lisboense de José Carlos d'Aguiar Vianna, 1855. Tomo I, 1855

71   FARIA, Eduardo. *Novo dicionário de língua portuguesa*. Lisboa, Tipografia Lisboense de José Carlos d'Aguiar Vianna, 1878.

72   *Idem*.

ao território colonizado ou passível de colonização, como testemunha a inserção do adjetivo "colonizável" na edição 1878 do dicionário de Faria. A advertência de Faria ao definir o verbo "colonizar" sugeria que a colonização era compreendida como um processo, algo que também pode ser observado pelo crescente recurso aos exemplos históricos associados à colonização europeia da América para apoiar ou ilustrar as definições, exemplos que cada vez mais associam a colonização a um processo definido do ponto de vista histórico e geográfico.

Contudo, até esse momento os dicionários não registram nenhuma qualificação mais objetiva à colonização europeia da América, ou seja, ela não é compreendida como um processo perverso e opressor. Em nenhum momento os exemplos históricos citados mencionaram qualquer tensão ou desigualdade, muito menos se dedicaram a definir a natureza das relações entre colônias e metrópoles, sequer mencionando a existência do exclusivo comercial, embora o adjetivo "colonial", se associasse, desde 1831, aos produtos ou gêneros oriundos do Brasil ou da América; ou ainda, na edição de Eduardo Faria de 1858, aos produtos exportados das colônias. Vale ressaltar, ainda, que não há nenhum esforço em estabelecer diferenças ou semelhanças entre a colonização grega e romana na Antiguidade e a colonização europeia da América.

Em 1899, o *Diccionário de synónimos da língua portugueza* define nos seguintes termos o sinônimo de colônia:

> Colônia, possessão – Aos territórios que as nações europeias possuem nas outras partes do mundo dá-se o nome de *colónias* ou *possessões*; não é porém indiferente o emprego de um ou de outro vocábulo.
>
> *Possessão* indica simplesmente *posse*; *colônia* indica que a possessão há em grande quantidade o elemento europeu, e principalmente o elemento pátrio – Da parte que possuímos na África Oriental, e muito particularmente desde que à frente de sua administração esteve um homem de tacto e de energia, e fiel à pátria e a quem a sintetiza, podemos dizer – por enquanto pelo menos – que é uma colônia *portuguesa*. Da Guiné e de Timor, se

não quisermos exagerar, apenas podemos dizer que são possessões *portuguesas*.[73]

É o primeiro registro encontrado que, explicitamente, faz menção direta à colonização moderna, em um contexto de pleno vigor do imperialismo europeu oitocentista. Mesmo assim, embora ainda não haja qualquer qualificação negativa do empreendimento colonial europeu. É somente em 1945, já no contexto dos movimentos anticoloniais característicos do fim da Segunda Guerra, que a décima edição do dicionário de Morais Silva registra novos vocábulos que, decisivamente, associam-se ao sentido moderno de colonização explicitamente qualificado.

> Colonialismo – Sistema de colonizar; regime ou dominação colonial. (...)
>
> Colonianismo - Época colonial, as tendências dessa época; teoria, doutrina, regime ou dominação colonial; interesse, paixão pelas colônias. (...)
>
> Colonizador – Que coloniza, que trata de criar ou explorar colônias.(...)
>
> Colonizar – Estabelecer colônia em; arrotear e cultivar terras no ultramar e trazer à civilização as populações primitivas que as habitam.[74]

No que diz respeito à utilização dos dicionários como fontes históricas, é importante advertir que eles não retratam o uso da linguagem no momento exato em que aparecem novos usos e sentidos, mas são um esforço de estabilização semântica em torno de disputas linguísticas prévias.[75] Por isso, não surpreende que muito tardiamente os dicionários registrem o sentido moderno de colonização dirigido à América e com caráter predominantemente

---

73 BRUNSWICK, Henrique. *Diccionario de synónimos da lingua portugueza*. Lisboa : Francisco Pastor, 1899. p. 254

74 SILVA, Antônio de Morais. *Grande dicionário da língua portuguesa*. Rio de Janeiro, Confluência, 1945 v. 3, p. 263.

75 ARAUJO, Valdei Lopes de. & PIMENTA, João Paulo G. *Op. cit.*

comercial, afinal, um período só pode ser reduzido a um denominador diacrônico comum depois de decorrido certo tempo.[76] É também digno de nota que, na edição de 1945, existam duas formas distintas de qualificação da colonização europeia da América. A primeira relaciona-se ao seu caráter comercial, qualificado como "regime de dominação colonial". A segunda atribui ao ato colonizador uma função civilizadora. Mesmo que a edição de 1945 esteja bastante distante da periodização estabelecida para o tema deste livro, ela reflete disputas historiográficas acerca da colonização portuguesa da América. Nesse sentido, o processo de independência do Brasil é um momento crucial para a compreensão dessas disputas. Daí a importância de compreender as transformações do conceito de colonização para além do registro nos dicionários, principalmente, com olhar dirigido aos momentos em que surgiram as disputas semânticas em torno do termo, ou seja, fins do século XVIII e início do XIX.

Em fins do século XVIII observam-se mudanças substantivas na reflexão histórica ocidental, algo que terá consequências diretas, no mundo ibero-americano, sobre as leituras da colonização europeia da América, sobretudo a partir de 1808. Em meados do século XVIII observa-se que cada vez mais a reflexão histórica tendia a classificar os períodos pela estrutura organizativa espiritual, política, social ou econômica, condição fundamental para a consolidação do conceito de "época", realizada no século XIX.[77] Tornava-se cada vez mais comum tratar do período iniciado no século XVI até meados do século XVIII como um bloco, o que representava uma alternativa aos modelos que lidavam com o período sob o ponto de vista das flutuações dinásticas e, ao mesmo tempo, apontava para um conceito de história cada vez mais laicizado. Nas palavras de Koselleck, "no século XVIII vigorou a consciência de que há três séculos já se vivia em um novo tempo, que, não sem ênfase, se distingue dos anteriores como um novo período".[78]

---

76 KOSELLECK, Reinhart. 'Modernidade' – Sobre a semântica dos conceitos de movimento na modernidade. In: *Futuro passado. Op. cit.* p. 269
77 *Idem*, p. 270
78 *Ibidem*, p. 280

Entre os fatores que caracterizaram o início desse novo período estão as grandes navegações e a conquista europeia da América, que, por sua vez, impeliam os homens à reflexão histórica e exigiam a revisão dos paradigmas geográficos, cronológicos e etnográficos da cristandade.[79] No último quartel do século XVIII, a reflexão iluminista, associada à inauguração de uma conjuntura revolucionária, agudizava a crise do Antigo Regime. Cada vez mais o tempo passava a ser experimentado como um momento de transição para uma época única e qualitativamente nova. O distanciamento entre passado e futuro reforçava, portanto, o tratamento da época antecedente como um bloco. Ao mesmo tempo, o *topos* dos "300 anos" se consolidava como objeto de crítica e passível de ser superado, uma vez que coincidia com a consolidação do Estado absolutista.

As tentativas reformistas e os movimentos sediciosos de fins do século XVIII, na América portuguesa, acentuavam a crise no Império Português, embora não tenham sido condições suficientes para a produção de antagonismos entre portugueses peninsu-

---

79 É o momento em que se iniciam polêmicas, principalmente entre teólogos e intelectuais, sobre a inserção da América e seus habitantes na história cristã universal, propiciando, gradativamente, a historicização do tempo e do espaço. Segundo François Hartog, essa historicização se deu, inicialmente por meio da apreensão do Novo Mundo como uma mistura entre o fantástico e o familiar. Os relatos de viagem de europeus operavam, portanto, uma busca de semelhanças ou desvios entre antigos e a população nativa da América. O procedimento de paralelismo entre "antigos e selvagens" teria contribuído, por sua vez, para a construção da "importante e nova ideia de que o afastamento no espaço equivale à distância no tempo". Esse procedimento iniciou a longa polêmica sobre a humanidade e grau de civilização americana, cujas feições e significados variaram bastante a depender do contexto, mas que, de modo geral, tornaria cada vez mais viva a ideia moderna da diferença entre os tempos e o reconhecimento de que povos, estados ou continentes estavam adiantados uns em relação aos outros, operações que implicam alto grau de temporalização da experiência histórica. HARTOG, François. O confronto com os antigos. In: *Os antigos, o passado e o presente*. Brasília, Editora da UnB, 2003. p. 112-154. Do mesmo autor, ver também: HARTOG, François. *Anciens, modernes, sauvages*. Paris: Gallade, 2005. Por seu turno, Koselleck, defende que essa operação foi condição fundamental para a inauguração da experiência básica do progresso, em fins do século XVIII. KOSELLECK, Reinhart. 'Modernidade' – Sobre a semântica dos conceitos de movimento na modernidade. In: *Futuro passado. Op. cit.*

lares e americanos. Contudo, reflexões históricas dirigidas à colonização europeia da América, assim como experiências concretas de ruptura entre colônias e metrópoles como a Revolução Americana e a revolta de escravos de S. Domingos impeliam à reflexão sobre a natureza das relações entre colônias e metrópoles no espaço luso-americano. Nesse sentido, é de fundamental importância o surgimento de prognósticos da independência da América em fins do século XVIII e início do XIX, particularmente as obras dos abades franceses Raynal e De Pradt.[80]

Em sua obra de maior êxito, *Histoire philosophique et politique dês établissements et du commerce dês européens dans lês deux Indes*, escrita entre 1770 e 1781, o abade Raynal empreendeu a escrita da história da colonização europeia. A obra desenha um mapa completo das colônias europeias, suas relações comerciais, bem como problemas políticos e diplomáticos, realizando, ao mesmo tempo, críticas contundentes à tirania dos monarcas, à desigualdade social, à licenciosidade do clero e à perversidade da escravidão, propondo reformas a serem aplicadas às monarquias, além do fim dos monopólios.[81]

Tal obra resumia a colonização europeia da América como "três séculos de desolações produzidas pelos europeus em suas áreas coloniais". Situava-se contemporaneamente à Revolução Americana, um exemplo concreto de ruptura entre colônia e metrópole, oferecendo oportunidade de reflexão sobre o destino das colônias americanas. Ao mesmo tempo em que os estadistas lusos elaboravam estratégias para dinamizar e otimizar a exploração colonial, compreendida como o meio necessário de operar a

---

80 PIMENTA, João Paulo G. De Raynal a De Pradt: apontamentos para o estudo da ideia de emancipação da América e sua leitura no Brasil (1808-1822). *Op. cit.*

81 FIGUEIREDO, Luciano. & MUNTEAL FILHO, Oswaldo. Da celebridade ao esquecimento (prefácio) In: RAYNAL, Guillaume-Thomas François. *A revolução na América*. Rio de Janeiro, Arquivo Nacional, 1993., p. 1-53. Para o impacto da obra do abade Raynal na América ver, também: VENTURA, Roberto. *Leituras do abade Raynal na América Latina*. *In*: COGGIOLA, Osvaldo. (org.) *A Revolução Francesa e seu impacto na América Latina*. São Paulo: Nova Stella/CNPq, 1990.; p. 165-179. PIMENTA, João Paulo G. De Raynal a De Pradt: apontamentos para o estudo da ideia de emancipação da América e sua leitura no Brasil (1808-1822). *Op. cit.*

relação de complementaridade entre Europa e América, o abade Raynal denunciava tal empreendimento como nefasto, atacando os pilares da colonização europeia da América e prognosticando a inevitabilidade da separação entre os dois continentes.

Anos mais tarde, o abade Dominique-Georges-Frédéric De Pradt redigia, a partir de 1787, Lês Trois Ages dês Colonies ou de leur État Passe, Présent et à Venir, publicada entre 1801 e 1802, onde defendia a teoria das "três idades das colônias". Diferente de Raynal, De Pradt afirmava que a emancipação da América deveria ser preparada em comum acordo entre os reinos europeus e os reinos americanos. Segundo este autor, as colônias viveram um processo semelhante ao do amadurecimento humano, ou seja, seu nascimento esteve vinculado às mães pátrias e fora imediatamente seguido por um processo de amadurecimento sob tutela. Naturalmente, portanto, à semelhança dos filhos, as colônias separar-se-iam dos pais.

Mesmo que De Pradt tenha sido crítico de Raynal, por acreditar que este favorecera os "excessos" da experiência revolucionária, ambos autores inauguravam o tema das teorias da independência da América, o que engendrava a compreensão da colonização europeia da América como um processo historicamente definido – os "três séculos de desolação produzidos pelos europeus", nas palavras de Raynal, ou ainda, "a idade do amadurecimento", nos termos defendidos por De Pradt – e, mais importante, cujo fim era próximo e inevitável.[82] Com efeito, a ideia de inevitabilidade da independência da América numa conjuntura revolucionária, cuja experiência básica do tempo se dava pelo postulado da aceleração, fomentava reflexões e disputas sobre o ritmo das transfor-

---

82 A presença de escritos de caráter doutrinário e programático em relação à independência da América nos espaços públicos de discussão política luso-americanos é uma dimensão pouco conhecida. PIMENTA, João Paulo G. De Raynal a De Pradt: apontamentos para o estudo da ideia de emancipação da América e sua leitura no Brasil (1808-1822). Op. cit.; MOREL, Marco. Independência no papel: a imprensa periódica. In: JANCSÓ, István. (org.) Op. cit., p. 617-636. Para a presença dos escritos do abade De Pradt nos espaços de discussão política da América espanhola, ver: AGUIRRE ELORRIAGA, Manoel. El Abade de Pradt em la emancipación hispanoamericana (1800-1830). Caracas: Universidad Católica Andrés Bello, Instituto de Investigaciones Históricas, 1983.

mações (neste caso, a independência da América), sobre a possibilidade dos homens "acelerarem" ou "retardarem" esse processo, assim como sobre se a América estaria de fato "preparada" para a emancipação, conjunto de ideias com alto grau de temporalização que seriam amplamente discutidas no século XIX.

É importante sublinhar que ambos os autores eram amplamente conhecidos nos círculos ilustrados luso-americanos de fins do século XVIII e início do XIX – trechos de suas obras eram publicados e/ou traduzidos por toda parte da nova esfera pública que se ampliava progressivamente.

A título de recapitulação, a conjuntura inaugurada em 1808 criara expectativas no mundo luso-americano, em especial, a transferência da Corte para o Brasil seguida da abertura dos portos. O *Correio Braziliense*, por exemplo, compreendia o ano de 1808 como o marco do fim do sistema colonial, defendendo, à sua maneira, um tipo de emancipação da América muito próximo à teoria proposta pelo abade De Pradt, ou seja, um amadurecimento natural, sem que isso implicasse ruptura absoluta com a Europa.[83] Dessa forma, reflexões acerca da colonização europeia da América associadas a experiências históricas concretas de reconfiguração na relação entre colônias e metrópoles subsidiavam a percepção de que se vivia o início de uma nova era e, ao mesmo tempo, incitavam a reflexão sobre o lugar dos "três séculos de colonização", vistos progressivamente como um processo concluído ou em vias de esgotamento.

Como consequência, questionava-se sobre qual o papel do passado na constituição dessa nova era. As reflexões do abade Raynal, por exemplo, enfatizavam o caráter nefasto da colonização. De Pradt, por sua vez, atribuía a ela o papel de parte constituinte e indispensável para a consolidação da emancipação da América. Tudo isso adquiria conteúdos precisos no Império Português ao mesmo tempo em que, no seu quadrante americano, ganhava força uma identidade territorial do Brasil e, na península, formavam-se condições para uma antagonização de interesses entre portugueses europeus e americanos.

---

83 ARAUJO, Valdei Lopes de. & Pimenta, João Paulo G. *Op. cit.*

Nesse contexto de valorização crescente da especificidade do continente americano no conjunto do Império Português, surgiu a necessidade de se escrever uma História Geral e filosófica do Brasil, empreendimento levado a cabo pela primeira vez pelo britânico Robert Southey. Publicada em três volumes entre 1810 e 1817, a obra *História do Brasil* pautou-se, por um lado, pelas teorias civilizadoras da ilustração europeia e, por outro, pelo tradicionalismo agrário inglês que reagia à Revolução Industrial. Sua obra foi a primeira tentativa de sistematização da história da colonização portuguesa da América após a abertura dos portos. Crítico severo da colonização de caráter comercial, concebia a colonização como um empreendimento civilizador. Por isso, a despeito das denúncias ao caráter perverso da exploração comercial que pautava a colonização portuguesa da América, Southey priorizou o tema do desbravamento da terra e da expansão territorial e ocupação na América portuguesa, compreendido como um movimento épico em direção à civilização, apesar das condições adversas determinadas pela colonização comercial.[84]

Nos próximos capítulos, pretende-se dimensionar a importância da obra de Southey e sua influência nos espaços de discussão luso-americanos, sobretudo no que concerne à politização de identidades coletivas. Por ora, pode-se sublinhar que a obra desse historiador traria novos e mais complexos conteúdos à transformação do conceito de colonização, particularmente, por meio da oposição explícita entre dois modelos de colonização: o modelo antigo com caráter civilizatório e, portanto, desejável e necessário, marcado pelo povoamento, pela religião e pelos costumes; e um outro modelo, associado à exploração comercial, entendida por ele como cruel e degradante.

É importante salientar que, concomitantemente à transformação do conceito de colonização, outros vocábulos – como "emancipação" – adquiriam, progressivamente, significados políticos. O termo associava-se ao universo jurídico. No *Vocabulário português e latino* é definido como "a ação de emancipar-se", vocábulo

---

84 DIAS, Maria Odila Leite da Silva. *O fardo do homem branco : Southey, historiador do Brasil. Um estudo dos valores ideológicos do império do comércio livre*. São Paulo: Nacional, 1974.

utilizado pelos "juriconsultos". Como consequência, "emancipado" diz respeito àquele "que não está mais debaixo do tutor", e "emancipar" refere-se ao momento em que o filho adquiria a liberdade de "governar-se por si mesmo".[85] Em meados do século XVIII, os programas reformistas já discutiam o termo "emancipação". Com a transferência da Corte para o Novo Mundo, em 1808, seguida da elevação do Brasil a reino, em 1815, a palavra passava a referir-se, primordialmente, à autonomia político-administrativa do Brasil em relação a Portugal.[86] Contudo, a obra do abade De Pradt, que associou o relacionamento entre colônias e metrópoles com aquele existente entre pais e filhos, deu um novo vigor à palavra, com implicações nada desprezíveis no mundo luso-americano. A palavra "independência", por sua vez, não se confundia, em fins do século XVIII e início do século XIX, com "emancipação". No início dos anos de 1820, com a eclosão da Revolução Constitucional do Porto, o termo atrelava-se à construção de um novo espaço para o exercício do poder político, exprimindo o projeto de um governo representativo. Desse modo, no Brasil a sinonímia entre independência, emancipação e separação, em relação a Portugal "foi se constituindo no interior do movimento de lutas" travadas entre 1821 e 1822.[87]

De toda forma, as disputas linguísticas em torno desses vocábulos – colonização, emancipação e independência – engendra-

---

85 BLUTEAU, Rafael. *Vocabulário português e latino*. Coimbra: Colégio das Artes da Companhia de Jesus, c. 1712 – 1726, 8 vols. Esse sentido prevalece, pelo menos até a segunda edição do *Diccionário da lingua portugueza*, de Morais Silva. Nesta edição, emancipação "é o ato pelo qual o filho sai de sob o pátrio poder". SILVA, Antonio de Morais. *Diccionario da lingua portugueza*. Lisboa: Typographia Lacerdina, 1813. O mesmo significado também foi encontrado no *Diccionario da língua brasileira*, de autoria de Luiz Maria da Silva Pinto: "ação pela qual o filho sai do poder de seu pai". PINTO, Luiz Maria da Silva. *Diccionario da lingua brasileira* por Luiz Maria da Silva Pinto, natural da Provincia de Goyaz. Na Typographia de Silva, 1832. Todos os dicionários estão à disposição na Biblioteca Brasiliana Digital da Universidade de São Paulo. Todos disponíveis em:// http://www.brasiliana.usp.br/dicionario. Acesso em 20.mai.2010.

86 OLIVEIRA, Cecília Helena de Salles. Sociedade e projetos políticos na província do Rio de Janeiro (1820-1824). In: JANCSÓ, István. (org.). *Op. cit.*, p. 475-514.

87 *Idem.*, p. 476

riam a construção de uma *História do Brasil*, por meio da releitura do processo de colonização português, alimentada pela reflexão acumulada desde meados do século XVIII, mas que viria a adquirir, a partir de 1820, a capacidade de produzir consciência de pertencimento político, assim como de justificar projetos políticos que viabilizaram a separação política do Brasil em relação a Portugal.

Capítulo 2

A Tematização da presença portuguesa na América de 1821

No primeiro capítulo discutiu-se como, em meio a reflexões sobre o papel do Ultramar no conjunto do Império Português, surgia, a partir de meados do século XVIII, uma leitura específica do passado. No mundo luso-americano, proliferaram-se obras que narravam os fatos passados, atribuindo-lhes um caráter peculiar, por conta do espaço no qual ocorreram. Tal empreendimento se coadunava perfeitamente com a lógica de complementaridade entre Europa e América, que informava o reformismo dos intelectuais e estadistas lusos. A política reformista portuguesa era uma resposta a uma situação de crise geral do Antigo Regime e da situação periférica de Portugal no jogo de forças políticas europeias. Paralelamente, acontecimentos como a Revolução Americana, a Francesa e a revolta de escravos de S. Domingos eram exemplos históricos concretos de erosão do Antigo Regime, e impunham ao universo luso-americano a reflexão sobre as relações entre colônias e metrópoles.

Mas foi a conjuntura inaugurada pelas invasões napoleônicas que imprimiu marcas decisivas para a gradual diferenciação de perfis entre Europa e América. Se em fins do século XVIII a lógica de complementaridade reforçava os laços que uniam Portugal a seus domínios ultramarinos, as transformações advindas da instalação da Corte no Rio de Janeiro ressignificariam os termos da unidade monárquica portuguesa, com a crescente valorização do espaço americano. Essa valorização foi acompanhada pela mobilização da história em termos substancialmente diferentes do que ocorria até então e pela reconfiguração da experiência anterior a 1808.

As transformações decorrentes da transferência da Corte para a América provocaram, ainda, condições para a antagonização de interesses entre Brasil e Portugal, que, se não se manifestaram de forma abrupta e absoluta até 1820, determinariam os termos e os limites da união entre estes reinos, agora duas partes reconhecidamente distintas e definidas, o que provocaria as tensões que culminaram com a independência do Brasil. Nesse contexto, a inauguração da liberdade de imprensa no Brasil em 1821 teria papel fundamental.

Neste capítulo, pretende-se salientar a importância da imprensa periódica na constituição dos espaços públicos no Brasil a partir de 1821, e apresentar as peculiaridades dessa documentação para o estudo das identidades políticas num contexto de profunda transformação.

Serão analisados os periódicos publicados no Brasil em 1821, objetivando demonstrar como o discurso histórico e, de um modo especial, a leitura da colonização portuguesa da América parece ter dado materialidade à singularização da História do Brasil, sem apontar, necessariamente, para a independência política, alternativa que ainda não era clara ou majoritária nesse momento, embora tal possibilidade já fosse reconhecida.

Mais especificamente, tenciona-se apresentar a ambiguidade sobre o papel da colonização portuguesa na América, ora apresentada como elemento que teria trazido unidade à monarquia portuguesa, assim como coesão e civilização ao Brasil, ora apresentada como sinônimo de opressão e exploração específica e historicamente qualificadas, explorando as tensões decorrentes dessa ambiguidade.

Imprensa periódica de 1820: fonte e tema de pesquisa

Como resultado da Revolução Constitucional em 1820, a reunião das Cortes Gerais e Extraordinárias da nação portuguesa provocou redefinições substantivas acerca da natureza do poder absolutista português. A difusão de ideias com forte caráter antiabsolutista em Portugal, associada às insatisfações e dificuldades comerciais e financeiras geradas pela transferência da Corte para o Brasil e por sua permanência no ultramar, mesmo após o fim da ameaça napoleônica, culminaram na reunião de uma assembleia da nação, com o objetivo de redigir uma Constituição reguladora da monarquia.

Em outubro de 1820, foram divulgadas as instruções para a composição das Cortes, fortemente influenciadas pelos critérios da Constituição de Cádis.[1] As eleições deveriam ser indiretas e os candidatos a deputados deveriam ser proprietários e residir na província pela qual desejavam ser eleitos. Em janeiro de 1821, com a reunião das Cortes, a primeira decisão tomada foi a apresentação das Bases da Constituição, discutidas até 9 de março daquele mesmo ano, momento em que quando são assinadas.

Entre os princípios adotados, proclama-se que "a soberania reside essencialmente na nação", e "somente a ela, por meio de seus representantes eleitos, compete fazer a sua constituição política".[2] Mesmo que represente um potencial inovador, uma vez que a atribuição da soberania à nação era definida essencialmente no ato legislativo e apresentava-se em oposição à soberania real vigente no Antigo Regime, esse princípio não é visto propriamente como uma novidade, uma vez que os vintistas reivindicavam a "regeneração" da nação por meio da recuperação de sua soberania que, segundo o discurso, era exercida desde as Cortes de Lamego e fora desvirtuada pelo absolutismo.[3]

Decidiu-se, também, pela Câmara única. Para os liberais vintistas, a nação definia-se fundada na vontade geral. Para o grupo que encabeçou o movimento do Porto, liderado por Manuel Fernandes Tomás, a nação portuguesa (e consequentemente sua soberania) era una e indivisível em vários níveis: "não era divisível com o rei, pois a ele não atribuíam nenhum poder de veto; não o era em duas Câmaras, já que a Constituição portuguesa definia-se pela Câmara única; e não poderia ser dividida na concepção de representação de

---

1 Essa Constituição foi discutida entre 1810 e 1812 na cidade espanhola de Cádis, durante a invasão napoleônica ao território espanhol e retomada pelos liberais, em 1820, contra o absolutismo. ARTOLA, Miguel. *La burguesia revolucionaria (1808-1874)*. Madrid: Alianza Editorial, 1977.

2 Artigos 20 e 21 das bases constitucionais. *Diário das cortes gerais e extraordinárias da nação portuguesa*. 9 de março de 1821. Disponível em: http://debates.parlamento.pt . Acesso em 27, mai, 2010.

3 ALEXANDRE, Valentim. *Os sentidos do Império: questão nacional e questão colonial na crise do Antigo Regime português*. Porto: Afrontamento, 1993.

províncias".⁴ Por conseguinte, para os defensores da indivisibilidade da nação, é possível cogitar que a "história da nação" também deveria ser indivisível, não obstante a existência de elaborações setecentistas que serviram de base para a concepção de uma História do Brasil relativamente autônoma em relação à portuguesa.

No tocante ao Brasil, as bases incluíam os seus habitantes como integrantes da nação portuguesa, que era definida pela "união de todos os portugueses de ambos os hemisférios",⁵ entretanto, as bases da Constituição obrigavam

> somente aos Portugueses residentes nos Reinos de Portugal e Algarves, que estão legalmente representados nas presentes Cortes. Quanto aos que residem nas outras três partes do mundo, ela se lhos tornará comum, logo que pelos seus legítimos Representantes declarem ser essa sua vontade.⁶

Tal decisão implicava risco de desagregação do Reino Unido português que os constitucionais peninsulares pareciam estar dispostos a correr.

As tradicionais capitanias foram elevadas à condição de províncias, o que provocou expectativas de transformação na situação vigente no Brasil: se até o momento o poder local se concentrava nas mãos do governador da capitania, considerado muitas vezes como agente de abusos e arbitrariedades, com a elevação das capitanias à condição de províncias abriu-se o precedente para um maior grau de autonomia na administração do poder local. Segundo o decreto de março de 1821, que instruía sobre o proceder das eleições no Brasil, cada província elegeria seus deputados e formaria uma Junta Governativa Provisória até que se estabelecessem, com precisão, os critérios para a formação de Juntas Governativas permanentes.

---

4   BERBEL, Márcia Regina. *A nação como artefato – deputados do Brasil nas cortes portuguesas (1821-1822).* São Paulo: Hucitec, 1999. p. 95
5   Artigo 16 das bases constitucionais. *Diário das cortes gerais e extraordinárias da nação portuguesa.* 9 de março de 1821.
6   Artigo 21 das bases constitucionais. *Diário das cortes gerais e extraordinárias da nação portuguesa.* 9 de março de 1821.

A notícia da eclosão do movimento chega ao Rio de Janeiro em setembro de 1820, provocando um abalo profundo no governo de D. João VI. O Pará foi a primeira província a aderir ao governo de Lisboa, em janeiro de 1821. Sua adesão levou à deposição do então governador e capitão-general, Conde de Vila-Flor, substituído por uma Junta Provisional de Governo eleita na província. Em fevereiro daquele ano, a Bahia também aderiria ao apelo constitucional, formando sua Junta de Governo imediatamente. Ambas as províncias adotaram, provisoriamente, a Constituição de Cádis e subordinavam-se diretamente ao governo de Portugal, algo que expressava a desobediência à Corte instalada no Rio de Janeiro e, consequentemente, aos desígnios do monarca.[7]

A adesão ao apelo constitucional e formação de Juntas de Governo no Pará e na Bahia manifestam as expectativas criadas, no Brasil, pelo movimento revolucionário de Portugal. A efervescência política das províncias no Brasil em resposta ao movimento vintista tornava-se, por isso, um elemento de instabilidade política que o Ministério de D. João não poderia desprezar. Surgiram, então, divergências entre os estrategistas da Corte que oscilavam entre o desprezo da Revolução (posição defendida por Tomás Antônio Vila Nova Portugal, que apostava em seu fracasso); a defesa e o reconhecimento da viabilidade de uma Constituição (bandeira do Conde de Palmela, embaixador em Londres, fortemente influenciado pelos princípios organizadores do governo inglês); e a permanência definitiva da família real no Brasil (posição defendida pelo secretário de Estado, Silvestre Pinheiro Ferreira, preocupado em preservar a posse da parte mais rica do Reino Unido).

A instabilidade política expressa nas divergências no Ministério foi acompanhada pela pressão de grupos econômicos que, no Rio de Janeiro, sentiam-se alijados da esfera de decisões do Estado, e que vislumbravam no movimento constitucional a oportunidade de participação na sociedade política.[8]

---

7 BERBEL, Marcia R. *Op. cit.*
8 OLIVEIRA, Cecília Helena L. de Salles. *A astúcia liberal: relações de mercado e projetos políticos na Corte do Rio de Janeiro: 1820-1824.* São Paulo: EDSF, 1986; SLEMIAN, Andrea. *Vida política em tempo de crise: Rio de Janeiro (1808-1824).* São Paulo: Hucitec, 2006.

Em meio à instabilidade política presente em Lisboa e no Rio de Janeiro, uma das primeiras medidas da Junta de Governo reunida como resultado da Revolução Constitucional foi o decreto de 21 de setembro de 1820, que estabelecia a liberdade de imprensa em Portugal. Em 13 de outubro de 1820 foi liberada a circulação de impressos portugueses fora do reino. Diante da pressão política sofrida no Rio de Janeiro, em 2 de março de 1821, D. João VI assina o decreto que suspende a censura prévia para a imprensa em geral, inaugurando a instalação da liberdade de imprensa no Brasil.[9] Dessa forma, o aumento na circulação de panfletos e periódicos forneceu "materialidade para um debate político, anteriormente muito incipiente, visivelmente incrementado pelas transformações vividas no período, em especial o crescente interesse pelas questões de governo".[10]

Nesse momento, observa-se a consolidação da passagem de um espaço de discussão pautado por formas de comunicação do Antigo Regime para "um espaço público onde se consolidavam debates através da imprensa (que nem sempre era vinculada ao poder oficial do Estado) e onde ganhavam importância as leituras privadas e individuais"[11] sobre assuntos políticos. Tais debates engendravam, por sua vez, leituras do passado.

A gênese da noção de "opinião pública" relacionou-se, portanto, ao estabelecimento da liberdade de imprensa no Brasil. A expressão, dotada de polissemia, era polêmica, envolvendo duas concepções – "uma intelectualizada, privada e crítica, mais próxima da esfera literária, chamada de 'Rainha do Mundo' e fundada na supremacia da razão. Outra, coletiva e normativa, identificada

---

9   Porém, Marco Morel alerta: "o que se verifica em seguida não é uma linha progressiva e ascendente de crescimento desta liberdade. Houve um crescimento da imprensa sim, mas a questão do controle dessa atividade seguiria, sobretudo, uma linha sinuosa, com recuos e expansões, em que os dilemas vividos pelos redatores de diversas correntes políticas se cruzariam com as preocupações fundamentais e com as constantes alterações desta legislação pelos parlamentares". MOREL, Marco. *As transformações nos espaços públicos. Imprensa, Atores Políticos e Sociabilidades na Cidade Imperial (1820 – 1840)*. São Paulo: Hucitec, 2005. p. 205.

10 SLEMIAN, Andrea Slemian. *Op. cit.* p. 138.

11 MOREL, Marco. *Op. cit.* p. 205.

à vontade da maioria, tendo como fonte as práticas de sociabilidade ou os cidadãos que se reuniam em assembleia para decidir do bem comum".[12] A despeito do contraste observado, havia um elemento que unificava as duas concepções, ou seja, em ambos os casos, a afirmação da opinião pública aparece na cena pública "como instrumento de legitimidade política, distinguindo-se da soberania absolutista monárquica".[13] Nesse sentido, os periódicos e panfletos de caráter político reivindicaram para si a expressão da opinião pública, mobilizando-se para a legitimação de práticas políticas e buscando transformar opiniões particulares em opinião geral, recurso que se tornaria mais um duro golpe à soberania real.

A mudança qualitativa resultante da extensão da liberdade de imprensa portuguesa ao Brasil pode ser observada a partir dos números. Mesmo que a ausência de uma pesquisa minuciosa sobre a circulação e recepção de periódicos dificulte a apreensão da empiricidade da constituição do espaço público, alguns elementos relacionados à explosão da imprensa periódica dos anos de 1820 podem apontar para o "caminho material" do crescimento do público leitor e, especialmente, do interesse pelas questões políticas – e no seu interior, também pela história.

Em primeiro lugar, observa-se a proliferação no número de livros, periódicos e panfletos, em reação ao decreto que estabeleceu a liberdade de imprensa no Brasil. De apenas uma publicação periódica no Rio de Janeiro até então, passou-se para onze, no ano seguinte. O aumento na quantidade de livros publicados pela Imprensa Nacional a partir de 1821 também é significativo: se os livros publicados giravam em torno de 40 por ano, nos fins dos anos de 1810; já em 1821, somaram 231 e chegaram a 280 em 1822. O mesmo ocorre com os panfletos de caráter político: de apenas 8, entre 1819-20, passou-se para 143 em 1821 e 179 em 1822. Se até 1820 apenas o Rio de Janeiro e a Bahia contavam com publicações periódicas impressas, a partir de 1821, os periódicos passaram a ser publicados em outras partes da América portuguesa como Pernambuco, Pará, Maranhão e a recentemente

---

12 *Idem*. p. 210.
13 *Ibidem*. p. 217.

incorporada Província Cisplatina, o que alterou substancialmente a abrangência e a complexidade da constituição dos espaços públicos no mundo luso-americano.[14]

Outro elemento fundamental para aferir a importância da imprensa do período é a duração na publicação dos periódicos: sua longevidade pode indicar que havia um público leitor interessado e que, consequentemente, seus números eram vendidos para fornecer suficientes condições financeiras para sua manutenção. Outrossim, a longevidade dos periódicos poderia implicar a possível associação dos redatores com setores do poder político e econômico que poderiam fornecer condições materiais para a impressão e circulação dos periódicos.

As referências recíprocas entre os periódicos é outro dado fundamental: era comum a publicação de extratos de outros periódicos, muitas vezes acompanhada de reflexões dos próprios redatores, assim como a contestação de artigos publicados em outros jornais, tanto publicados na Corte como nas províncias e, até mesmo, extratos de periódicos estrangeiros, o que implicava uma circulação espacial abrangente dos mesmos, assim como a constituição de debates políticos por meio deles.[15]

---

14   SLEMIAN, Andrea. & PIMENTA, João Paulo G. O *"nascimento político" do Brasil: as origens do Estado e da nação (1808-1825)*. Rio de Janeiro: DP&A, 2003. Ver também: SLEMIAN, Andrea. *Op. Cit*; NEVES, Lúcia Bastos Pereira das. *Corcundas e constitucionais. A cultura política da independência (1820-1822)*. Rio de Janeiro: Editora Revan/FAPERJ, 2003.

15   João Paulo G. Pimenta apresenta a abrangência na circulação dos periódicos a partir dos seguintes exemplos: "no *Reverbero Constitucional Fluminense* encontram-se artigos, referências, debates e polêmicas com os baianos *Diário Constitucional* e *Idade do Ouro no Brasil*, com os cariocas *Gazeta do Rio de Janeiro* e *Malagueta*, com o lisboeta *Campeão Português*, com o *Correio Brasiliense* e com os estrangeiros *Times*, *Morning Chronicle* e *Constitucional*; a realidade hispano-americana adentrava suas páginas de forma direta por transcrições e notícias extraídas do *Argos de Buenos Aires*, presente também nas edições do *Correio do Rio de Janeiro* e da *Gazeta do Rio de Janeiro*. Da América espanhola, vimos como o venezuelano *Correo del Orinoco* marcava presença no *Correio Brasiliense*, que também dialogava com o *Semanário Cívico*, com a *Malagueta* e com a *Gazeta de Madrid* e *Times*. A *Malagueta* retribuía-lhe debatendo com o *Correio Brasiliense*, mas também com o *Semanário Cívico* e com a *Idade do Ouro no Brasil*. Além do *Correio Brasiliense*, também a *Gazeta do Rio* era por todos

A publicação de anúncios é outro indicativo da circulação e recepção dos periódicos. Os anúncios eram uma constante nos periódicos do período, geralmente para compra, venda ou troca de mercadorias, serviços e imóveis. Pressupõe-se, dessa forma, que os anunciantes esperavam alcançar seus possíveis clientes, leitores dos periódicos, tornando os anúncios eficientes.[16]

A lista de assinantes dos periódicos poderia também apontar para a abrangência desses veículos e permitiria o mapeamento do público leitor. Entretanto, ser assinante de um periódico em um momento de profunda transformação poderia significar assumir opções políticas comprometedoras e, nesse sentido, a observação da lista de assinantes pode escamotear a constituição de um público leitor mais amplo, que por meio da compra de números avulsos, poderia preservar-se de acusações políticas.[17]

---

lida, e além de transcrever e debater (pelo menos em três ocasiões) com o *Argos de Buenos Aires*, chegou a noticiar o advento de dois novos periódicos, o *Amigo do Rei e da Nação* e o *Compilador Político Constitucional Político e Literário Brasiliense*. Ademais, é sabido que pelo menos o *Espelho*, do Rio de Janeiro, e *a Segarrega*, de Pernambuco, circulavam na Bahia em abundância". PIMENTA, João Paulo G. *O Brasil e a América espanhola (1808-1822)*. São Paulo: Faculdade de Filosofia, Letras e Ciências Humanas da Universidade de São Paulo, 2003. (Tese de Doutorado) p. 298-299.

16 Critérios como a longevidade dos periódicos, as referências recíprocas entre eles e a publicação de anúncios para refletir sobre sua importância na constituição do espaço público no mundo ibero-americano foram elaborados por PIMENTA, João Paulo G. *In: Estado e nação no fim dos impérios ibéricos no Prata (1808-1828)*. São Paulo: Hucitec/Fapesp, 2002. Em obra recente, Juliana Gesuelli Meirelles analisa os anúncios publicados na *Gazeta do Rio de Janeiro*, procurando mapear informações sobre seus leitores. Segundo a autora, "predominavam os avisos voltados para um público intelectual e economicamente privilegiado: as vendas de imóveis, de bibliotecas, de livros avulsos ou de escravos, assim como as finanças do Banco do Brasil, as aulas particulares, os objetos importados e utensílios domésticos etc. compunham a tônica dos avisos, sendo, na maior parte, atividades dispendiosas. Dessa percepção, podemos afirmar que os comerciantes, negociantes, estrangeiros, viajantes e mulheres 'livres' da cidade constituíam, prioritariamente, as pessoas que 'liam' o jornal, ou, pelo menos, eram seu público-alvo". MEIRELLES, Juliana Gesuelli. *Imprensa e poder na Corte joanina: a Gazeta do Rio de Janeiro (1808-1821)*. Rio de Janeiro: Arquivo Nacional, 2008. p. 162.

17 MOREL, Marco. *Op. cit.* p. 212.

Os locais de impressão e venda de panfletos e periódicos se tornaram pontos de encontro e discussões sobre política. Andréa Slemian identifica uma coincidência na concentração de tipografias e livrarias com os locais de comércio no Rio de Janeiro, demonstrando que havia uma rede de sociabilidade política em torno do centro da cidade.[18]

O valor de venda de cada exemplar também pode revelar a abrangência da circulação e leitura dos periódicos: cada exemplar custava entre 80 e 120 réis. Um escravo de ganho recebia 80 réis como pagamento diário, por isso, "não era impossível, hipoteticamente, a um escravo de ganho ou mesmo um alforriado comprar, eventualmente, um exemplar de jornal periódico".[19]

Por fim, uma das estratégias dos periódicos era a de transcrever e traduzir, quando fosse o caso, longos trechos de livros, tornando-se, assim veículos de disseminação de determinadas ideias relativamente acessíveis pelo preço dos exemplares.[20] Autores como os abades Raynal e De Pradt, que versavam sobre as revoluções em geral e sobre as independências na América, com leituras específicas da colonização europeia da América, por exemplo, tinham trechos de suas obras publicadas e comentadas pelos redatores no Brasil e muitas vezes eram utilizados como autoridades na legitimação de interesses políticos.

Elementos como a legitimidade atribuída à noção de opinião pública intensamente instrumentalizada para fins políticos, assim como indícios sobre a circulação e recepção dos periódicos após o estabelecimento da liberdade de imprensa no Brasil, transformaram tais veículos em expressão e condicionante da constituição de um espaço público de discussão no mundo luso-americano. As questões em debate tocavam diretamente em problemas que estavam na ordem do dia como os destinos de Brasil e Portugal na nova ordem constitucional que se queria consolidar e, especialmente, a respeito do papel do Brasil no Reino Unido português, o que engendrava uma leitura específica do passado.

---

18   SLEMIAN, Andrea. *Op. cit.*
19   MOREL, Marco. *Op. cit.* p. 59
20   *Idem.*

Os periódicos transformaram-se, então, em verdadeiros instrumentos de luta política em defesa de interesses que, mesmo divergentes, conformavam um mesmo espaço público de discussão que atribuía ao Brasil um papel de destaque no Reino Unido português. Tal atribuição não era incumbência inédita do periodismo luso-americano que surgia em 1821. Conforme abordado no primeiro capítulo, no bojo do reformismo ilustrado já se delineava o reconhecimento de especificidades do Brasil no conjunto do Reino Unido português. Naquele momento, a diferenciação de perfis entre Europa e América era condição para a integridade da monarquia portuguesa. Em 1808, o sentido de diferenciação entre Portugal e Brasil fora intensificado e ressignificado pelas transformações decorrentes da presença da Corte no Rio de Janeiro. A partir de 1821, observa-se que cada vez mais essa experiência era reconfigurada e instrumentalizada tendo em vista a afirmação de projetos de futuro.

Sobre esse ponto, antes de prosseguir, convém uma nota de esclarecimento. Há grande controvérsia e, ao mesmo tempo, indefinição na historiografia no que diz respeito à configuração dos grupos políticos em disputa durante o processo de independência – e, consequentemente, às relações entre os interesses políticos e econômicos e a imprensa periódica do período. Mesmo que nem sempre tenham tomado esse tema como o particular de suas pesquisas, alguns historiadores esboçam uma tentativa de identificação das principais tendências políticas em disputa, muitas vezes buscando relacioná-las com interesses de grupos sociais específicos.

Uma determinada tendência historiográfica identifica dois grupos principais, no Rio de Janeiro, que polarizariam o debate político realizado na imprensa. Em primeiro lugar, identifica uma elite classificada de "coimbrã", formada por indivíduos graduados por Coimbra, geralmente em leis ou cânones, e que tinham servido ao Estado em Portugal ou no Brasil. Seriam homens fortemente influenciados pela ilustração europeia e imbuídos de um ideal reformador. Por isso, estariam mais identificados com a ideia de um "grande império luso-brasileiro" do que com o separatismo político. Em oposição à elite coimbrã, essa tendência historiográfica nomeia de "elite brasiliense" o grupo formado por indivíduos nascidos no Brasil e que, quase sempre tinha na palavra impressa o único contato com o mundo estrangeiro. Em geral, reunia um grande número de sacerdotes, era formado por homens que não possuíam cursos universitários, que defendiam posturas políticas mais radicais e teriam sido os ideólogos do separatismo político.[21] Lúcia das Neves, por exemplo, reconhece a ascensão de grupos mercantis e de grupos ligados às atividades administrativas como resultado da transferência da Corte para o Brasil, entretanto, destaca as elites "coimbrã" e "brasiliense" como grupos em oposição que polarizavam as disputas políticas do período.

A adesão a essa classificação subsidiou, na argumentação de alguns historiadores, a afirmação do dualismo entre "absolutismo" e "liberalismo", tornando-se problemática. Em primeiro lugar porque tal perspectiva desconsidera a provisoriedade das posições políticas característica do processo de independência. Indivíduos como José Bonifácio de Andrada e Silva, considerado por essa tendência historiográfica como pertencente à "elite coimbrã", é um dos protagonistas da independência do Brasil, em meados de 1822, assumindo papel de destaque na sua consolidação, mesmo que tenha defendido, em sua produção intelectual mais ampla, a ideia de um império luso-brasileiro.[22] Dessa forma, a partir de um determinado momento na conjuntura política de 1822, Bonifácio pode ser também considerado um idealizador da independência do Brasil, tendo, inclusive, redigido muitos manifestos proclamados por D. Pedro que justificaram a separação política com Portugal. Outro caso exemplar é o dos redatores do *Reverbero Constitucional Fluminense*, Joaquim Gonçalves Ledo e Januário da Cunha

---

21 Essa divisão tem origem direta na obra do historiador José Murilo de Carvalho. CARVALHO, José Murilo de. *A construção da ordem: elite política imperial*. Brasília: Editora da UnB, 1981 e no artigo de K. Maxwell. MAXWELL, K. A geração de 1790 e a ideia de um império luso-brasileiro. In: *Chocolates, piratas e outros malandros. Ensaios Tropicais*. Rio de Janeiro: Paz e Terra, 1999; p. 158 - 207. Foi incorporada, entre muitos, por Lúcia das Neves. *Op. cit*.

22 SILVA, Ana Rosa Cloclet da. *Inventando a nação: intelectuais ilustrados e estadistas luso-brasileiros na crise do Antigo Regime Português. 1750-1822*. São Paulo: Hucitec, 2006. Ver, também: ARAUJO, Valdei Lopes de. *A experiência do tempo: Conceitos e narrativas na formação nacional brasileira (1813-1845)*. São Paulo: Hucitec, 2008.

Barbosa, classificados por essa interpretação historiográfica como pertencentes à "elite brasiliense". Ledo estudou em Coimbra, o que representa uma exceção nada desprezível a tal classificação. Além disso, esses indivíduos não defenderam a independência do Brasil desde setembro de 1821, quando surge o principal veículo de sua atuação política. A incompatibilidade entre os reinos de Brasil e Portugal foi se esboçando com o desenrolar da dinâmica política. Naquele mesmo ano, Ledo e Januário defenderam exaustivamente a união luso-americana, se aproximando das Cortes de Lisboa num sentido de contestação ao poder absoluto representado por D. João e, a partir de abril de 1821, por D. Pedro.

Ademais, mesmo que no plano discursivo houvesse uma oposição entre "absolutismo" e "liberalismo", Morel alerta que "procurar a unidade e a identidade apenas no discurso verbalizado ou impresso pode ser (...) insuficiente. A similitude de um vocabulário põe em evidência ideias próprias de uma época (...), mas não elimina necessariamente a diversidade".[23]

Acredita-se que uma suposta polarizaração entre absolutismo e liberalismo a partir da divisão entre uma elite chamada "brasiliense" em contraposição a outra denominada de "coimbrã", mesmo que possa servir aos propósitos de uma esquemática e preliminar classificação, útil para organizar posições bastante diversas e plurais, pode escamotear elementos como a provisoriedade característica do processo de independência e o alto grau de pragmatismo que informava atuação política de seus protagonistas.

Cecília Helena de S. Oliveira, por sua vez, observa que, como resultado da transferência da Corte para o Rio de Janeiro, criou-se uma rede de proteção aos negociantes atacadistas abastados, às famílias mais poderosas da capitania e aos membros mais ilustres da burguesia portuguesa emigrada que monopolizavam, por meio de arrematações, os impostos mais cobiçados, como os dízimos e o registro. De acordo com a autora, o favorecimento da Corte a esses grupos gerou um fortalecimento dos liames entre negócios públicos e privados e sofreu a pressão de negociantes radicados no sul de Minas e estabelecidos no Recôncavo da Guanabara e no Campo de Goitacases – estes, ocupavam o mercado interno,

---

23 MOREL, Marco. *Op. cit.* p. 63

mas estavam afastados da política joanina.²⁴ Segundo a autora, esse grupo, aliado aos negociantes de abastecimento e varejistas, bacharéis e oficiais militares, representava a oposição ao grupo predominante na Corte e articulava-se politicamente, provocando a instabilidade que, em abril de 1821, condicionou a decisão de retorno de D. João para Portugal e a instalação da regência de D. Pedro no Brasil. Ainda segundo Oliveira, Joaquim Gonçalves Ledo e José Clemente Pereira seriam os articuladores desses negociantes afastados da vida política, indivíduos pertencentes à "elite brasiliense", nos termos de Lúcia das Neves.

Andréa Slemian acrescenta ao estudo de Oliveira que o que unia os "liberais" "era o intuito de maior participação no governo e, para isso, a ampliação dos direitos políticos para membros da sociedade civil"²⁵ A partir das reflexões de Oliveira e Slemian, pode-se identificar no Rio de Janeiro duas posições que tendiam a polarizar os homens que atuavam na linha de frente da política que, a despeito da diversidade no que diz respeito à origem social, formação acadêmica, local de nascimento e profissão, tendiam a se dividir entre o vislumbrar, no movimento constitucionalista, de oportunidades de maior participação política por meio do controle do poder real no Rio de Janeiro, e o reconhecimento dos benefícios da política joanina, geralmente por aqueles que eram fiéis ao rei e aos princípios monárquicos, mesmo que muitos deles admitissem a necessidade de uma Constituição para a nação portuguesa.

Marco Morel, por sua vez, alerta sobre os perigos de se reduzir as elites culturais atuantes na imprensa periódica do período a elites administrativas ou, simplesmente, para a redução do periodismo a portador de interesses econômicos. Para o historiador, os homens de letras atuantes na imprensa periódica dos anos de 1820 foram "artesãos da identidade nacional", algo que será observado atentamente, ao longo deste livro.

A imprensa periódica deve ser tomada, portanto, como um recurso técnico e material que possibilitou a criação e o reordenamento de identidades políticas, em meio à constituição de um espaço público de discussão política, formado entre fins do sécu-

---

24   OLIVEIRA, Cecília H. L. de S. *Op. cit.*
25   SLEMIAN, Andrea. *Op. cit.* p. 115-116.

lo XVIII e início do XIX. Nesse contexto, a arbitrariedade da inclusão e justaposição de informações coincidentes no calendário, assim como a discussão e afirmação de recursos discursivos em comum possibilitariam o enraizamento de um mundo imaginado na vida cotidiana, permitindo a produção de consciência de pertencimento político.[26]

Dessa forma, em contraposição às abordagens que tendem a encontrar posições políticas antagônicas e estanques, na complexa dinâmica da independência, importa salientar a articulação entre discurso histórico e identidades políticas, que, por sua vez, foi tão dinâmica, transitória e diversificada quanto eram as posições políticas daqueles anos.

Entre a unidade e a opressão

A extensão da liberdade de imprensa portuguesa ao Brasil foi sentida, de maneira mais intensa, na sede administrativa e econômica do Reino do Brasil, o Rio de Janeiro. Desde a transferência da Corte, a cidade assumiu uma dimensão imperial ao lado de outras de caráter regional: como cidade, "com suas trepidações e multiplicidade de atores sociais, com sua vida e tensões urbanas", mas também, como Corte, "cerne do Império, sede da monarquia centralizada.

Esta coexistência, mistura entre cidade e Corte, marca o surgimento da opinião pública e condiciona, de algum modo, os agentes políticos que aí se moviam".[27] Ademais, como é amplamente sabido, é em torno da regência de D. Pedro, no Rio de Janeiro, que se articulou o projeto de independência e de fundação do Império do Brasil em meados de 1822. Esse cenário favoreceu a circulação de muitos periódicos no Rio de Janeiro, que, por sua vez, engendravam leituras do passado viabilizadoras, no plano intelectual e identitário, da independência política do Brasil.

Como já foi apontado, a Revolução do Porto representou um duro golpe à monarquia absolutista de D. João. Pautada pelo princípio da soberania nacional exercida pelo ato legislativo, ela pro-

---

26 ANDERSON, Benedict. *Nação e consciência nacional.* São Paulo: Ática, 1989.

27 MOREL, Marco. *Op. cit.* p. 173

vocou o acirramento de contradições em curso, situação agravada pela pronta adesão de algumas províncias do Brasil ao chamamento constitucional. Tratava-se de um momento crucial para o reordenamento do Reino Unido português, cujos impactos no Rio de Janeiro não se restringiam à ebulição de propostas sobre como agir no Ministério de D. João. A cidade transformou-se em um cenário de intensa atividade política, com a participação cada vez mais ampla e abrangente de atores políticos antes ausentes na cena pública.[28]

As primeiras notícias sobre a eclosão do movimento do Porto chegam ao Rio de Janeiro em setembro de 1820. Em fevereiro do ano seguinte, chegam as notícias de adesão das províncias do Norte e Nordeste às Cortes. Iniciou-se, então, no Rio de Janeiro, a mobilização em favor do juramento da Constituição por D. João, cujo ápice foi a manifestação de 26 de fevereiro de 1821, uma grande agitação de tropas, comerciantes e pequenos proprietários reunida no largo do Rossio.

Segundo Cecília Helena S. de Oliveira, os articuladores desse movimento reuniam interesses dos atacadistas fluminenses e dos donos de engenho e lavouras mercantis do Recôncavo e de Goitacases. Em nome do povo e da tropa contra os agentes do despotismo (Ministros e cortesãos) os manifestantes exigiam a ruptura do exercício do poder restrito a um pequeno grupo, a nomeação de um novo Ministério, a volta da família real para Portugal, e o juramento da Constituição por D. João. Isso significava o estabelecimento de uma nova autoridade pública e a possibilidade de ganhar espaço de atuação política. De acordo com Oliveira, os articuladores dessa manifestação eram apoiados por oficiais militares, artesãos, rendeiros, posseiros, pequenos proprietários e homens livres pobres. Entretanto, a historiadora avalia que "haviam se constituído alianças fluidas e momentâneas entre pessoas e grupos cujas pretensões, por vezes, eram inconciliáveis", ou seja, "as pessoas que se apresentavam na cena pública, sob a qualificação de 'constitucionais', não compunham um bloco coeso e homogêneo".[29]

Em 26 de fevereiro de 1821, D. João jura a Constituição, que estava sendo feita em Portugal. Ainda como resultado da pressão

---
28 SLEMIAN, Andrea. *Op. cit.* (especialmente, o capítulo 5)
29 OLIVEIRA, Cecília Helena L. de S. *Op. cit.*, p. 104

decorrente da Revolução do Porto no Rio de Janeiro, D. João estabeleceu a liberdade de imprensa no Brasil, em 02 de março de 1821.

Nesse momento, começaram a circular os primeiros periódicos publicados no Rio de Janeiro, os quais ampliaram fortemente um espaço público de discussão sobre questões políticas, reafirmando e ressignificando o papel do Brasil no Reino Unido português.

Em março de 1821, os primeiros periódicos a circular no Rio de Janeiro exaltavam a decisão do rei ao jurar a Constituição. Glorificavam os efeitos provocados no Brasil por essa decisão, declarando fidelidade à monarquia portuguesa e à dinastia de Bragança. Esta foi a estratégia dos periódicos monarquistas *O Amigo do Rei e da Nação*, cujo redator foi Ovídio Saraiva de Carvalho e Silva e *O Conciliador do Reino Unido*, de José da Silva Lisboa.[30] Eram jornais publicados por pessoas que ocupavam cargos públicos, como José da Silva Lisboa, ou que estavam ligados a pessoas que o ocupavam. Defendiam a continuidade da união luso-americana e a permanência de D. João no Brasil. Em 1821, provavelmente em março, o *Amigo do Rei e da Nação* publicou carta de um correspondente que exaltava o juramento de D. João à Constituição, realizando uma narrativa de louvor ao Brasil desde a chegada dos portugueses:

> Se o Brasil enriquecido em seu princípio com os dons da natureza, juntou a eles os bens da sociedade, quando em 1500 fez parte da Lusa monarquia; se em 1808, a salvo da tormenta que ameaçava Portugal e quase a Europa inteira, acolheu dentro em seu seio o Atual Imperante e o viu nas praias do Janeiro empunhar o cetro que a Nação impaciente de sofrer estranho jugo, valerosa arrancou a destra do monarca espanhol que lho extorquira e dele fez espontânea entrega à Casa augusta de Bragança em 1640; se o Brasil levantado à Dignidade de reino, tinha por longa série de sucessos um nome respeitável, agora mais do que nunca o verá eternizado. O portentoso dia

---

30 O *Amigo do Rei e da Nação*, impresso pela Tipografia Real no Rio de Janeiro, circulou de março a junho de 1821. O *Conciliador do Reino Unido*, publicado pela Impressão Régia no Rio de Janeiro, circulou de 1º de março a 28 de abril de 1821. RIZZINI, Carlos. *Op. cit.*; SODRÉ, Nelson Werneck. *Op. cit.*; LUSTOSA, Isabel. *Op. cit.*

26 de Fevereiro de 1821 abrilhantou seus Fastos e neles marcou Época de sua maior glória.[31]

O discurso é organizado a partir de uma perspectiva histórica que atribuiu à colonização portuguesa da América um caráter civilizatório, recurso que será recorrente nos demais periódicos de 1821. A transferência da Corte, seguida da elevação do Brasil à condição de reino teria tido seu desfecho glorioso pelo juramento de D. João à Constituição. Segundo o referido correspondente, o evento foi caracterizado por grande "contentamento e serenidade". Nesse sentido, observa-se a tentativa de controlar e direcionar a opinião pública nascente, impondo uma compreensão bastante enviesada sobre o que significou o juramento de D. João à Constituição. Tal decisão representara, na prática, a vitória dos grupos que desejavam o sucesso da ordem constitucional e o controle do poder real no Rio de Janeiro, no entanto, era apresentada pelo redator como um marco da ordem constitucional totalmente controlada pelo monarca.

No discurso, a exaltação da dinastia de Bragança e, por conseguinte, da monarquia portuguesa, é caracterizada a partir de referenciais históricos como a Restauração. A narrativa relaciona estreitamente a trajetória da monarquia portuguesa ao Brasil, havendo uma coincidência histórica entre a monarquia portuguesa e sua porção americana a partir da transferência da Corte para o Novo Mundo. O discurso, contudo, é estruturado tendo em vista o realce de um substantivo, *o Brasil*, que agora tem sua glória "eternizada" pelo juramento das bases da Constituição.

Não se trata, como se pode notar, somente de louvor à dinastia de Bragança, o que demonstraria a posição monarquista do discurso, mas sim de enfatizar a "a nova dignidade histórica do Brasil", que é intimamente relacionada com a história da monarquia portuguesa. Observa-se, então, uma análise política do presente de louvor ao Brasil que se fundamentava a partir de argumentos históricos.

Convém notar que esse "Brasil" caracterizado no periódico já era bastante diferente daquele imaginado pelos eruditos e acadê-

---

31 *O Amigo do rei e da nação.* 1821. s/d.

micos lusos de fins do século XVIII, embora não fosse totalmente diferente. Se a narrativa sobre a conquista da América e o reconhecimento de seus benefícios é bastante semelhante, a transferência da Corte impunha novos conteúdos e significados a esse Brasil que não se enquadrava mais na lógica de complementaridade entre colônia e metrópole.

Após a exaltação dos sucessos decorrentes da Revolução do Porto, o correspondente concluía:

> Eis na presente ordem das coisas qual é o nosso estado. Se a rapidez com que se operou esta mudança extraordinária, que nos arranca do caos da miséria e aviltamento em que jazíamos, fez deslembrar algumas das medidas indispensáveis para prestar-lhe uma solidez maior, o soberano Benfazejo há de aprová-las sempre que sejam de justiça ou que a Nação lhe recorde a urgência delas, enquanto a Constituição que acaba de jurar-se não fixa no todo o sistema de governo.[32]

A conclusão testemunha uma fundamental alteração nas sensibilidades coletivas do período: a percepção da aceleração do tempo histórico. Também aponta para a superação de uma situação de miséria anterior, mas em nenhum momento qualificada especificamente. D.João assinara as bases da Constituição em meio a grande instabilidade e ascensão de novos protagonistas à cena política. Em março de 1821, dificuldades como as circunstâncias do juramento da Constituição; a pressão no Rio de Janeiro para o retorno do rei a Portugal; o processo eleitoral para deputados fluminenses às Cortes (que implicava grande mobilização em torno de novos referenciais políticos); a tentativa de ampliação do poder pelos liberais; e a possibilidade de formação de uma Junta Provisória de Governo no Rio de Janeiro, foram grandes desafios que a política joanina precisava enfrentar. *O Amigo do rei e da nação* procurava estabelecer uma estratégia de convencimento, no sentido de acalmar os ânimos, sem abrir mão da soberania real – ao contrário, procurou elevar o dia 26 de fevereiro a um marco que confirmaria tal soberania. Esforçava-se, ainda, para demonstrar

---

32 *Idem.*

que a prosperidade do Brasil estava atrelada, inclusive historicamente, à monarquia portuguesa e à dinastia de Bragança. Dessa forma, a conservação de sua integridade e glória continuaria (ou deveria continuar) atrelada às decisões reais. E mais: a estratégia de coincidência histórica entre o Brasil e a dinastia de Bragança parece corroborar a manutenção da família real no Brasil, uma vez que sua prosperidade fora intimamente atrelada ao evento da transferência.

O juramento à Constituição também é referido para ressaltar a indissolubilidade da nação portuguesa. Foi a estratégia utilizada pelo *Conciliador do Reino Unido*, em 12 de março de 1821. Antes, porém, o redator inseriu o Brasil como devedor de sua liberdade à monarquia portuguesa e seus feitos:

> O Brasil foi (por assim dizer) mostrado pelo Dedo de Deus aos Portugueses, quando o Almirante Cabral, indo em demanda da Índia, por fugir das calmarias da Guiné, se empegou no Oceano (como diz Barros) e pela força dos ventos da estação correndo rumo oposto, avistou a Terra e Enseada a que deu o nome de Santa Cruz e de Porto Seguro. Esta vastíssima região, sendo constituída pelo autor da Natureza de uma PEÇA INTEIRIÇA, foi defendida por uma muralha de rochedos de mais de mil léguas de longitude. [...] Isto só mostra os desígnios da Providência para a dilatação e estabilidade da Monarquia Lusitana.[33]

O autor percorreu a trajetória histórica do Brasil "desde o descobrimento", introduzindo aqui dois elementos particulares. Em primeiro lugar, destacou a unidade territorial do Brasil constituída por Deus e, portanto, anterior à colonização portuguesa. Viu-se como o argumento das "fronteiras naturais" já se fazia presente no mundo luso-americano desde 1808. Agora, a afirmação de uma identidade territorial do Brasil ganhava contornos específicos, diante da redefinição dos termos que unia as partes do Reino Unido português, com a crescente politização do Brasil como uma "parte" específica, histórica e territorialmente definida. Em nome da defesa da união

---

33 *O conciliador do Reino Unido*, n. II, 12/03/1821. Maiúsculas no original.

política entre Brasil em Portugal, criavam-se condições, por meio de uma leitura do passado que reconhecia especificidades no Reino do Brasil, para a instrumentalização dessa leitura em um sentido mais radical, ou seja, para justificar a separação política por meio de argumentos históricos segundo os quais o Brasil já teria uma história específica e autônoma em relação à portuguesa. Em segundo lugar e, atrelado ao elemento anterior, o autor atribuiu um sentido providencialista aos fatos que determinaria o devir histórico do Reino Unido português. Esse providencialismo daria sentido à obra da colonização portuguesa na América e, consequentemente, ao atual estado político do Brasil.

A evocação da providência divina como responsável pela obra da colonização portuguesa não representava, necessariamente, um sintoma da resistência do conceito clássico de história, de inspiração ciceroniana, em relação àquele moderno que surgia em meados do século XVIII e início do XIX.[34] Em sua etimologia latina, a palavra "providência" significa "presciência do futuro", atributo de Deus que, segundo a tradição cristã, conduziria os acontecimentos e as criaturas para o fim que lhes foi destinado. Mas a Providência podia designar, no século XIX, "uma justiça que transcende a história, que está presente na necessidade histórica e nos apelos aos homens para encontrarem na ordem moral o que já está inscrito na necessidade histórica", concepção impregnada de elementos da filosofia da história oitocentista, o que dificulta a separação da "mão de Deus" na história da premissa historicista.[35]

---

34 ARAUJO, Valdei Lopes de. & PIMENTA, João Paulo G. História - Brasil. In: FERNÁNDEZ SEBASTIÁN, Javier. (dir.) *Diccionário político y social del mundo iberoamericano*. Madrid: Fundación Carolina/Sociedad Estatal de Conmemoraciones Culturales/Centro de Estudios Politicos y Constitucionales, 2009. p. 593-604. Para uma versão do texto em português ver: ARAUJO, Valdei Lopes de. & PIMENTA, João Paulo G. História. In: FERES JUNIOR, João. (org.) *Léxico da História dos conceitos políticos do Brasil*. Belo Horizonte: Editora UFMG, 2009.

35 Marcelo Jasmim elabora essas conclusões ao analisar o pensamento político de Alexis de Tocqueville, que não parecia ser uma voz isolada, no que diz respeito à transformação na forma de perceber e representar o tempo naquele período. JASMIM, Marcelo. *Alexis de Tocqueville: a história como ciência da política*. Rio de Janeiro: Access Editora, 1997. p. 192.

A coincidência entre a linguagem política do providencialismo e a do historicismo relativiza, portanto, o lugar do providencialismo como sintoma de resistência ao conceito moderno de história. Por conseguinte, se o providencialismo coexistiu, conforme sinaliza Zermeño Padilla, com o desenvolvimento de uma História Universal ou filosofia da história atravessada pelas noções de progresso e de civilização no início do século XIX,[36] parece que, mais do que isso, era plenamente compatível com esse desenvolvimento.

Voltando ao *Conciliador do Reino Unido*, José da Silva Lisboa realizou uma narrativa que louva a elevação do Brasil à condição de reino, que em 1815 teria representado o "fim do sistema colonial". E prosseguiu, introduzindo o tema da lealdade nacional à monarquia portuguesa:

> A História dá os mais autênticos testemunhos da Lealdade Nacional, ainda mais acrisolada depois que os Portugueses, assombrando o Universo com o seu Projeto da Descoberta e Conquista do Oriente e Ocidente, manifestaram até os confins do Orbe, nos seus Estabelecimentos da China e Japão, firme amor e obediência à Soberana Pessoa de seus monarcas, verificando a observação do Grande Político Tácito – era maior de longe a reverência. Não houve um só exemplo de algum ambicioso, insubordinado ou refratário Vice-Rei ou Governador que n'Ásia ousasse levantar os olhos ao Poder Supremo, aspirando usurpar os Tronos de tantos Reis Feudatários à Coroa, ou que logo não obedecesse imediatamente à ordem assinada do Real Punho para entregar o Governo aos sucessores nomeados, não obstante o conflito de rivalidades pessoais e créditos adquirido por seus triunfos e serviços.

> A pureza da lealdade no corpo dos povos se conservou sempre e ressurgiu em todo o seu lustre nos prodigiosos

---

36 ZERMEÑO PADILLA, Guillermo. História, experiência e modernidade na América ibérica, 1750-1850. *Almanack Braziliense*. (revista eletrônica) www.almanack.usp.br. 7, maio de 2008.

esforços com que nunca desesperando da fortuna do Estado, heroicamente exterminaram poderosos inimigos nas duas tristes Épocas em que Portugal foi invadido pelo Colossal Poder da Espanha e França.[37]

As referências históricas enquadradas no providencialismo lusitano são acompanhadas pela mobilização de exemplos históricos de lealdade, que poderia levar o leitor a concluir que, se historicamente não houve infidelidade à monarquia portuguesa, consequentemente, a nação é e sempre será fiel ao rei. Porém, os exemplos históricos são acionados como resposta a uma situação de crise:

> A união é agora, a que (mais que nunca) pode dar solidária garantia à Lealdade e segurar-nos a glória do Nome e Ser dos Portugueses. Toda a Terra tem fixo[s] os olhos sobre o Proceder Nacional na crise em que se acha.[38]

O papel pedagógico da história é mobilizado diante de uma realidade que parece fugir ao controle, ou seja, a ameaça de desagregação da monarquia portuguesa. Dessa forma, embora o redator o acolhesse, ele o faz num momento de instabilidade que não permite a previsibilidade e repetição de fatos históricos. Em outras palavras, a estrutura do discurso não conclui, como cogitado acima, que a lealdade histórica da nação ao rei garantiria a mesma lealdade no tempo presente, o que implicaria a determinação passiva do presente sobre o futuro. Ao contrário, procura controlar a aceleração do tempo, tendo em vista invocar os portugueses à união e à conservação dos princípios da monarquia, diante de ameaças impostas pelo movimento constitucional à soberania real.

Como claro defensor da monarquia, José da Silva Lisboa manifesta sua preocupação em administrar os acontecimentos presentes em diferentes momentos, recorrendo à história como alerta a realidades que desejava evitar. Segundo *O conciliador do Reino*

---

37 *O conciliador do Reino Unido.* N. II, 12/3/1821
38 *Idem.*

Unido, em 31 de março de 1821, "A História mostra que a pior de todas as rebeliões é a do ventre".[39] Nesse sentido, evitar os males da anarquia torna-se elemento estruturante em seu discurso. Recorrendo ao exemplo negativo da Revolução Francesa, alerta para o risco das rebeliões internas e para a importância da concentração do poder nas mãos do rei para o bem da monarquia. A ameaça ao poder real inaugurada em 1820 é entendida por ele como risco de anarquia e desagregação da própria nação portuguesa. Mesmo que os exemplos históricos sejam recorrentes nos discursos políticos analisados, eles apontam para a erosão da história pedagógica de inspiração ciceroniana.

A tentativa de controle dos acontecimentos em curso e, consequentemente, de um futuro que se procurava prognosticar, mesmo que recorrendo a exemplos históricos, testemunha sobre o desgaste da história como mestra num momento de grande efervescência política. Muito mais do que certa resistência ao moderno demonstrada pela permanência de parâmetros clássicos, parece que a história exemplar estava sendo, progressivamente, adaptada ao conceito moderno de história.[40]

A tentativa de controle de um processo que abalava as bases do absolutismo não freou, mas estimulou o aprofundamento das transformações. Em março de 1821, a Corte sofria pressões para o retorno de D. João a Portugal e para a instalação da regência de D. Pedro. No entanto, a decisão pelo retorno do rei, tomada em meados de março, foi sendo adiada ao mesmo tempo em que o governo tentava articular outras alternativas. Paralelamente, iniciava-se o processo eleitoral para deputados no Rio de Janeiro. No processo eleitoral indireto, de acordo com as instruções da Constituição espanhola de Cádis, as eleições deveriam se realizar em quatro etapas: as freguesias escolheriam compromissários, os quais seriam incumbidos de escolher eleitores paroquiais. Os eleitores paroquiais deveriam, por sua vez, reunir-se para compor as

---

39 *O conciliador do Reino Unido* n. IV, 31/03/1821
40 Essa hipótese é defendida por ARAUJO, Valdei Lopes de. "História dos conceitos: problemas e desafios para uma releitura da modernidade ibérica". *In*: *Almanack Braziliense*. (revista eletrônica)., N. 7, maio de 2008. p. 47-55. Disponível em: http://www.almanack.usp.br . Acesso em 28. mai. 2010.

Juntas Eleitorais da Comarca, que indicariam, finalmente, os eleitores – estes, congregrados na capital da província, escolheriam os deputados. As eleições das paróquias já haviam se realizado quando se decidiu pela eleição da Comarca na Praça do Comércio, em 21 de abril de 1821. Segundo Cecília Helena de S. Oliveira, as eleições foram outro meio de articulação política, já que sofreram a interferência de atores políticos que agiram no sentido de transformar o processo eleitoral em instrumento usado na realização de seus interesses, mobilizando diferentes setores urbanos para fazer com que a Junta Eleitoral se processasse de forma pública, transformando-a em uma assembleia legislativa na Praça do Comércio.[41] Os principais objetivos desses homens, segundo a autora, eram, em primeiro lugar, conquistar mudanças como a indicação de homens de sua confiança que representassem suas posições em Portugal e, principalmente, pressionar D. João a retornar a Portugal, decisão que deveria ser imediatamente acompanhada pela composição de uma Junta de Governo no Rio de Janeiro que controlasse a regência de D. Pedro.

Na Praça do Comércio, os diferentes grupos urbanos, inicialmente manipulados pelos liberais, passaram a agir autonomamente, realizando discussões sobre assuntos alheios ao processo eleitoral. A assembleia é dissolvida por intervenção militar e, em decorrência da convulsionada conjuntura política, D. João parte para Portugal, em 26 de abril de 1821, permanecendo D. Pedro no Brasil, com plenos poderes, amparado pelos Ministros Conde de Louzã e Conde dos Arcos, e por dois secretários de Estado.

Em fins de maio, por ordem do príncipe, ocorreram as eleições para deputados fluminenses às Cortes. Concomitantemente, chegaram notícias sobre as bases da Constituição, aprovadas em Lisboa em março de 1821. A notícia provocou pronta mobilização daqueles que desejavam o controle da regência de D. Pedro por meio da exigência de instalação de um governo provisório na província. Em junho, pressionado pela conjuntura política, D. Pedro jurou as bases da Constituição e instalou a Junta Governativa Provisória na província.

---

41 OLIVEIRA, Cecília H. L. S. *Op. cit.*

Segundo João Paulo G. Pimenta, a unidade da monarquia portuguesa começava nesse momento, a desmoronar, "com a fragmentação do poder político entre instâncias que só muito conflituosamente conviviam umas com as outras: a figura do monarca, esvaziada pela crescente autoridade das Cortes; as Juntas provinciais, ligadas às Cortes, mas configurando espaços de considerável autonomia que, em certa medida, reeditavam no Brasil uma provisória forma de poder político na qual a América espanhola fora pioneira; e a figura de D. Pedro, que à testa de um governo legitimista no Brasil e em meio a um ambiente político de crescente antagonização com a autoridade do rei e sobretudo, das Cortes, faria despontar para a alternativa da independência do Brasil".[42]

Os periódicos do Rio de Janeiro acompanharam esse movimento conflituoso, contribuindo decisivamente para a produção da antagonização de interesses entre Brasil e Portugal, sendo, inclusive, protagonistas desse processo.

Entretanto, em meados de 1821, a conjuntura política em curso aproximaria atores políticos de Portugal e do Rio de Janeiro em favor do controle do poder monárquico, a partir de princípios constitucionais. É o que se observa nos primeiros números do *Reverbero Constitucional Fluminense*, periódico que começou a circular em 15 de setembro de 1821, cujos redatores eram Joaquim Gonçalves Ledo e Januário da Cunha Barbosa. A historiografia identifica o *Reverbero* como o primeiro jornal publicado no Brasil de caráter independente, ou seja, sem vínculo direto com o poder instituído. O jornal representaria grupos que desejavam maior participação no governo, a ampliação dos direitos políticos para os membros da sociedade civil e, principalmente, o sucesso da ordem constitucional e o controle do poder real.[43]

Já em seu primeiro número, o *Reverbero Constitucional Fluminense* identificou-se com os ideais liberais portugueses, louvando e aderindo ao sistema constitucional, mas no bojo do qual o Brasil seria uma entidade específica. Segundo os redatores: "Foi belo e majes-

---

42 PIMENTA, João Paulo G. *Op. cit.* p. 327
43 OLIVEIRA, Cecília H. L. S. *Op. cit.*

toso o espetáculo da Liberdade plantando o seu estandarte no Brasil, que rojava há três séculos os vergonhosos ferros da escravidão".[44] É digno de nota o registro do *topos* que se tornará cada vez mais recorrente na imprensa periódica, ou seja, os "trezentos anos" de colonização, aqui expressos na forma de "três séculos". Observa-se o esforço de inscrever Portugal e Brasil num mesmo processo histórico, à semelhança do que já haviam feito os periódicos que circularam no primeiro semestre de 1821, no Rio de Janeiro. Contudo, o discurso deixava subjacente um sentido de diferenciação de papéis, já que o Brasil era o local onde teria sido plantado "o estandarte da liberdade". Aqui, a referência ao passado de opressão está esvaziada de conteúdo específico – ao contrário, o passado superado que afligia "portugueses de ambos os hemisférios" diz respeito à "opressão" e ao "despotismo".

O processo de colonização portuguesa da América foi referido, por sua vez, positivamente, pelos redatores:

> O Brasil, escondido por muitos séculos às vistas dos Geógrafos, encerrava no seu seio todas as suas preciosidades da natureza; era um grande tesouro, mas só possuído pelos indígenas, nações bárbaras, destituídas de conhecimentos polidos, e de toda comunicação com o resto do mundo, que nem supunham existir fora do círculo das suas vistas, necessitando por isso mesmo de que as tirassem do esquecimento para encaminhá-la à glória de que os homens são suscetíveis.[45]

Continua o artigo:

> Apareceram os Bravos Argonautas Portugueses no ano de 1500, que conduzidos ao berço da Aurora por Pedro Álvares Cabral, e desviados na sua derrota por temporais, em que se ocultavam a mão da Providência, descobriram esta grande porção do Globo, estabelecendo nela cordial amizade, estendendo aqui a glória do nome do Senhor D. Manoel, plantando a Religião e em consequência disto,

---

44 *Reverbero Constitucional Fluminense*. n. I., Tomo I, 15/09/1821.
45 *Reverbero Constitucional Fluminense*. n. III, Tomo I, 15/10/1821.

ensinando as Leis, os sábios costumes, a Agricultura, o Comércio, a Navegação, fontes principais da prosperidade dos Povos. Deram-se as mãos mutuamente por aqueles princípios e pelos sagrados vínculos de parentesco que tão rápida e progressivamente produziram o enlace, que hoje vemos generalizado em todas as Províncias do Brasil. É, portanto, evidente, que a Magnânima Nação Portuguesa na Europa, na América, e nas demais partes do todo, por suas virtudes heroicas e por seu distinto caráter, forma uma só Família, que reunida por esses preciosos vínculos forma a base da sua perpétua harmonia, jurando-se mutuamente uma necessária e perpétua união.[46]

O artigo reforçava os laços de união, o que pressupunha uma unidade territorial do Brasil, ao mesmo tempo, anterior e reforçada pelo "ato heroico" da colonização. À semelhança do *Amigo do Rei e da Nação*, a narrativa do *Reverbero Constitucional Fluminense* tem como substantivo o Brasil, tratado como unidade territorial constituída em um tempo imemorial.

O providencialismo também assume o papel de princípio explicativo do processo histórico de colonização, que teria reservado esse território "quase virgem" para ser colonizado. A linguagem política do providencialismo atuava como um recurso retórico eficiente e amplamente utilizado que conferia autoridade aos fatos históricos sem necessitar, com isso, de precisão empírica para demonstrá-los.[47]

O processo de colonização teria trazido ao Brasil civilização e prosperidade, por meio da monarquia, da religião, das leis, dos costumes e das atividades produtivas. A colonização é vista como um processo histórico extremamente positivo e, mais do que isso, necessário para o Brasil. O *Reverbero* evidenciava a singularização do Brasil a partir da tipicidade da condição colonial, apresentada por meio de argumentos históricos que se misturavam aos de ordem territorial e relativos aos recursos naturais. Nesse momento, porém, tal identidade se apresenta em consonância com o sentimento de

---

46 Idem.
47 JASMIM, Marcelo. *Op. cit.*

pertencimento à nação portuguesa. Portanto, ter sido "colonizado" não era, em 1821, condição de ruptura do Brasil com Portugal. Pelo contrário, era a condição de integração de "portugueses de ambos os hemisférios". A narrativa histórica que enfatizava os laços de união entre os dois reinos parecia assumir a função de inscrevê-los em um mesmo processo histórico, caracterizado pela civilização, enlaces históricos indissolúveis de união e vocação para a liberdade oferecida pela Revolução Constitucionalista. No mesmo artigo, a argumentação deixa claro o esvaziamento de conteúdo político relacionado à colonização.

> Nesta época brilhante, em que somos libertos, podendo deixar aos nossos filhos uma herança mais rica do que a que havíamos recebido de nossos pais, qual será o Português Constitucional que não olhe um Brasileiro como um outro ele, e qual será o Brasileiro também constitucional, que não veja um Europeu como seu verdadeiro Amigo, como seu Irmão, que o ajuda no adiantamento de sua felicidade e que rompera os diques da sua, por tantos séculos, desprezada Liberdade? Se algum receio de separação ainda se nutre em corações Portugueses, ele não pode vir senão ou de algum malvado, que afetando zelo pela glória da Constituição, acende o archote da intriga no meio de Cidadãos por tantos títulos reunidos, ou de algum ignorante, que não pesa os verdadeiros interesses de nossa tão necessária como bem reconhecida confraternidade.[48]

A argumentação principal do texto gira em torno dos enlaces entre Brasil e Portugal desenvolvidos ao longo da história da colonização, e coroados pelo triunfo do sistema constitucional, apresentado, por sua vez, como herança de uma trajetória comum aos dois reinos. Os rumores de separação são realizados, segundo os redatores, pelos "falsos portugueses", "inimigos da Nação", "corcundas", que procuravam apenas seus próprios interesses e a desarticulação do sistema constitucional. A polarização entre abso-

---
48 *Reverbero Constitucional Fluminense*. N. III, Tomo I, 15/10/1821.

lutistas e constitucionais é aqui plenamente utilizada para explicar os rumores de separação.

Em novembro de 1821, o *Reverbero* reafirma a união da nação portuguesa, de forma semelhante: "Felizmente entre nós existiu a mais cordial aliança que nos reúne a três séculos em corpo de monarquia, aliança ainda mais apertada desde o político Decreto de 1815".[49] Entretanto, a ênfase da união agora recai sobre a monarquia, tendo como marco a elevação do Brasil à condição de reino. Convém lembrar que houve uma transformação qualitativa relacionada à elevação do Brasil a Reino Unido, a partir de 1815. Em 1822, essa condição seria intensamente reivindicada para defender a permanência de D. Pedro no Brasil, em resposta aos decretos das Cortes que previam o seu retorno à Europa.

A despeito de divergências políticas entre os periódicos citados, observam-se elementos comuns no que diz respeito às leituras do passado. Portugal e Brasil são apresentados, indistintamente, como vítimas do despotismo. A ruptura representada pela Revolução Constitucionalista teria efeitos semelhantes para os dois reinos e reforçaria os laços de união entre eles. Soma-se a isso, o louvor dedicado à colonização portuguesa da América como elemento que teria trazido ao Brasil prosperidade e civilização. Por fim, observa-se a politização do Brasil a partir de sua elevação à condição de reino.

A existência de uma operação discursiva comum que constrói a imagem de um "passado despótico" genérico e pouco qualificado para, imediatamente, superá-lo, em nome de virtudes e princípios lusitanos dos quais os luso-americanos seriam (ou reconheciam-se como) herdeiros, não impediu o estabelecimento de distinção entre portugueses europeus e americanos, já em 1821. A reivindicação de reciprocidade entre os dois reinos, particularmente, orientava o olhar para o passado e, num momento de reordenamento político do Reino Unido português, tornava-se potencializador de incompatibilidades entre Brasil e Portugal. Em novembro, no artigo já citado, o *Reverbero* dialogava com *O Campeão Português,* periódico que circulava em Londres no mesmo período. Em geral, os redatores do jornal fluminense

---

49 *Reverbero Constitucional Fluminense.* N. IV, Tomo I, 01/11/1821.

concordavam com seu interlocutor quanto à unidade da nação portuguesa, mas indicavam um elemento de potencial incompatibilidade entre os dois reinos, no que diz respeito à forma de união. Para o *Reverbero*,

> [...] os negócios do Brasil são hoje de uma natureza tão difícil e importante que não podem mais ser todos tratados a duas mil léguas longe de nós, [...] não lhe convém mais um governo de tutela, porque é da natureza de um tal governo que os subordinados a ele procurem livrar-se da sujeição do tutor.[50]

O raciocínio não constitui propriamente uma novidade introduzida pela imprensa periódica do período. A título de recapitulação, em fins do século XVIII e início do XIX, desenvolveram-se teorias da independência da América, principalmente pelos abades franceses Raynal e De Pradt. Em sua *Histoire das les Deux Indes*, Raynal criticava a monarquia absolutista, a violência da expansão europeia e a escravidão e prognosticava a inevitabilidade da emancipação da América. O abade Dominique-Georges-Fréderic De Pradt, por sua vez, antevia a emancipação da América, compreendida por ele como sinônimo de "separação natural", resultado de um amadurecimento de quem (ou do quê) vai se emancipar; por isso, tal acontecimento deveria ser preparado em comum acordo entre os reinos europeus e seus territórios americanos.[51]

As teorias da independência desenvolvidas por esses autores estavam disponíveis e foram amplamente divulgadas e discutidas nos espaços públicos de discussão no mundo luso-americano, servindo como parâmetros para a ação política. O *Correio Braziliense* comentou e criticou a obra de De Pradt por ter previsto a inevitabilidade da emancipação da América. Em 1821, o *Reverbero Consticional Fluminense* advertia para a observância da condição de reciprocidade entre os dois reinos para integri-

---

50 *Reverbero Constitucional Fluminense*. n. IV, Tomo I, 01/12/1821.
51 MOREL, Marco. Independência no papel: a imprensa periódica. In: István Jancsó (org.). *Independência: história e historiografia*. São Paulo: Hucitec/Fapesp, 2005, p. 617-636.

dade da unidade nacional portuguesa, sugerindo implicitamente a inevitabilidade da separação, caso essa condição não fosse realizada – discurso que encontrava, evidentemente, ecos das obras de Raynal e De Pradt.

A ideia de inevitabilidade de independência da América encontrava, também, respaldo na experiência histórica recente de ruptura entre colônias e metrópoles. No primeiro semestre de 1821, *O Conciliador do Reino Unido* já alertava para o perigo de "revoluções intestinas", sem com isso associar tal receio aos acontecimentos recentes da América espanhola. A partir de 15 de novembro de 1821, os redatores do *Reverbero Constitucional Fluminense* transcreveram um discurso dos deputados americanos nas Cortes de Espanha, em sessão de 25 de junho do mesmo ano, julgando-o "interessante e aplicável às circunstâncias do Brasil".[52] O principal objetivo da transcrição é, segundo eles, "evitar os mesmos males". A transcrição se estendeu ao próximo número, de 01 de dezembro, quando os redatores teceram reflexões acerca dos discursos em conexão com críticas ao *Semanário Cívico da Bahia*, de número 35. Este, segundo eles, ofendia os interesses do Brasil ao apregoar que as Cortes deveriam celebrar-se em Lisboa. Alertavam, ainda, para a "congruência e igualdade de circunstâncias entre Brasil e América espanhola".[53] O *Semanário* teria atribuído superioridade de Portugal em relação ao Brasil, ao que os redatores questionavam:

> Quiséramos contudo perguntar se, nesse estado de superioridade de Portugal em luzes, forças, população e indústria, poderia ele reconquistar o Brasil dissidente, se este mesmo não preparar a sua ruína pela sua divisão, e pelo ciúme indiscreto das suas diferentes partes?[54]

E prosseguiam defendendo os interesses em torno da manutenção do reino do Brasil como condição para a sua unidade. A questão central de discordância girava em torno da existência ou não de um centro articulador do reino do Brasil. O *Reverbero*

---

52   *Reverbero Constitucional Fluminense*. n. V, Tomo I, 15/11/1821.
53   *Reverbero Constitucional Fluminense*. n. VI, Tomo I, 01/12/1821.
54   *Idem*

sugeria, já em dezembro de 1821, que a existência de Cortes no Brasil não ofenderia de forma alguma a unidade da nação portuguesa. O *Semanário*, por sua vez, propunha a centralidade das decisões políticas em Lisboa e, consequentemente, a subordinação das províncias do Brasil diretamente às Cortes, ao que o *Reverbero* se opunha brutalmente, advertindo para o risco de desintegração do Brasil e do Reino Unido português.

A mobilização de exemplos históricos é abundante nesse debate e era sintetizada pela seguinte advertência: "Aproveitemos o presente para nos servir de guia no futuro: não desprezemos a filosofia da experiência".[55] Até aqui, a afirmação pode-nos conduzir à total operacionalidade da *historia magistra vitae*; porém, a reflexão do *Reverbero* evolui de forma qualitativamente diferente:

> [...] qualquer erro que agora cometermos será como as letras abertas na casca de um jovem carvalho, que crescem com ele, e a posteridade as lê em grossos caracteres; evitemos incêndios que o futuro parece que deixa entrever.[56]

A consolidação da experiência do presente como um momento de transição para um futuro que se procurava prognosticar fica aqui evidente, descortinando uma mudança qualitativa na relação dos homens com o tempo, o que implicava a tentativa de controle de um futuro em fuga, conforme a expressão "evitemos incêndios que o futuro parece que deixa entrever" exemplifica.[57]

A independência da América espanhola, cujos contornos se definiram entre 1820 e 1821, já era conhecida como irremediável no Brasil, em dezembro de 1821, principalmente por meio de notícias veiculadas pelo *Correio Braziliense*, frequentemente transcritas no *Reverbero Constitucional Fluminense*. Segundo João Paulo G. Pimenta, a experiência hispano-americana criara dois tipos de paradigmas aos quais os luso-americanos poderiam recorrer – um negativo, como sinônimo de anarquia e desordem e por isso

---

55 *Ibidem.*
56 *Ibidem.*
57 KOSELLECK, Reinhart. *Futuro passado. Contribuição à semântica dos tempos históricos*. Rio de Janeiro: Contraponto/Puc-Rio, 2006.

um exemplo a ser evitado; mas também um positivo e propositivo, ou seja, apresentava muito concretamente a separação entre colônias e metrópole como uma alternativa possível.⁵⁸ Esses paradigmas não se apresentavam, por sua vez, de uma maneira estanque e definitiva para os atores políticos daqueles anos, mas misturavam-se e confundiam-se, de acordo com a instabilidade política da época. Nesse sentido, o *Reverbero Constitucional Fluminense* parece, a um só tempo, instrumentalizar politicamente os dois paradigmas. A experiência recente de desagregação da América espanhola assumia o papel de advertir para os riscos da ausência de um centro articulador e legitimista no Reino do Brasil, o que poderia levar à anarquia e à dissolução de suas províncias e, consequentemente, ameaçar a unidade do Reino Unido.

Os redatores afirmavam temer a "independência e desunião do Brasil" e, retoricamente, questionavam:

> Como pode um Reino tão extenso e tão separado crescer em respeito, em força e em glória sem reunir-se primeiro em si mesmo para reunir-se melhor com a Mãe Pátria? Como dar estabilidade e força a esta união, deslocando todas as partes e acendendo ciúmes entre elas?⁵⁹

A argumentação é acompanhada pela crítica veemente da inexistência de um centro articulador no Brasil "porque é impossível que da desunião das partes de um todo não resulte a sua total desunião". Nessa passagem, o *Reverbero* testemunha de maneira cristalina que a unidade da nação portuguesa não significava, simplesmente, a união dos portugueses de todos os lugares, mas de duas partes distintas e definidas, apontando para a valorização da ideia política do Brasil como condição necessária à unidade da nação portuguesa.

Em um momento de reordenamento do Reino Unido português, que já trouxera consigo forte potencial transformador (representado pelo constitucionalismo e pela reelaboração do pacto que estabeleceria os novos termos da união) e disponibilizara vá-

---

58   PIMENTA, João Paulo G. *Op. cit.*
59   *Reverbero Constitucional Fluminense*. n. VI, Tomo I, 01/12/1821.

rios exemplos históricos de separação entre colônias e metrópoles, sendo os mais recentes os da América espanhola, qualquer configuração política que não respeitasse o princípio de reciprocidade entre os dois reinos poderia ser compreendido, inevitavelmente, como possibilidade legítima de separação. Dessa forma, a unidade da nação portuguesa parecia pautar-se pela condição da reciprocidade e pela manutenção das prerrogativas do Brasil, decorrentes da transferência da Corte.

Os exemplos históricos concretos de ruptura entre colônias e metrópoles disponíveis à observação, assim como os enunciados de caráter doutrinário e programático sobre a mesma questão, forneciam parâmetros para a ação política, de acordo com os interesses políticos específicos de grupos que se organizavam em torno de alternativas a fim de solucionar a crise e reordenar o Reino Unido português.[60]

Convém salientar, no entanto, que até dezembro de 1821 o esboço de uma identidade do Brasil como entidade política, pautada, entre outros fatores, por argumentos históricos, não implicava inicialmente um projeto de independência, mesmo que essa possibilidade fosse nitidamente aventada. As referências ao passado, indicadoras de elementos de diferenciação ou especificidade da História do Brasil em relação à portuguesa, resultavam, na maioria das vezes, em respostas a discussões ou medidas que, advindas de Portugal, ameaçavam de alguma forma a manutenção do estatuto político do Brasil, a saber, sua integração à monarquia portuguesa por meio de princípios constitucionais, de relações comerciais recíprocas, da manutenção de sua condição de reino e de suas prerrogativas trazidas com a transferência da Corte. É o que testemunha um conjunto de cinco panfletos, todos publicados de setembro a dezembro de 1821, no Rio de Janeiro. O mais conhecido deles é *Justa retribuição dada ao Compadre de Lisboa*, cuja autoria é atribuída a Luís Gonçalves dos Santos. Esta publicação é uma resposta a um artigo escrito para o jornal português *Astro da Lusitânia*, de

---

60 PIMENTA, João Paulo G. De Raynal a De Pradt: apontamentos para o estudo da ideia de emancipação da América e sua leitura no Brasil (1808-1822). In: *Almanack Braziliense*. N. 11. Maio/2010. (revista eletrônica). p. 88-99. Disponível em: http://www.almanack.usp.br.

alguém denominado "Compadre de Lisboa", que defendia a preponderância dos interesses de Portugal em detrimento do reino do Brasil. Circulou em setembro de 1821 e, em segunda edição, em fevereiro de 1822.[61] Seu conteúdo consiste na defesa da dignidade do reino do Brasil, apresentando algumas interpretações acerca do seu passado. Em resposta à afirmação do "Compadre de Lisboa" sobre se Portugal se tornaria "colônia" do Brasil com a permanência da família real no Rio de Janeiro, argumentava que Portugal não foi destituído, com a transferência da Corte, de suas leis, forais, prerrogativas e instituições,

> coisas que nunca houveram no Brasil antes da vinda de S. Majestade. E infelizmente nem era contemplado nos Títulos inerentes à Coroa, não tinha Escudo de Armas [e] não podia comprar nem vender senão aos negociantes do Porto e de Lisboa: os seus Portos estavam cerrados a todos os Estrangeiros, não lhe eram permitidas fábricas, nem indústria de qualidade alguma; nunca teve, nem ainda tem, uma Universidade, que não seja exclusivamente a de Coimbra; os Vice-Reis e Governadores eram mandados de Portugal, e os mesmos Bispos quase todos eram Europeus; [...] nunca foi permittido ao Brasil agricultar outras produções, que não fossem as propriamente chamadas coloniais.[62]

A conclusão denuncia claramente o caráter nefasto e exploratório da colonização portuguesa da América:

> Diga-me agora, Senhor Compadre; com a estada de Sua Majestade no Brasil Portugal chegou, ou recearia

---

61 *Justa retribuição dada ao compadre de Lisboa em desagravo aos brasileiros ofendidos por várias asserções que escreveu na sua carta em resposta ao compadre de Belém pelo filho do compadre do Rio de Janeiro que a oferece e dedica aos seus patrícios.* Rio de Janeiro: Imp. Nacional, 1822. Para maiores informações sobre esse conjunto de panfletos, ver: NEVES, Lúcia Bastos Pereira das. *Op. cit.*

62 *Justa retribuição dada ao compadre de Lisboa em desagravo aos brasileiros ofendidos por várias asserções que escreveu na sua carta em resposta ao compadre de Belém pelo filho do compadre do Rio de Janeiro que a oferece e dedica aos seus patrícios.* Rio de Janeiro: Imp. Nacional, 1822.

chegar a esses apertos, a esta degradação, que constitui o verdadeiro estado de Colônia de que v.m. tanto se horroriza? [...] Nós os Brasileiros, a pesar de sermos colonistas [sic] ou perto de três Séculos, sofremos com paciência a nossa sorte; fomos sempre submissos, e fiéis ao nosso Soberano, nunca levantamos a voz.[63]

Se nos discursos anteriormente apresentados predominava a instrumentalização do passado para reforçar a unidade da monarquia portuguesa e a prosperidade do Brasil, agora a colonização portuguesa da América é compreendida como sinônimo de exploração e opressão específica e historicamente qualificadas. No folheto, associavam-se ao discurso histórico elogios ao clima, vegetação, dimensões territoriais, riqueza e diversidade natural do Brasil, características que justificariam a reciprocidade entre os dois reinos. Também é notável a utilização do termo "brasileiro", pouco utilizado à época, mas que viria a adquirir maior importância ao longo do desenrolar da dinâmica política.

Em outro panfleto, Luís Gonçalves dos Santos reafirmava o caráter exploratório da colonização portuguesa da América. A polêmica girava em torno de um número do *Português Constitucional* que apareceu à venda no Rio de Janeiro em 17 de outubro de 1821. Trata-se de um artigo, publicado em dezembro de 1820, em Lisboa, que argumentava sobre os benefícios ao Brasil, caso o monopólio comercial fosse restabelecido. Em resposta ao argumento de que somente o monopólio podia livrar a nação portuguesa de todas as misérias, Luís Gonçalves dos Santos responde:

> A experiência de três séculos mostrou o contrário disso; todas as misérias têm nascido do velho sistema colonial, da teima e obstinação com que os Portugueses da Europa tem insistido em acanhar, reprimir e enfraquecer o Brasil por todos os meios que dita o mais refinado maquiavelismo, fazendo com que o interesse de poucos prevaleça sobre os interesses da Nação em geral e da Humanidade.[64]

---

63   Idem.
64   *Resposta analytica a hum artigo do Portuguez Constitucional em defeza*

A fórmula "trezentos anos de opressão" foi um recurso discursivo muito utilizado, também, durante as guerras de independência hispano-americanas. Um documento paradigmático dessa fórmula é a *Carta dirigida a los españoles americanos*, por Juan Pablo Viscardo y Guzmán, escrita em 1792,[65] sendo inclusive comentada por Hipólito da Costa nas páginas do *Correio Braziliense* de 1809. O autor nasceu em Arequipa, no Peru, em 1748, e era jesuíta quando foi expulso da América pelas reformas bourbônicas de Carlos III, em 1767. Viscardo y Guzmán exilou-se na Itália, onde escreveu a carta, que fora publicada após sua morte, por Francisco de Miranda instalado em Londres, em 1799.[66]

O documento é considerado a primeira demanda pública pela independência escrita por um espanhol americano. Ele denunciava o caráter exploratório e perverso da empresa colonial, que poderia ser sintetizado a quatro palavras: "ingratidão, injustiça, servidão e desolação".[67]

Segundo Guillermo Zermeño Padilla, na carta, a história ainda é um depósito de experiências úteis para o presente, uma vez que Viscardo y Guzmán compara espanhóis e gregos no que diz respeito às suas colônias. Entretanto, Zermeño salienta que a presença espanhola na América compreendida como sinônimo de opressão inaugurava um tema que se tornaria *slogan* dos movi-

---

dos direitos do Reino do Brasil, por hum fluminense. Rio de Janeiro. Tipografia Nacional, 1821.

65 VISCARDO Y GUZMÁN, Juan Pablo. *Carta dirigida a los españoles americanos*. México, FCE, 2004.

66 Francisco de Miranda (1750-1816) nasceu em Caracas e serviu ao exército espanhol, circulou pelos Estados Unidos e pela Europa às vésperas da Revolução Francesa, alistou-se no exército francês durante a Revolução, após o que circulou pela Inglaterra e Estados Unidos, tentando angariar recursos para uma ação que visava promover a independência política da Venezuela. Nesta ocasião, publica, em 1799, a Carta de Viscardo y Gusmán. Tentou realizar duas incursões na costa venezuelana em 1806, mas foi derrotado por forças espanholas. *Diccionario de historia da Venezuela*, tomo 3. Caracas: Fundação Polar, 1997. BRADING, David. Introdução In: VISCARDO Y GUZMÁN, Juan Pablo. *Carta a los españoles americanos. Op. cit.*

67 VISCARDO Y GUZMÁN, Juan Pablo. *Carta a los españoles americanos. Op. cit.*, p. 73.

mentos de independência, inclusive como frase inscrita nas atas de independência da América espanhola.

Ainda segundo Zermeño Padilla, "o mais relevante, não obstante, consiste em que esse passado tri-secular perdeu seu caráter de exemplaridade, mostrando um estreitamento do espaço de experiência ao lado de um alargamento do horizonte de expectativas, em termos políticos e sociais",[68] com a valorização crescente da experiência recente como algo novo e transformador. Evidentemente que a temática dos "três séculos de opressão" compunha o mesmo universo de ideias anunciado pelas teorias da independência desenvolvidas pelos abades Raynal e De Pradt.

No mundo luso-americano, o tema dos "trezentos anos de opressão" é evocado pontualmente em 1821. Nesse momento, a presença portuguesa na América é compreendida como um passado ambíguo, ao mesmo tempo dotado de caráter exploratório e civilizacional. Porém, a presença da fórmula "três séculos de opressão", mesmo que isoladamente, representou uma mudança nada desprezível. Ela reconfigurava a experiência acumulada de vários séculos como algo a ser superado, criando condições para a projeção de uma História do Brasil peculiar em relação à de Portugal, signo de distinção entre duas partes a serem mantidas em união, mas portando, evidentemente, uma carga de subversão dessa relação, com a qualificação latente dessa experiência como negativa; assim como uma experiência a ser superada.

Isso não significa que já existisse uma concepção clara da possibilidade da independência política do Brasil entre setembro e dezembro 1821. Pelo contrário, a *Justa Retribuição ao Compadre de Lisboa* exaltava em especial a monarquia portuguesa e a dinastia de Bragança como elementos agregadores fundamentais. Não se tratava, entretanto, da simples união dos portugueses de todos os lugares, mas sim, a de partes distintas e definidas, momento em que o Brasil parecia ganhar materialidade como entidade política. O folheto não abandonava, ainda, a ideia de que havia um elemento civilizatório no empreendimento colonial. Em reação à acusação do *Compadre* de que o Brasil seria habitado apenas por "hordas de negrinhos" trazidos da costa da África, Luís Gonçalves

---

68 ZERMEÑO PADILLA, Guillermo. *Op. cit.*, p. 16

dos Santos argumentava que no Brasil existiam índios "bravos" e cristianizados, além de "pardos" e "pretos" nascidos no país e,

> encontram-se também muitíssimos brancos sem outra mescla de sangue, que não seja todo Português, ou nascidos na Europa ou no Brasil: foram estes os que edificaram as nossas Cidades, os que as povoaram; os que levantaram estas fortalezas e as defendem; os que formaram sempre a parte mais distinta e respeitável dos Cidadãos; os que compõem o corpo do Clero Secular e Regular, os que exercem a Magistratura, e os demais empregos públicos; os que estabeleceram as Casas de Comércio, e as conservam; os que são Proprietários, Senhores de Engenhos, ou de lavras minerais: Fazendeiros, Mercadores, Artistas, Mestres de Ofícios mecânicos [...]; são finalmente os brancos, os que em geral compõem a Tropa tanto da primeira, como da segunda linha, e especialmente a sua briosa, valente e distinta Oficialidade.[69]

Os panfletos de Luís Gonçalves dos Santos são exemplares da ambiguidade que parece ter predominado em 1821 no que se refere à leitura da colonização portuguesa da América, dotada ao mesmo tempo de um caráter exploratório e civilizacional. Tal ambiguidade tornava operacional uma distinção entre "colonos" ou "ex-colonos" e "metropolitanos/colonizadores" ou "recolonizadores", operação discursiva levada a cabo a partir de dezembro de 1821, em torno da movimentação em defesa da permanência de D. Pedro no Brasil.

Se a relação entre colônia e metrópole não se coadunava mais com a realidade desde 1808, o reconhecimento de uma "ancestralidade colonial" presente na documentação da época transformava tal relação em arma de luta política disponível e amplamente utilizada na dinâmica da independência.

Por um lado, a posição do Brasil como um dos esteios da escravidão na América não permitia que se abrisse mão do legado civilizacional trazido pelo colonizador português. A formação so-

69 *Justa retribuição dada ao compadre de Lisboa.. Op. cit.*

cietária colonial repousava sobre a escravidão, o que significava a inserção do escravo na sociedade colonial em uma condição específica. Por esse viés, reconhecer o legado civilizacional português trazido pela colonização significava manter e reforçar a distinção da elite branca em relação aos homens negros e pardos (livres ou escravos) que constituíam a maior parcela da população.[70] Ademais, do ponto de vista discursivo e identitário, a radicalização da associação entre colonização e exploração poderia resultar em ameaças à ordem social interna, uma vez apropriada pelos escravos contra seus senhores, agentes diretos da exploração.

Por outro lado, a reclamação em favor de uma formação social específica poderia se tornar um poderoso nexo que conferiria unidade ao Reino do Brasil, diferenciando-o de Portugal. Em 1822, é recorrente na imprensa periódica do Rio de Janeiro, a distinção entre portugueses europeus e americanos a partir da denúncia à sociedade estamental portuguesa em contraposição à fluidez da sociedade colonial, elemento que constituiria um benefício ao Brasil e que por isso, justificaria o seu fortalecimento como entidade política autônoma. Quanto a esse aspecto, convém salientar que a instrumentalização política da especificidade da formação societária colonial esteve presente, mesmo que isoladamente, já em 1821. É o que realiza um dos panfletos analisados.

Dirigida ao *filho do Compadre do Rio de* Janeiro (o autor da *Justa Retribuição*, Luís Gonçalves dos Santos), o *Compadre do Rio São Francisco* adverte o interlocutor sobre o desprezo que este dispensara à população negra e indígena em sua resposta. Segundo ele, se não há grandes heróis entre os homens "pretos",

> é porque a condição servil, em que estão postos entre nós lho não consente. [...] Contudo, alguns da sua raça se tem eternizado por grandes façanhas militares, e sem sairmos do nosso Brasil admiraremos um Henrique Dias; não foi ele preto? Impediu-o acaso o acidente da cor, para que obrasse as grandes ações de fidelidade, valor e heroicidade, que praticou na restauração de Pernambuco? E quantos Henriques Dias teríamos visto

---

70 *Ibidem.*

se a sua servil [e] mísera condição lhes não obstasse?[71]

Sobre os indígenas, adverte que, ao depreciá-los, Luís Gonçalves dos Santos "deprime com eles a todo o Brasil e a maior parte de seus habitantes (...) que ou por aliança ou por descendência lá tem alguma coisa de comum com esses Índios".[72] Argumenta, ainda, que foram com as índias que os primeiros portugueses procriaram, sendo os paulistas seus descendentes. Lembra da "docilidade" indígena, que teria permitido e até auxiliado os portugueses na exploração do território americano, e enfatiza que os indígenas também teriam atuado de maneira heroica na ocasião da expulsão dos holandeses. Por esses motivos, discorda do autor da *Justa Retribuição*:

> Não concordo, também com Vm., quando, para repelir o desorientado *Compadre de Lisboa* na asserção em que ele afirma que o Brasil não tem braços, nem pernas, responde que já vai engatinhando! Não Senhor: o Brasil já anda pelos seus pés há muito tempo e está um perfeito e robusto Mancebo; apesar de ter sido muito oprimido na sua infância, ele come pelas suas mãos, vive muito abundante [...]. Espero que Vm. reconheça a razão, com que me queixo do abandono em que Vm. deixou os pobres pretinhos, e Índios, que são os mais dignos de contemplação.[73]

Asseverando sobre como o discurso da *Justa retribuição*, de alguma forma, debilitava o Brasil, o *Compadre do Rio São Francisco* advertia para a importância da população negra, mulata e indígena ao fortalecimento de sua condição de reino. Estima-se que, no início do século XIX, a população do Brasil compunha-se de cerca de 2 500 000 pessoas livres, cerca de 1 100 000 de escravos, além de cerca de 800 mil índios.[74]

---

71 *Carta do compadre do Rio São Francisco ao filho do compadre do Rio de Janeiro*. (por J. J. do C. M.) Rio de Janeiro: Imprensa Nacional, 1821. Datado de 20 de setembro de 1821 e anunciado para venda em 17 de outubro de 1821.

72 *Idem*.

73 *Ibidem*.

74 MARCÍLIO, Maria Luiza. A população do Brasil. In: BETHELL, Leslie. (org.) *História da América Latina. Volume 2. A América Latina Colonial*.

A discordância do *Compadre do Rio São Francisco* com seu interlocutor pode ser compreendida em três sentidos. Primeiro, a forma de contabilidade da população poderia comprometer a representatividade do reino do Brasil. Sabe-se que a população do reino de Portugal, no mesmo período, contabilizava mais de três milhões de pessoas. Contabilizar ou não negros e indígenas para composição da população do Brasil possibilitaria o seu fortalecimento (ou enfraquecimento) no conjunto do Reino Unido português. Segundo, depreciar essa população publicamente em um folheto que circulava pela cidade poderia criar um sentimento de identidade entre negros e mulatos (escravizados ou livres) contra os opressores brancos e, talvez, o panfletista alertasse para esse medo difuso de convulsões internas que ameaçariam a segurança da ordem social escravista já sugestionado pelo espectro de São Domingos.[75] A preocupação com a garantia de uma ordem estável no Brasil encontrava respaldo na conjuntura histórica vivida, seja pela formação societária escravista que se queria manter, pelas experiências revolucionárias da América inglesa, França e Haiti, e mais imediatamente, pela experiência histórica recente de desagregação da América hispânica – no mundo hispano-americano, em poucos casos, a independência resultou na abolição da escravidão, mas em todos eles, ela foi colocada em pauta. Por

---

São Paulo: Edusp/Funag, 1999, p. 311-338. Para uma discussão sobre a questão da escravidão nas experiências constitucionais ibéricas, ver: BERBEL, Márcia Regina. & MARQUESE, Rafael de Bivar. La esclavitud en las experiencias constitucionales ibericas. 1808-1824. In: FRASQUET, Ivana. (org.) *Bastillas, cetros y blasones. La independencia en Iberoamerica*. Madrid: Fundación Mapfre-Instituto de Cultura, 2006. Ver também: BERBEL, Márcia Regina. & MARQUESE, Rafael de Bivar. The absence of race: slavery, citizenship, and pro-slavery ideology in the Cortes of Lisbon and in the Rio de Janeiro Constituent Assembly (1821-1824) In: *Social History*, 32 (4): 415-433, November 2007.

75 Para a relativização do "espectro de S. Domingos" no Brasil, ver: MARQUESE, Rafael de Bivar. Governo dos escravos e ordem nacional. Brasil e Estados Unidos (1820-1860) *In*: JANCSÓ, István. (org). *A fundação do Estado e da nação brasileiros (c. 1770 – c. 1850)*. Bauru/São Paulo: Edusc, Fapesp, 2001., p. 251-265; MARQUESE, Rafael de Bivar. Escravismo e Independência: a ideologia da escravidão no Brasil, em Cuba e nos Estados Unidos nas décadas de 1810 e 1820. In: JANCSÓ, István. (org.). *Independência: História e Historiografia. Op. cit.* p. 809-827.

fim, a crítica à diferenciação racial presente no panfleto de Luís Gonçalves dos Santos pode ressoar ecos de uma política oficial de assimilação da população indígena sobretudo durante a administração pombalina.[76] O legado português assumia, então, múltiplas funções no plano discursivo e identitário. Em primeiro lugar, era um elemento que reforçava o sentimento de pertencimento à nação portuguesa, algo que podia assumir, também, múltiplas funções: introduzir o Brasil na civilização ocidental europeia; diferenciar-se da América espanhola convulsionada, sendo a monarquia e a presença da família real no Brasil baluartes contra a anarquia de seus vizinhos, e, finalmente, produzir alteridade em relação aos escravos.

Por outro lado, a especificidade e a tipicidade da condição colonial, reconhecidas e reivindicadas na imprensa de 1821, eram continuamente instrumentalizadas e ofereciam materialidade ao Brasil como entidade política. A unidade da nação portuguesa, amplamente defendida em 1821, estava condicionada pela reciprocidade entre Brasil e Portugal e pela unidade do Brasil, o que significava, objetivamente, a manutenção das prerrogativas trazidas pela transferência da Corte e de um centro político articulador de seus interesses, a reciprocidade comercial e, até mesmo, a existência de Cortes instaladas no Brasil, conforme sugeriu o *Reverbero Constitucional Fluminense* em dezembro de 1821. A não observância dessas condições poderia levar à separação, possibilidade que era plausível, de acordo com a experiência vivida.

A leitura histórica da presença portuguesa na América como sinônimo de opressão acirrava esse quadro de esboço de incompatibilidade. O reconhecimento de uma ancestralidade colonial tornava operacional uma distinção entre "colonos" ou "ex-colonos" e "metropolitanos" ou "recolonizadores", diferenciação que seria intensamente mobilizada a partir de dezembro de 1821. Ademais,

---

76 Para um estudo recente acerca das diferentes visões sobre os povos indígenas criadas, veiculadas e reproduzidas em meio ao processo de independência, ver LOURENÇO, Jaqueline. *Um espelho brasileiro: visões sobre os povos indígenas e a construção de uma simbologia nacional no Brasil (1808-1831)*. São Paulo: Faculdade de Filosofia, Letras e Ciências Humanas, Universidade de São Paulo. 2010. Dissertação de Mestrado em História Social.

a qualificação dessa experiência como sinônimo de opressão implicava uma carga de subversão, já que deixava implícito o desejo de superação e, por isso, apontava para possibilidade de ruptura definitiva entre os dois reinos.

Convém reiterar que as referências ao passado identificadas nos periódicos objetos de análise resultavam, na maioria das vezes, em respostas a discussões ou medidas que, advindas de Portugal, ameaçavam de alguma forma o *status* político do Brasil. Dessa forma, até dezembro de 1821 o esboço de uma identidade do Brasil como entidade política, pautado, entre outros fatores, por argumentos históricos, não implicava inicialmente um projeto de independência, mesmo que sua possibilidade fosse nitidamente aventada.

Entretanto, a leitura da colonização portuguesa da América na imprensa periódica de 1821 – ora compreendida como um dos elementos fortalecedores da unidade da nação portuguesa, ora como sinônimo de opressão – empreendia, no plano discursivo e identitário, a materialização do Brasil como unidade política, o que condicionaria os termos do reordenamento do Reino Unido português, esboçando incompatibilidades entre os dois reinos que se tornariam insolúveis no decorrer de 1822.

Condições de emergência da politização do discurso histórico nas diferentes províncias do Brasil

A produção historiográfica mais recente tem demonstrado que os embates políticos, desenvolvidos nas províncias do Brasil e resultantes da Revolução do Porto, envolveram questões muito mais complexas do que a simples contraposição entre os que desejavam permanecer fiéis a Lisboa e os que se inclinavam a aderir ao governo de D. Pedro. Essa advertência torna-se especialmente importante quando se constata que a polarização entre o governo de D. Pedro e as Cortes de Lisboa foi definida ao longo de 1822, a partir do impacto que os decretos das Cortes de 1 de outubro de 1821 provocaram no Rio de Janeiro. Contudo, a ampliação dos espaços públicos de discussão política e, em decorrência disso, as leituras do passado, materializadas por meio do debate impresso, não se restringiu ao Rio de Janeiro, mas também atingiu outras províncias do Brasil.

A primeira capitania a aderir ao chamamento constitucional do Porto foi o Grão-Pará, em 01 de janeiro de 1821, com destaque à atuação de Felippe Alberto Patroni. Estudante de Direito em Coimbra desde 1816 e natural do Grão-Pará, Patroni testemunhou a eclosão da Revolução do Porto, partindo para sua terra natal em outubro de 1820. Chegou a Belém em dezembro daquele ano, na pretensão de ser o promotor da adesão do Pará ao movimento constitucional.

Além da atuação intensa de Patroni no intuito de promover a adesão da capitania ao chamamento constitucional, outros motivos explicam a rápida anuência da província à Revolução do Porto.

Segundo o historiador Geraldo Mártires Coelho, o Grão-Pará conheceu, entre 1806 e 1820, uma acentuada queda de suas rendas, com a diminuição da exportação de produtos da economia extrativista, em função da recessão resultante das invasões francesas no reino europeu. Dessa forma, a burguesia local enfraquecida teria, segundo Coelho, vislumbrado na adesão à Revolução do Porto o retorno do capitalismo mercantil metropolitano no Brasil de que era dependente a economia extrativista de exportação do Grão-Pará. Na mesma direção, André Roberto de Arruda Machado afirma que o retorno do centro do poder do Reino Unido português para Lisboa atendia às aspirações dos estratos dominantes no Grão-Pará, daí a pronta nução à Revolução Portuguesa, em janeiro de 1821.[77]

Outros fatores devem ser levados em consideração no que se refere à pronta receptividade da Revolução Portuguesa no Grão--Pará: a penetração de novas ideias na província que ocorria, pelo menos, desde fins do século XVIII, mediante a circulação de escritos (o que indica um conhecimento fragmentado do ideário iluminista); as comunicações com a Europa por meio de estudan-

---

77 MACHADO, André Roberto de Arruda. *A quebra da mola real das sociedades. A crise política do Antigo Regime Português na província do Grão-Pará (1821-25)*. São Paulo, Faculdade de Filosofia, Letras e Ciências Humanas da Universidade de São Paulo, 2006 (Tese de Doutorado).

tes paraenses que traziam notícias sobre a fermentação política do Velho Mundo; além da proximidade da província com a Guiana Francesa e com algumas regiões da América espanhola, o que favorecia a circulação de escritos e de pessoas.

Articulada em torno de um clube secreto liderado pelo militar José Batista da Silva, a conspiração pela adesão do Grão-Pará às Cortes realizou-se paralelamente às investidas de Patroni de convencer o governo da província a proclamar a Constituição, mas Felippe Patroni não participou diretamente desta conspiração.[78] A Junta de Governo criada imediatamente após o alinhamento da província ao constitucionalismo também não incorporou de maneira significativa aqueles membros que encabeçaram tal movimento. O alijamento dos promotores intelectuais do vintismo na província ao governo civil determinaria, no decorrer de 1821, o ritmo das mudanças na capitania.

No dia 6 de fevereiro de 1821, a Junta designa Felippe Patroni para representar a administração do Grão-Pará, na condição de encarregado em comissão, algo interpretado pela historiografia como uma tentativa de afastar quem era considerado uma ameaça da capitania. A partir de então, Patroni iniciava sua oposição à Junta Governativa de Lisboa, seja por meio de artigos escritos na imprensa peninsular, por representações às Cortes ou pronunciamentos nas sessões parlamentares, ou ainda pelo envio de escritos produzidos em Portugal, tendo em vista promover a propaganda constitucionalista na província.

A historiografia aponta diferentes motivos de divergência entre a Junta Governativa que assumiu o poder e os mentores intelectuais do vintismo na capitania, o que não caberia aqui apresentar.[79]

---

78 De 1817 a meados de 1820, o Grão-Pará era governado pelo capitão-general Conde de Vila Flor que pediu licenciamento para se casar. Em julho de 1820 assumiu o poder um governo provisório. Portanto, na ocasião de adesão da capitania ao constitucionalismo, a nova Junta de Governo substituiu a Junta Provisória que estava à frente do governo da capitania desde julho de 1820. Geraldo Mártires Coelho afirma que este hiato na administração metropolitana criou condições políticas para que integrantes da pequena burguesia local buscassem alargar as bases do seu espaço político. COELHO, Geraldo Mártires. Op. cit.

79 Para uma síntese dessa discussão historiográfica, ver: MACHADO, An-

Mais importante é sublinhar que os grupos políticos divergiam sobre como deveriam se construir os laços com Portugal dentro de uma nova ordem política estabelecida pela Revolução.

A oposição encabeçada por Felippe Patroni à Junta Provisória fundamentava-se na exigência do aprofundamento de mudanças e a rápida implementação dos direitos e das garantias vintistas no Grão-Pará, mas a Junta Governativa atuava no sentido de manutenção dos laços da província com Portugal. Essa consideração torna-se ainda mais relevante, já que a Junta de Governo acusava seus opositores de encabeçarem a tentativa de separação do Brasil em relação a Portugal, algo tomado de maneira acrítica por parte da historiografia acerca do tema. Como consequência, tal vertente historiográfica tendeu a enxergar os embates políticos que se desenrolaram no Grão-Pará a partir de 1820 como uma contraposição entre aqueles que se alinhavam a Lisboa contra aqueles que se inclinavam ao governo de D. Pedro, escamoteando a complexidade da dinâmica política daqueles anos na província.

No dia 5 de abril de 1821, após discurso proferido por Patroni, as Cortes elevaram o Grão-Pará de capitania à província. O discurso marcaria o início da oposição de Patroni à Junta ao denunciar o despotismo na capitania, algo que ganharia densidade ao longo do ano de 1821. A estratégia utilizada por Patroni foi a publicação de artigos na imprensa lisboeta e o envio de representações às Cortes, denunciando o mau governo da Junta provincial. Denunciava, principalmente, a tentativa da Junta de restringir o processo de mudanças por meio da inação relacionada às eleições de deputados para representar a província no Congresso, o abuso dos empregados públicos, a má administração da renda pública, algo apresentado de maneira genérica como práticas despóticas não condizentes com o constitucionalismo que se instalava naquele momento.

A oposição ao governo provincial em 1821 ocorria, também, por meio da circulação interna de sátiras e libelos, manuscritos e anônimos, exigindo o aprofundamento de mudanças. A Junta provincial, por sua vez, reagia com a criação de uma Junta Censória para regular a circulação de textos na província, determinan-

dré Roberto de Arruda. *Op. cit.*, especialmente o capítulo 3.

do prisões e enviando representações às Cortes com denúncias à reação de seus opositores como imbuídas de intenções separatistas. Para avaliar a utilização de argumentos de natureza histórica tendo em vista a legitimação de projetos políticos na província do Grão-Pará em 1821, seria necessário realizar uma pesquisa minuciosa que englobasse a análise dos escritos e pronunciamentos de Patroni em Lisboa, assim como dos escritos produzidos no Grão-Pará. Contudo, o quadro político brevemente apresentado, sugere que as críticas ao passado não parecem ter assumido um caráter de crítica a um passado especificamente "brasileiro", mas possuíam um tom mais genérico de denúncias às práticas do Antigo Regime que, em Portugal e no Brasil, começavam cada vez mais a ser consideradas por esses homens como despóticas e passíveis de superação.

A Bahia foi a segunda capitania a aderir ao movimento constitucionalista, em 10 de fevereiro de 1821. A adesão partiu dos oficiais da tropa de linha que se reuniram em quartéis, libertaram presos da fortaleza de S. Pedro – entre eles, muitos acusados pelo envolvimento na Revolução Pernambucana de 1817 – e prenderam o comandante de armas de artilharia. Entre os motivos que justificaram o levante, destacam-se as denúncias à ruína na agricultura, no comércio e na navegação, à tributação excessiva na capitania, à corrupção e à pobreza, bem como a recusa ao Conde de Vila Flor como governador e capitão general da Bahia, nomeado pelo Ministro do Reino Tomás Antônio Vila Nova Portugal em substituição ao Conde de Palma. A adesão da Bahia à Revolução Portuguesa resultou na formação imediata de uma Junta Provisória de Governo, cuja composição contou com possíveis envolvidos na Revolução Pernambucana de 1817 e com indivíduos que acumulavam a experiência da conjuração baiana de 1798.[80]

A Bahia acumulava uma experiência política impulsionada, sobretudo, pela transferência da Corte para o Brasil. A instalação de uma tipografia e a circulação do jornal *Idade d'Ouro do Brazil* (desde 1811) foi fundamental como um dos meios de alargamento dos

---

80 SOUSA, Maria Aparecida Silva. *Bahia: de capitania a província (1808-1823)*. São Paulo: Faculdade de Filosofia, Letras e Ciências Humanas da Universidade de São Paulo, 2008 (Tese de Doutorado).

espaços públicos de discussão política na capitania, não obstante o seu caráter oficial. Transformações no âmbito comercial na capitania, resultantes, entre outros fatores, de tratados do Império Português com a Inglaterra, em 1810, compuseram, ainda, um quadro associado às expectativas do governo local de solidificar vínculos com o príncipe regente. Por fim, em 1817, o governo da capitania assumiu um papel estratégico na repressão à Revolução Pernambucana em 1817, o que revelava, por um lado, o esforço de fortalecimento de vínculos entre o governo local e o rei; e, por outro, a presença de indivíduos na Bahia que compartilhavam dos mesmos ideais dos líderes pernambucanos. Tudo isso compunha um quadro de acúmulo de experiências políticas que, com os impactos da Revolução Constitucional, ganharia novos significados.[81]

É importante salientar que, embora a adesão da Bahia às Cortes tenha ocorrido antes mesmo do juramento da Constituição por D. João VI, a Junta de Governo local declarava fidelidade ao Rei e disposição em assegurar a unidade da monarquia. Se por um lado, o alinhamento da Junta à Revolução do Porto marcava uma grande ruptura ao reconhecer as Cortes como centro de decisões superior, por outro, não negava fidelidade ao rei, até mesmo porque a polaridade entre o governo do Rio de Janeiro e as Cortes ainda estaria por se definir.

A conformidade da Junta de Governo da Bahia com as Cortes não significou, porém, harmonização na composição dos grupos que faziam parte da sociedade política da província. Em meados de junho de 1821, o Conde dos Arcos, demitido por D. Pedro em 5 de junho, preso e enviado para Lisboa, faz escala em Salvador, mas é proibido pela Junta de desembarcar, sob a alegação que o ex-Ministro traria o despotismo à província. Em julho, ocorreu um levante militar do Batalhão N. 12, sob o comando do Tenente-Coronel Francisco José Pereira e do Brigadeiro Luís Madeira de Mello. Em novembro, diversas proclamações em diferentes aquartelamentos da Bahia incitavam povo e tropa a depor os membros da Junta Provisória. De maio a setembro, em meio a disputas políticas locais, organizaram-se as eleições para deputados que representariam a província junto às Cortes. Em

---

81 *Idem.*

outubro de 1821, os deputados eleitos partem para Lisboa, e lá desembarcam em meados de dezembro de 1821.

Mesmo que esses eventos tenham sido representados pelos escritos de época como um conflito entre "europeus" e "brasileiros", não podem ser tomados como manifestações de separatismo na Bahia ou da politização precoce de uma identidade brasileira, pois eles encobriam diferenças de outra ordem, relacionadas à composição dos grupos políticos em disputa e à dinâmica interna da Bahia. Dessa forma, o ano de 1821 foi marcado, na província, pelo predomínio da tendência pela unidade da monarquia portuguesa.[82]

Em função dos decretos que instalaram a liberdade de imprensa no Reino Unido português, a Bahia assistiu a um incremento significativo de periódicos, já em 1821. Além da oficial gazeta *Idade d'Ouro do Brazil*, que circulava desde 1811, vieram à luz o *Semanário Cívico*, a partir março, e *O Diário Constitucional*, a partir de agosto – periódicos que, entre outros de menor expressividade inaugurados em 1822, travariam lutas políticas por meio da palavra impressa.[83]

---

82 WISIAK, Thomas. *A nação partida ao meio: tendências políticas na Bahia na crise do Império Luso-brasileiro*. São Paulo, Faculdade de Filosofia, Letras e Ciências Humanas da Universidade de São Paulo, 2001. (Dissertação de Mestrado).

83 A *Idade d'Ouro do Brazil* circulou entre 14 de maio de 1811 e 24 de junho de 1823, duas vezes por semana, e tinha sua publicação protegida pelo Conde dos Arcos. Seus redatores foram Diogo Soares da Silva de Bivar e Ignacio José de Macedo. O *Semanário Cívico da Bahia* circulou de março de 1821 a junho de 1823. Seu redator foi Joaquim José da Silva Maia, que também esteve à frente da redação da *Sentinela Bahiense* (que circulou de junho a outubro de 1822). A partir de 4 de agosto de 1821, também passava a circular, na província, o *Diário Constitucional*, fundado por Francisco José Corte-Real, Eusébio Vanério e José Avelino Barbosa. Em setembrou, juntaria-se à redação desse jornal, Francisco Gomes Brandão. Em 15 de dezembro de 1821, a circulação do jornal é suspensa temporariamente, até fevereiro de 1822, quando passou a intitular-se *O Constitucional*, e deixou de ter circulação diária. Circulou até 21 de agosto de 1822. Circularam, ainda, na Bahia: *O Analysador Constitucional*, de julho de 1822 a fevereiro de 1823, cujo redator era Manuel José da Cruz; *O Baluarte Constitucional*, de Antônio Tomás Negreiros, de julho a dezembro de 1822; *O Espreitador Constitucional*, de Francisco das Chagas Jesus, de agosto de 1822 a junho de 1823; *O Despertador dos Verdadeiros*

No bojo do debate político impresso baiano, a mobilização político-identitária da história também é realizada com intensidade, assim como leituras do passado que, à semelhança do que se operava mediante disputas políticas travadas na imprensa fluminense, elaboravam a ideia de uma "História do Brasil" que se tornava, cada vez mais, uma poderosa ferramenta política.

Diferentemente do Grão-Pará e da Bahia, a adesão pernambucana à Revolução do Porto ocorreu após o juramento da Constituição por D. João VI e foi conduzida pelo governador da capitania, Luís do Rego Barreto. O governador dirigia Pernambuco desde 1817 e fora nomeado por D. João para debelar a Revolução de 1817. As primeiras notícias da Revolução do Porto chegaram a Pernambuco em outubro de 1820, gerando uma grande esperança de liberdade e o fim de abusos associados ao Antigo Regime. É fundamental salientar que nesta capitania a experiência recente do absolutismo passava pela repressão à Revolução de 1817, interrompida pela adesão pernambucana ao movimento constitucionalista, ou seja, tinha significados muito precisos, objetivos e imediatos relacionados à devassa que se abriu imediatamente após a derrota da Revolução: execuções, prisões, açoites públicos, prisão de suspeitos por particulares, castigos físicos e condenações sem nenhuma forma de processo compunham as memórias e experiências daqueles que participaram das transformações trazidas pela Revolução Portuguesa.[84]

Em novembro de 1820, por meio de uma conspiração de poucos indivíduos tentou-se proclamar a Constituição na capitania e destituir Luís do Rego Barreto, mas a tentativa foi rapidamente reprimida pelo governador, que conduziria o processo de adesão de Pernambuco ao constitucionalismo que se inaugurava. Rego Barreto procurava controlar o processo de mudança dentro dos

---

Constitucionais, de autoria desconhecida e circulação efêmera, a partir de setembro de 1822; e, por fim, A abelha, de redator ignorado, que circulou de dezembro de 1822 a maio de 1823. SILVA, Maria Beatriz Nizza da. A primeira Gazeta da Bahia: A Idade d'Ouro do Brazil. São Paulo: Cultrix, 1978.; RIZZINI, Carlos. Op. cit.

84 BERNARDES, Denis Antônio de Mendonça. O patriotismo constitucional: Pernambuco, 1820-1822. São Paulo/Recife: Hucitec-Fapesp/Editora Universitária UFPE, 2006.

padrões de fidelidade à monarquia. Dessa forma, após saber do juramento de D. João à Constituição, o governador declarou sua adesão ao constitucionalismo, mas submetida inteiramente à vontade real. Contudo, continuava governando a província e se recusava à formação de uma Junta nos moldes das instaladas no Grão-Pará e na Bahia.

Segundo Denis Bernardes, o que explica a ausência de uma imediata e explosiva adesão ao constitucionalismo em Pernambuco é, principalmente, a experiência traumática e recente de repressão à Revolução de 1817. Isso porque muitos temiam a associação entre constitucionalismo e republicanismo ou ainda a repetição de uma repressão sangrenta.[85]

Em março de 1821, Rego Barreto nomeou uma Junta Governativa que exerceu o poder em Pernambuco até agosto de 1821, sofrendo constante oposição daqueles que exigiam a formação de um governo de acordo com os princípios constitucionais. Em julho daquele ano, o governador sofreu um atentado que resultou na prisão de 42 envolvidos e deportação dos mesmos para Lisboa, algo que provocaria uma discussão acalorada nas Cortes. Após o atentado, Rego decidiu pela formação de uma nova Junta Governativa, mas com eleições realizadas de maneira restrita. Conduziu as eleições para deputados às Cortes, realizadas a partir de fins de março de 1821 e concluídas em junho.[86] Os deputados eleitos, em sua maioria, pertenciam à facção vencida em 1817. Após tomarem assento às Cortes, em 29 de agosto de 1821, a atuação inicial dos deputados pernambucanos no Congresso lisboeta foi pautada pelas denúncias ao despotismo de Rego Barreto e pela defesa da formação de uma Junta Provisória de Governo.[87]

Paralelamente à atuação de Rego Barreto, em meados de 1821, formou-se uma Junta de resistência ao poder do governador, concentrada na Vila de Goiana, que passava a exigir para si a legiti-

---

85 Idem.

86 As eleições concluíram-se em junho para as comarcas de Olinda e Recife, com a eleição de sete deputados e dois suplentes, mas não foram realizadas nas comarcas do sertão e São Francisco. Somente em dezembro é que se concluíram as eleições nestas comarcas. BERNARDES, Denis. Op. cit. p. 381.

87 BERBEL, Márcia. Op. cit.

midade constitucional e a pressionar pela saída do governador. A tensão entre o poder de Rego Barreto e a Junta de Goiana se manteve de agosto até outubro de 1821, quando na Convenção de Beberibe, decidiu-se pela composição de uma nova Junta, que seria pautada, todavia, por um processo de eleição mais amplo. Como resultado, uma nova Junta, presidida por Gervásio Pires Ferreira, assumiu governo pernambucano em 26 de outubro de 1821, mantendo-se à frente do poder provincial até setembro de 1822, quando seria deposta.

Entre as medidas tomadas por Rego Barreto, após a adesão ao movimento constitucionalista, destaca-se a instalação de uma pequena tipografia na capitania, em março de 1821. Dela, nasceu a *Aurora Pernambucana*, a 27 de março, inaugurando a atividade impressa na província. Sob o controle do governador Rego Barreto, e dirigida por seu genro, Rodrigo da Fonseca Magalhães, encerrou suas atividades em setembro de 1821, em meio à tensão entre a Junta Governativa controlada por Rego Barreto e a Junta dissidente de Goiana. Ainda em 1821, vieram à luz *Segarrega* e *O Relator Verdadeiro*, a partir de dezembro. Por meio desses jornais, inaugurava-se o debate público impresso em Pernambuco.[88]

Na imprensa pernambucana, também foram encontradas elaborações discursivas que se apoiavam, entre outros fatores, na mobilização da história. Contudo, as leituras a respeito do passado presentes na imprensa da província apresentam uma peculiaridade: a recuperação de elementos de uma história reconhecida como especificamente "pernambucana" – o domínio holandês da capitania, a Restauração, a Guerra dos Mascates, e de maneira discreta, a Revolução Pernambucana de 1817. Deste conjunto variado de elementos, destacam-se as referências à Restauração, o que compunha um universo de ideias muito mais amplo, ou seja, o "imaginário da restauração pernambucana", como analisado por Evaldo Cabral de Mello, mas que viria a adquirir feições precisas

---

88 A *Segarrega* circulou de 8 de dezembro de 1821 a 27 de outubro de 1823 e seu redator foi Filipe Mena Calado da Fonseca. Com publicação irregular, circularam apenas dez números do *Relator Verdadeiro*, de 13 de dezembro de 1821 a 25 de maio de 1822. Seu redator era o Pe. Francisco Ferreira Barreto. RIZZINI, Carlos. *Op. cit.*

em meio à dinâmica política de reordenamento das partes que compunham o Reino Unido português.[89] À semelhança de Pernambuco, no Maranhão a adesão às Cortes se deu por iniciativa do governador, marechal Bernardo da Silveira Pinto da Fonseca. Ele administrava a capitania desde 1817 e organizou uma Junta Provisória imediatamente após a decisão pela adesão, em abril de 1821. O processo de escolha dos deputados, com duração de dois meses (julho e agosto), resultou no envio de um representante da província, Antônio Vieira Belford, em novembro de 1821. Bernardo da Silveira permaneceria à frente do processo político de alinhamento ao constitucionalismo no Maranhão até fevereiro de 1822, quando a Junta por ele controlada foi substituída por outra, eleita sob os moldes das instruções fornecidas pelas Cortes sob a presidência do Bispo Frei Joaquim de Nossa Senhora de Nazaré. Na leitura e análise do único periódico editado na província, *O conciliador do Maranhão*, não foram encontrados elementos suficientes para realizar apontamentos de pesquisa sobre a leitura e mobilização político-identitária da história na imprensa desta província.

Não obstante as questões políticas das diferentes partes do Brasil não se reduzirem simplesmente à oposição entre o alinhamento às Cortes e ao governo de D. Pedro, a ampliação dos espaços públicos de discussão ocorria em toda parte, assim como as leituras do passado, realizadas em seu interior. A mobilização político-identitária da história não foi, portanto, exclusividade da imprensa periódica fluminense.

No Pará, as críticas ao passado não parecem ter se dirigido ao passado da colonização portuguesa, mas sim, assumido um tom mais genérico de questionamento às práticas do Antigo Regime. Na Bahia, a partir de 1822, as leituras do passado tornar-se-iam recorrentes. A presença de tropas peninsulares na província assumiria um papel fundamental na construção e politização de identidades. Nesse contexto, a polarização, no plano discursivo e identitário, entre "portugueses" e "brasileiros", viria a adquirir força ao longo de 1822, com apoio nas leituras do passado e no re-

---

89 MELLO, Evaldo Cabral de. *Rubro veio: o imaginário da restauração pernambucana*. Rio de Janeiro: Editora Nova Fronteira, 1986.

conhecimento da existência de uma história "especificamente brasileira", de maneira muito próxima ao que também ocorreria na imprensa periódica fluminense. Em Pernambuco, a experiência traumática e recente da repressão de 1817 e o protagonismo político de Luís do Rego Barreto à frente da adesão da província ao constitucionalismo foram fatores decisivos na complexa dinâmica política local. No debate impresso da província, componentes do chamado "imaginário da restauração pernambucana" tornar-se--iam abundantes ao longo de 1822.

Dessa forma, as contradições e desarticulações aparentes entre a dinâmica política fluminense e os elementos específicos de outras províncias do Brasil não devem desestimular a compreensão desse conjunto complexo e diversificado como componente de uma mesma realidade histórica. Em todas as partes do Brasil, havia projetos que defendiam a manutenção da unidade do Reino Unido português, assim como a possibilidade de separação política era aventada e, em alguns casos, tomada como desejável.

Entre uma e outra possibilidade, também existiram gradações e projetos políticos que, ao lado da opção política entre as Cortes de Lisboa e o governo de D. Pedro, apontavam para questões específicas que iam além dessa polaridade. Nesse terreno extremamente movediço, eram abundantes as leituras do passado realizadas no interior do debate impresso, de tal modo que, de uma maneira ampla, e em todas as partes do Brasil, observa-se a construção de distinções – gerais e específicas – do reino americano em relação ao português. Tal construção, por sua vez, tinha por base leituras do passado e a reconfiguração e politização das identidades coletivas tradicionais anteriormente engendradas em meio ao espaço colonial.

Capítulo 3

A VITÓRIA DOS "TRÊS SÉCULOS DE OPRESSÃO" E A VALORIZAÇÃO DAS EXPERIÊNCIAS HISTÓRICAS RECENTES

Em 1821, a ampliação dos espaços públicos de discussão delineou uma identidade do Brasil como entidade política. No mundo luso-americano, empreendeu-se o esforço de inscrição de Portugal e Brasil em um mesmo processo histórico, o que permitiu a aproximação de ambos os reinos em favor do controle do poder real, por meio de princípios constitucionais. Ao mesmo tempo, a unidade da nação portuguesa não significava, para os protagonistas políticos do Rio de Janeiro, a união dos portugueses de todos os lugares, mas sim, de duas partes distintas e definidas, ou seja, os reinos de Portugal e do Brasil. Tal união também deveria se pautar pela reciprocidade, o que significava a manutenção do estatuto político do Brasil com as prerrogativas trazidas pela transferência da Corte.

Essa condição sofreu um forte abalo com os decretos das Cortes aprovados em 29 de setembro e assinados em 1 de outubro de 1821, cujas notícias chegam ao Rio de Janeiro no dia 11 de dezembro de 1821, pelas páginas do jornal *Gazeta do Rio de Janeiro*.[1] Os decretos estabeleciam os critérios para a organização dos governos provinciais no ultramar. Eles previam a divisão de tais governos em duas instâncias: a Junta Governativa eleita na província, com autoridade e jurisdição administrativa e econômica; e o Governo de Armas, com autoridade militar, nomeado pelas Cortes e a elas subordinado. Além disso, extinguiram-se os tribunais do Rio de Janeiro criados após a transferência da Corte, e ordenava-se o retorno imediato de D. Pedro a Portugal o que, na prática, significava a extinção do Reino do Brasil, já que a antiga capital do reino, o Rio de Janeiro, deveria ser governada por uma Junta, como qualquer outra província.

---

1   *Gazeta Extraordinária do Rio de Janeiro*. N. 23, 11/12/1821.

Discutidos entre 19 e 29 de setembro de 1821 nas Cortes, os decretos não sofreram objeção por parte dos deputados do Rio de Janeiro e de Pernambuco, já integrados ao Congresso em Lisboa.[2] Contudo, sua recepção no Rio de Janeiro provocou uma inflexão política decisiva para o reordenamento do Reino Unido de Portugal, Brasil e Algarves, intensificando incompatibilidades que se tornariam insolúveis no decorrer de 1822.

A partir de dezembro de 1821, verifica-se uma intensa movimentação política em favor da manutenção do Reino do Brasil e da regência de D. Pedro no Rio de Janeiro. Por meio de folhetos, artigos publicados em jornais e representações das províncias do Rio de Janeiro, São Paulo e Minas Gerais, exigia-se a permanência do príncipe, valendo-se do argumento de que era necessário evitar o perigo iminente de anarquia, a desagregação das províncias e, consequentemente, a independência do Brasil.[3]

Segundo as solicitações, o fechamento dos tribunais e instâncias administrativas ligadas à regência de D. Pedro deixaria famílias em situação de miséria, além de rebaixar o Brasil a uma condição semelhante à subordinação colonial anterior a 1808. Argumentava-se, por fim, que somente a presença de D. Pedro seria capaz de manter a ordem e a unidade no Brasil, promovendo a segurança e a prosperidade do continente o que, por sua vez, garantiria a unidade da monarquia portuguesa.

Observa-se, também, o surgimento de novos periódicos e escritos na cena pública fluminense – em muitos casos, diretamente articulados com a mobilização política em favor da permanência de D. Pedro no Rio de Janeiro. Tal movimentação política culminou, em 9 de janeiro de 1822, com o "Fico", ou seja, a decisão do príncipe em permanecer no Brasil, contrariando as ordens das Cortes de Lisboa.

Dentre os escritos produzidos, nesse contexto, destaca-se o *Despertador Brasiliense*, de autoria atribuída ao desembargador

---

2 BERBEL, Márcia Regina. *A nação como artefato – deputados do Brasil nas cortes portuguesas (1821-1822)*. São Paulo: Hucitec, 1999.

3 NEVES, Lucia Bastos Pereira das Neves. *Corcundas e constitucionais. A cultura política da independência (1820-1822)*. Rio de Janeiro: Revan/Faperj, 2003, p. 295 – 297.

Francisco de França Miranda. Publicação que saiu à luz no final de dezembro de 1821, denunciando a atitude das Cortes como "recolonizadoras". Outro folheto que também alertava para os perigos supostamente existentes em caso de retorno do príncipe a Portugal foi *O Brasil indignado contra o projeto anticonstitucional sobre a privação de suas atribuições, por um filopátrio*. Ele sugeria a reunião de um conselho de procuradores no Brasil, algo levado a cabo em 16 de fevereiro de 1822.[4] Surgiria, ainda, em dezembro de 1821, *A Malagueta*, de Luís Augusto May, e *A Sabatina Familiar dos Amigos do Bem Comum*, cuja autoria é atribuída a José da Silva Lisboa. Em janeiro de 1822, sairiam à luz *O Compilador Constitucional, Político e Literário Brasiliense*, de José Joaquim Gaspar do Nascimento, e a *Reclamação do Brasil*, de José da Silva Lisboa.[5]

É importante salientar que, embora a decisão de D. Pedro em permanecer no Brasil tenha sido articulada por uma conjunção de esforços de protagonistas políticos do Rio de Janeiro, São Paulo e Minas Gerais, isso não significou a coesão entre os vários projetos políticos coexistentes no que diz respeito ao papel que o príncipe deveria desempenhar.[6] Um dos sintomas da instabilidade política predominante no Rio de Janeiro foi o conflito entre o governo de D. Pedro e as tropas da Divisão Auxiliadora, dias após o "Fico".

4   *Idem*, p. 294

5   *A Malagueta* circulou em quatro fases: de 15 de dezembro de 1821 a 5 de junho de 1822, impresso na Tipografia de Moreira e Garcez; de 31 de julho de 1822 a 10 de julho de 1824 (números extraordinários), na Oficina de Silva Porto; de 19 de setembro de 1828 a 28 de agosto de 1829, na Tipografia da Astrea; e de 2 de janeiro a 31 de março de 1832, na Tipografia de R. Ogier. Entre 1821 e 1822, circulava uma ou duas vezes por semana. Com duração efêmera e anônima, *A Sabatina Familiar dos Amigos do Bem Comum* foi editada cinco vezes nas semanas de 8 de dezembro de 1821 a 5 de janeiro de 1822. O *Compilador* circulou de janeiro a maio de 1822, em quinze números. José Joaquim Gaspar do Nascimento era natural de Portugal, onde traduzira alguns romances ingleses. A partir do sexto número do *Compilador*, o jornal conta também com João Baptista Queiróz, natural de São Paulo, para sua redação. A *Reclamação do Brasil* foi publicada por José da Silva Lisboa sob o pseudônimo "Fiel à Nação", em quatorze partes distribuídas semanalmente até maio de 1822. RIZZINI, Carlos. *O livro, o jornal e tipografia no Brasil. 1500-1822*. Rio de Janeiro: Kosmos, 1946.

6   SLEMIAN, Andrea. *Vida política em tempo de crise: Rio de Janeiro (1808-1824)*. São Paulo: Hucitec, 2006. p. 128.

Comandadas pelo general Avilez, as tropas da Divisão Auxiliadora insurgiram-se contra D. Pedro, exigindo o seu retorno a Portugal. O incidente militar, causador de grande repercussão nos escritos da época, terminou com a transferência da Divisão Auxiliadora para a Praia Grande, em 15 de fevereiro, seguida de seu imediato embarque para Portugal. A partir daí, ficava proibido o desembarque de quaisquer tropas vindas de Portugal nos portos do Rio de Janeiro.

Em função da instabilidade política crescente, o príncipe nomeou um novo Ministério, com destaque a José Bonifácio à frente do Ministério dos Negócios do Reino e Estrangeiros, e convocou um conselho de procuradores gerais das províncias, com o objetivo de avaliar a aplicabilidade, no Brasil, das leis aprovadas em Portugal.

Conforme salienta Andrea Slemian, os acontecimentos de janeiro e fevereiro de 1822, principalmente o incidente militar com a Divisão Auxiliadora, indicavam "que havia opiniões divergentes quanto à subordinação do Rio de Janeiro a Lisboa. Mas não entre os membros da sociedade política que temiam a interferência de Portugal no espaço que tinham conquistado".[7] Por isso, a partir de janeiro, D. Pedro adquiria um protagonismo político decisivo que não poderia ser desprezado para os grupos políticos que desejavam a manutenção de seus poderes e interesses no Rio de Janeiro.

Paralelamente, os trabalhos parlamentares desenvolviam-se em Lisboa de maneira tensa, principalmente, após a chegada de deputados baianos, em dezembro de 1821, e paulistas, em fevereiro de 1822. Em dezembro de 1821, logo após tomar assento às Cortes, o deputado baiano Cipriano Barata de Almeida propôs a suspensão da discussão sobre a Constituição até que os deputados de todas as províncias do Brasil assumissem suas funções. Em sua proposição, fica clara a ideia de que a nação portuguesa seria constituída a partir de um pacto entre suas partes e não de acordo com um conceito abstrato – a nação una e indivisível – como queriam alguns deputados europeus. A atuação inicial da maior parte da bancada baiana nas Cortes caracterizou-se pela defesa da

---

[7] *Idem*. p. 129

autonomia provincial em clara contraposição à "nação integrada" defendida por muitos deputados peninsulares.⁸

A chegada dos deputados paulistas a Lisboa, em fevereiro de 1822, intensificaria os debates parlamentares em torno das relações entre Portugal e Brasil. Portadores das *Lembranças e Apontamentos do Governo da Província de São Paulo para os seus deputados, mandadas publicar por ordem de Sua Alteza Real, Príncipe Regente do Brasil, a instâncias dos mesmos senhores deputados*, de autoria de José Bonifácio de Andrada e Silva, os deputados de São Paulo, liderados por Antônio Carlos Ribeiro de Andrada, defendiam um projeto bem definido de autonomia dos governos provinciais associada à manutenção do Reino do Brasil sob a regência de D. Pedro. Conforme demonstrou a historiadora Márcia Regina Berbel, esse projeto, por prever a manutenção da autonomia provincial, permitiu o alinhamento de algumas bancadas, como a baiana e a pernambucana, ao projeto de São Paulo, já que, diferente do projeto da nação "integrada", una e indivisível, defendido por alguns deputados peninsulares, tal empreendimento contemplava os anseios de autonomia local, tão importante para províncias como Bahia e Pernambuco.⁹

No Rio de Janeiro, ficava cada vez mais clara a afirmação da autoridade do governo de D. Pedro frente às decisões que chegavam de Portugal. Além da convocação de um Conselho de Procuradores, em fevereiro de 1822, em maio proibia-se a execução de qualquer decreto das Cortes sem a ordem do príncipe. Paralelamente, aumentava a disputa política no Rio de Janeiro, com a crescente pressão de alguns protagonistas políticos em favor da existência de uma Assembleia Constituinte no Brasil.

Essa tensão fora acompanhada pelo surgimento de novos periódicos na cena pública fluminense. O mais importante deles, por ter sido um articulador fervoroso da existência de Cortes no Brasil, foi o *Correio do Rio de Janeiro*, jornal diário que começou a circular em abril de 1822, cujo redator era João Soares Lisboa.

---

8 ALEXANDRE, Valentim. *Os sentidos do Império: questão nacional e questão colonial na crise do Antigo Regime português*. Porto: Afrontamento, 1993; BERBEL, Márcia Regina. *Op. cit.*

9 BERBEL, Márcia Regina. *Op. cit.*

Surgiram, ainda, em meados de 1822, *O Papagaio* (em maio) e *O Macaco Brasileiro* (em junho). Em julho foram lançados *O Constitucional* e *O Regulador Luso-Brasílico*.[10] No capítulo anterior deste livro, demonstrou-se como, por meio da leitura da presença portuguesa da América, uma ideia política de Brasil ganhava materialidade, sem, contudo, apontar para a independência política. A manutenção da unidade da monarquia portuguesa passava, na cena pública luso-americana, pela manutenção da condição política de reino do Brasil e pela reivindicação de reciprocidade entre os dois reinos, que deveria pautar os termos da união. É importante salientar que, em meados de 1822, momento de grande tensão entre o governo de D. Pedro e a autoridade das Cortes, tenham surgido tantos periódicos que indicavam, de alguma forma, a politização de uma identidade brasileira, seja a partir do próprio nome "Brasil" em seus títulos, ou de algum derivado como "brasílico" ou "brasileiro". Entretanto, agora tal politização tendia a se apresentar em oposição à identidade portuguesa.

No que diz respeito às leituras do passado, se em 1821 o *topos* dos "trezentos anos de opressão" é mobilizado pontualmente, a

---

10 *O Correio do Rio de Janeiro* circulou diariamente de 10 de abril a 21 de outubro de 1822. Era impresso na Tipografia de Silva Porto. Também circulou de 01º de agosto a 24 de novembro de 1823, impresso na Tipografia de Torres. *O Papagaio* surgiu em 4 de maio de 1822, redigido pelo oficial da Secretaria de Negócios Estrangeiros, Luís Moitinho Alves e Silva. Era impresso na tipografia de Moreira e Garcez. Circulou semanalmente até o início de agosto, totalizando 12 números publicados. Moitinho era secretário particular de José Bonifácio e exerceu importantes cargos no Império. *O Macaco Brasileiro* foi um jornal bissemanário com duração curta, de junho a agosto de 1822, totalizando 16 números publicados. Era impresso na Tipografia de Silva Porto & Cia. Segundo Rizzini, "teriam sido seus redatores Manuel Zuzarte e Pedro da Silva Porto". RIZZINI, Carlos. *Op. cit.* p. 371. Circularam apenas oito números d'*O Constitucional*, de 5 de julho a 31 de setembro de 1822, impressos na Tipografia do *Diário do Rio de Janeiro*. Segundo Rizzini, "teriam sido seus redatores José Joaquim da Rocha e o Pe. Belchior Pinheiro de Oliveira. Folha andradista, portanto". RIZZINI, Carlos. *Op. cit.* p. 371. O *Regulador Brasílico-Luso* circulou semanalmente de 29 de julho de 1822 a 12 de março de 1823. Seus redatores eram Fr. Francisco de Sampaio e Antônio José da Silva Loureiro. A partir de 02 de outubro de 1822, passou a intitular-se *O Regulador Brasileiro*. RIZZINI, Carlos. *Op. cit.*

partir de dezembro, ele passa a ser evocado de forma especificamente qualificada. Não se trata, apenas, de denunciar as arbitrariedades do Antigo Regime, mas sim de uma opressão diretamente relacionada à condição colonial. Em 19 de fevereiro de 1822, após apresentar reflexão sobre os últimos acontecimentos ocorridos no Rio de Janeiro e afirmar que o príncipe regente é o principal elo de união das províncias do Brasil, os redatores do *Reverbero Constitucional Fluminense* denunciam:

> Não faltou nesta crise quem visse a ocasião mais própria de assentar os seus ocultos sistemas com prejuízo do brilhante voo que o Brasil deve tomar, favorecido pela Liberdade Constitucional, único bem que a Europa nos doara depois de 300 anos de tormentosa existência (...).[11]

Em 1821, o *Reverbero Constitucional Fluminense* mobilizara argumentos históricos geralmente para reafirmar os laços de união entre Portugal e Brasil e, em alguns momentos, reconhecera o processo de colonização como capaz de promover civilização e prosperidade para a América portuguesa. Contudo, o periódico já expressava, naquele momento, que a condição para a união entre os dois reinos seria a manutenção da igualdade e reciprocidade entre eles, sinalizando, portanto, para um potencial conflito entre Portugal e Brasil, caso essas condições não fossem observadas.

Em fevereiro de 1822, há uma inflexão decisiva nas páginas do *Reverbero*. Agora, o único bem que a Europa teria oferecido ao Brasil seria a Liberdade Constitucional. Diferente do discurso predominante em 1821, os "trezentos anos de colonização" significavam, agora, apenas uma existência tormentosa. Contudo, o protagonismo adquirido por D. Pedro, a partir de janeiro de 1822, não permitia ao *Reverbero* ignorar sua importância. Desse modo, os redatores concluem, mobilizando retoricamente a providência divina para explicação a dos fatos, " (...) dizemos único bem porque o Tesouro que possuímos no Príncipe o devemos à Providência e não à generosidade de nossos Irmãos de Portugal".[12]

---

11 *Reverbero Constitucional Fluminense*, N. XV, Tomo I, 19/02/1822, p. 180.
12 *Idem*.

E em seguida, acusam as Cortes de tentarem recolonizar o Brasil ao tentarem promover o despotismo disfarçado de liberalismo.

A mobilização dos trezentos anos de opressão adquiria força, ainda, nas páginas do *Espelho* que, ao publicar extratos do *Diário Constitucional* da Bahia, aderia a uma qualificação específica deste período:

> O Brasil, que há 300 anos vivia debaixo da mais ruinosa administração, sujeito não às Leis gerais da Monarquia, mas sim ao alvedrio particular de cada um dos Bachás que tinham as rédeas de sua governança, sem agricultura, sem comércio, a exceção do que lhe facultava o mais restrito sistema colonial, e finalmente sem artes e manufaturas, pois lhe era mui expressamente proibido o levantar fábricas de qualquer natureza que fossem, sem Letras, faltando-lhes estabelecimentos literários, e o que é ainda pior, deixando-se animar por meio de empregos públicos aqueles que, vencendo os obstáculos de longuíssimas viagens, iam à Europa instruir-se: o Brasil achava-se um país inculto em todos os sentidos (...).[13]

À semelhança dos panfletos que circularam no Rio de Janeiro entre setembro e outubro de 1821, denunciava-se a má administração colonial, a exclusividade comercial, a proibição de manufaturas e a inexistência de instituições de ensino superior na América portuguesa, o que, por conseguinte, conferia peso extremamente negativo ao processo colonizador. Para o artigo em questão, a transferência da Corte teria trazido grandes mudanças para o Brasil. Contudo, conforme o conflito entre o governo de D. Pedro e a autoridade das Cortes ia se intensificando, observa-se a tendência de negação completa e absoluta de qualquer legado deixado pelos portugueses no Brasil:

> Por onde quer que lancemos os olhos não vemos senão parcialidades praticadas com o Brasil e com os Brasileiros.

---

13   *O Espelho* n. 46, 26/04/1822. Trata-se de um extrato de um artigo do *Diário Constitucional* da Bahia de 23 de março de 1822. Para o redator d'*O Espelho*, a publicação desse extrato demonstrava a conformidade de ideias da província da Bahia com os acontecimentos políticos do Rio de Janeiro.

Quando estes, em 1808, acontaram debaixo de suas fortalezas as Quinas fugitivas, receberam no Coração os prófugos Portugueses e até em silêncio os viram lançar-se sobre os hóspedes que os agraciaram como abutres esfomeados e devorarem a melhor parte de sua substância: mas em Portugal os Brasileiros, e o que mais é, os mesmos Europeus idos do Brasil são tratados como filhos adulterinos ou antes como odiosos empestados, cujo contato se receia (...).[14]

Note-se que o artigo dá um novo significado à transferência da Corte, em 1808, denunciando a vulnerabilidade desta diante das invasões napoleônicas e enfatizando os favores dos súditos luso--americanos para com uma Corte enfraquecida. Recupera, também, a animosidade dos portugueses peninsulares em relação aos habitantes do Brasil existentes, pelo menos, desde a transferência da Corte para o Novo Mundo. Esse aspecto é tomado, do ponto de vista discursivo e identitário, como uma distinção clara e historicamente definida entre "portugueses" e "brasileiros". Logo depois, qualifica toda presença portuguesa na América como maléfica ou indiferente aos interesses do Brasil:

> (...) Nós tínhamos abertas profundas chagas, gemíamos debaixo de uma dívida horrorosa, sofríamos todos os males provindos da escravidão de 300 anos e da ruinosa administração que se lhe seguiu nos quatorze últimos, e nós não vimos uma só providência, uma só lei que nos respeitasse diretamente e nos produzisse o menor gênero de alívio ou de esperança. Dirigiram-nos uma pomposa proclamação, mas como palavras não são obras, o que tem se realizado é a discórdia semeada, a desunião promovida, a dissensão propagada, inflamados ódios e os partidos, solapado o edifício da nossa felicidade, e forjado o sistema da nossa recolonização dourado com os suaves nomes de filantropia, bem comum, interesse Nacional (...).[15]

---

14 *Reverbero Constitucional Fluminense* n. XXVI, Tomo I, 07/05/1822. p. 311.
15 *Idem.*

A afirmação de que a história da presença portuguesa na América "é" e "sempre foi" ditada por interesses prejudiciais ao Brasil é categoricamente defendida. Dessa forma, observa-se que, conforme a dinâmica política tendia ao esfacelamento da integridade da monarquia portuguesa a partir da crescente tensão entre o governo de D. Pedro e as Cortes, tornava-se cada vez mais recorrente a mobilização do *topos* dos "três séculos de opressão", agora articulado ao discurso da recolonização, ou seja, a denúncia da suposta tentativa peninsular de fazer o Brasil voltar à condição colonial. Tal operação viabilizava a alternativa de separação política entre os dois reinos, algo que se apoiava, entre outros fatores, numa leitura processual dos acontecimentos históricos:

> pedimos encarecidamente a nossos Leitores que reflexionem com madureza nas seguintes palavras – SISTEMA EUROPEU – sistema europeu! Como é isto? O sistema europeu é e sempre foi dominar Colônias. E serão essas as pretensões do Soberano Congresso Lusitano? Não é provável, mas é possível. Um sistema Europeu motiva outro, Americano, e o choque desses dois sistemas pode levar ao abismo a Nação Portuguesa.[16]

Aqui, a possibilidade de separação política entre os dois reinos é deduzida racionalmente a partir da constatação de que a colonização moderna tem como elemento constitutivo a dominação de suas colônias. Em outras palavras, o elemento que desde sempre teria pautado as relações entre Europa e a América é a dominação.

É digna de nota a clareza com que o redator expressa o potencial de politização de uma ideia do Brasil como uma unidade definida, ao concluir que, uma vez mantidas as pretensões europeias de dominação, consequentemente, produz-se a legitimidade para o surgimento de um "sistema americano". Isso significa, de um modo bem objetivo, a afirmação do Brasil como entidade política, algo que, em oposição ao sistema europeu de dominação, levaria à desintegração da monarquia portuguesa. Por conseguinte, evidenciar historicamente o caráter perverso da colonização portuguesa da América articulou-se, por um lado, à afirmação da

---

16 *Correio do Rio de Janeiro* n. 26, 09/05/1822. Maiúsculas no original.

necessidade de superação da condição colonial; e, por outro, ao reconhecimento de que, caso tal tendência de dominação prevalecesse, a independência do Brasil se tornaria não apenas viável, mas também desejável e necessária. Essa leitura das relações entre Portugal e Brasil encontrava respaldo, inclusive, nas teorias da independência em voga na época, desenvolvidas, principalmente, pelos abades Raynal e De Pradt.

Tal operação demonstra claramente o que já fora em 1821 e que, agora, ganharia força e densidade, ou seja, a leitura da colonização portuguesa da América como produtora de tensões entre "colonos" e "metropolitanos" tornava operacional, no plano discursivo e identitário, uma distinção entre "ex-colonos" e "recolonizadores". Dessa forma, a atribuição forjada de uma "ancestralidade colonial" aos atores políticos coevos, associada à advertência por eles realizada quanto à necessidade de superação da condição colonial pautada por interesses de dominação, tornava-se o motor da explicação e a fonte de legitimidade dos projetos políticos que viabilizaram a independência. Em decorrência disso, a distinção entre "colonos" ou "ex-colonos" e "metropolitanos" ou "recolonizadores" passava, mais e mais, a ser sintetizada como uma oposição entre portugueses e brasileiros.

Embora a viabilidade do retorno do Brasil à condição colonial tal como enunciada à época pela imprensa periódica fosse pouco plausível, e o conjunto de situações criadas e agravadas pela crise política atravessada por Portugal e Brasil compusesse uma realidade muito mais complexa do que aquela sintetizada pelo discurso, a "retórica da recolonização" foi recurso discursivo eficiente em sua capacidade de produzir consciência de pertencimento político, compondo, portanto, um dado da realidade e um dos fatores fundamentais para o acirramento de tensões entre Portugal e Brasil, o que prevaleceu em 1822.[17] Afinal, essa retórica se fun-

17 BERBEL, Márcia Regina. "A retórica da recolonização". In: István Jancsó (org). *Independência: história e historiografia*. São Paulo: Hucitec, 2005. p. 791- 808; BARMAN, Roderick. *Brazil: the forging of a nation. 1798 – 1852*. Califórnia: Stanford University Press, 1988; ROCHA, Antônio Penalves. A economia política na desagregação do Império português *In*: CARDOSO, José Luís. (coord.) *A economia política e os dilemas do império luso-brasileiro (1790- 1822)*. Lisboa: Comissão Nacional para as

damentava numa leitura específica da colonização portuguesa da América, qual seja, sua compreensão como sinônimo de opressão e despotismo associados ao seu caráter comercial, o que forçosamente levava à ideia de um conflito entre portugueses e brasileiros, que não estava de todo ausente, no bojo desse processo.[18]

O que aqui foi denominado de vitória dos "três séculos de opressão" não significou o desaparecimento completo da compreensão da colonização como uma época necessária para a constituição histórica do Brasil, o que poderia permitir a distinção entre dois modelos de colonização aos quais os discursos fazem referência – um antigo, caracterizado pelo povoamento, e um moderno, pautado pela exploração comercial dos territórios colonizados. Entretanto, o reconhecimento da colonização como elemento que trouxera ao Brasil prosperidade e civilização não se apresentou necessariamente de maneira isolada, ou seja, é possível que, ao lado do reconhecimento de que a colonização trouxera ao Brasil prosperidade e civilização, denuncie-se o caráter comercial e, portanto, perverso desse processo.

Nesse ponto, a tensão entre a negação do passado colonial, concomitante ao reconhecimento de que, de alguma forma, ele é parte integrante e indispensável da constituição histórica do Brasil parece ressoar ecos da leitura da *História do Brasil*, de Robert Southey – obra publicada, em Londres, em três volumes entre 1810 e 1819. Trata-se do primeiro esforço de se escrever uma História Geral e filosófica do Brasil. Constituía-se uma referência conhecida nos círculos ilustrados luso-americanos e foi citada, pelo menos, por três dos periódicos analisados – *O Conciliador do Reino Unido*, o *Correio do Rio de Janeiro* e a *Reclamação do Brasil*.[19]

---

comemorações dos descobrimentos portugueses, 2001, p. 149-197

18 É importante lembrar que a ideia de uma tensão entre colonos e metropolitanos produzida pela própria natureza da colonização para explicar os fatores que teriam levado o Brasil à independência adquiriu força e foi retomada, com direcionamento marxista, por parte da historiografia brasileira. Ver: PRADO JUNIOR, Caio. Sentido da colonização. In: *Formação do Brasil Contemporâneo*. São Paulo: Brasiliense, 2000. p. 7 – 21; NOVAIS, Fernando Antônio. *Portugal e Brasil na crise do Antigo Sistema Colonial (1777 – 1808)*. 6ª ed. São Paulo: Hucitec, 1995.

19 *O Conciliador do Reino Unido* n. III, 24/03/1821; *Correio do Rio de Janeiro*

Em sua *História do Brasil*, Southey compreendia a colonização portuguesa da América como empreendimento civilizador. Tal projeto teria sido levado a cabo pelo sacrifício dos colonos, a despeito do desinteresse e do abandono das autoridades metropolitanas denunciados pelo autor. Era como se entendia, por exemplo, a mineração em Vila Rica:

> Não trouxe nenhuma prosperidade permanente, pois não estimulou um trabalho regular, nem sequer bons costumes; entretanto é certo que efetuou grandes benefícios. Não fosse o espírito empreendedor despertado pela paixão do ouro, este vasto território, assim como as regiões ainda mais extensas de Goiás e Mato Grosso, teriam permanecido insubmissas e mesmo inexploradas. A população, atraída pelo ouro, espraiou-se, ocupando a terra. Apesar de circunstâncias desfavoráveis para a gente de todas as classes, apesar de um baixíssimo nível moral e intelectual, deitaram-se firmemente os fundamentos da sociedade civil; de modo que o povo ficou pronto para participar dos melhoramentos que o sistema mais liberal, resultante da vinda da corte e da abolição de tantas restrições prejudiciais, não podia deixar de induzir.[20]

Essa operação permitia, em certa medida, a leitura da colonização como um movimento épico em direção à civilização, apesar das condições adversas determinadas pelo abandono metropolitano. Algo semelhante é realizado pelos periódicos do Rio de Janeiro de 1822, como, por exemplo, na citação a seguir. Trata-se de um artigo de um correspondente do *Reverbero* sobre a necessidade de se promover a instrução pública no Brasil.

> a instrução não só regula a conduta do presente, senão ainda previne e providencia a marcha do futuro. O presente está prenhe do porvir, diz Leibniz, e pode-se

---

n. 76, 15/07/1822; *Reclamação do Brasil*. Parte II; *Reclamação do Brasil*. Parte XII.

20 SOUTHEY, Robert. *História do Brasil*. Citado por: DIAS, Maria Odila da Silva. *O fardo do homem branco. Southey, historiador do Brasil*. São Paulo: Cia. Editora Nacional, 1974, p. 232.

conhecer a conexão por observadores e profundos. As medidas e providências dos homens são proporcionais às suas vistas. O que é cego do futuro, tropeçará em mil obstáculos no caminho da vida.[21]

Após refletir sobre o tempo e argumentar em favor da importância das experiências históricas recentes, o artigo volta-se a uma leitura da presença portuguesa na América:

> Apenas há quase 322 anos que o Almirante Cabral avistou a Costa do Brasil. Que grandes coisas temos feito (não auxiliados, mas acabrunhados pelo Governo que nos obstruía os caminhos do progresso e melhoramento) em espaço de tempo tão breve, comparativamente ao que tem absorvido a civilização Europeia? Pode-se predizer, sem hipérbole, o estado da minha Pátria passados outros três séculos, franqueadas as barreiras até aqui opostas ao Gênio, à Indústria, aos talentos e às produções do País mais belo e mais rico do Universo.[22]

A leitura da colonização portuguesa empreendida pelo artigo em muito se assemelha àquilo que Robert Southey desenvolveu em sua obra *História do Brasil*. O reconhecimento da prosperidade e civilização trazidos pela colonização, sintetizado pela expressão "que grandes cousas temos feito", é imediatamente acompanhado pela crítica da administração colonial portuguesa que teria obstruído "os caminhos do progresso e melhoramento" levados a cabo pelo sacrifício dos colonos. Note-se, também, que o discurso é construído na primeira pessoa do plural, o que permite reconhecer um vínculo identitário entre os "colonos" de outrora e os atuais habitantes do Brasil. Essa construção fortalece a hipótese, segundo a qual, do ponto de vista discursivo e identitário, a polarização entre colonos (ou ex-colonos) e metropolitanos (ou recolonizadores) foi muito eficiente, no sentido de produzir tensão e acirrar incompatibilidades entre Brasil e Portugal num momento em que a integridade da monarquia portuguesa estava sendo fortemente questionada.

---

21 *Reverbero Constitucional Fluminense* n. XIII, Tomo I, 12/03/1822. p. 212
22 *Idem*, p. 213-214

Existem múltiplas combinações possíveis entre os modelos de colonização reconhecidos pelos protagonistas políticos fluminenses e os projetos políticos em questão. Por isso, mais importante do que realizar uma classificação exaustiva das leituras do passado colonial, é notar que, independente da maneira como se compreenda a colonização portuguesa da América – como um passado que conferiu ao Brasil prosperidade e civilização ou como um passado de abandono, muitas vezes perverso, marcado marcado pela opressão e avareza comercial – valorizavam-se cada vez mais as experiências históricas recentes, uma vez que o processo de colonização era compreendido como um momento encerrado que não podia mais oferecer lições para o presente. Assim, se o passado colonial estava encerrado, consequentemente, o futuro estava em aberto para a projeção e concretização de uma nova ordem política.

A MOBILIZAÇÃO DAS EXPERIÊNCIAS HISTÓRICAS RECENTES

Conforme já assinalado, a polarização política entre o governo de D. Pedro e as Cortes de Lisboa não significou unanimidade entre os grupos políticos do Rio de Janeiro em relação ao papel que o príncipe deveria exercer na nova ordem de coisas que se queria consolidar. O desejo de impedir a centralização das decisões nas mãos dos Ministros e do alto escalão do governo levou alguns protagonistas políticos, no Rio de Janeiro, a empreender uma intensa mobilização política em favor da convocação de uma Assembleia Constituinte no Brasil, algo que, associado às frustrações luso-americanas em relação à capacidade do Congresso lisboeta em contemplar seus interesses, tornava-se cada vez mais viável.

De maio a setembro de 1822, vários foram os pontos de divergência entre o governo de D. Pedro e as Cortes. E, conforme chegavam notícias sobre os debates parlamentares ao Rio de Janeiro, os periódicos radicalizavam suas leituras do passado no sentido de atribuir, cada vez mais aos fatos significados próprios de uma história "especificamente brasileira".

Nas Cortes, discutiram-se, no primeiro semestre de 1822, as relações comerciais entre Portugal e Brasil, com destaque às duras críticas do deputado paulista Antônio Carlos ao projeto de integração econômica proposto pelo deputado peninsular Borges Carneiro. Em abril de 1822, foram debatidos os impactos dos decretos de 01 de outubro no Rio de Janeiro, a decisão de D. Pedro em permanecer no Brasil e a solicitação do governo às Cortes para o envio de tropas às chamadas províncias dissidentes. Essa tensão generalizada levou à formação de uma comissão para elaboração de artigos adicionais relativos ao Brasil.

Em junho e julho de 1822, os resultados dos trabalhos da referida comissão foram apresentados ao Congresso, causando grande polêmica, uma vez que propunham a existência de dois Congressos, um em cada reino, ambos subordinados às Cortes Gerais compostas por representantes de dois reinos. O projeto previa também a regulamentação das relações comerciais entre Portugal e Brasil pelas Cortes e a manutenção de uma delegação do poder executivo no reino americano. O projeto foi rejeitado pela maioria dos deputados peninsulares, que o compreendeu como contrário à unidade nacional e como sinônimo de independência do Brasil.[23]

No Rio de Janeiro, os procuradores gerais das províncias fluminense e cisplatina elaboraram uma representação ao príncipe solicitando a convocação de uma Assembleia Constituinte do Brasil, algo concretizado por D. Pedro em 3 de junho de 1822. A convocação da Constituinte foi considerada por muitos periódicos como a ruptura definitiva com Portugal:

> Rompeu-se o véu, desapareceu a mancha efêmera que ofuscava a Luz; o Brasil já não é Colônia, já não é Reino, já não são Províncias do Ultramar; o Brasil é mais que tudo isso, é Nação livre, independente.[24]

Este momento representou o ponto culminante da crise porque, a partir de então, a defesa da manutenção do Reino do Brasil em união com o de Portugal perdia espaço para um projeto de separação política entre os dois reinos e de fundação do Império do Brasil. Nesse contexto, a mobilização política do *topos* dos trezentos anos de opressão, além de se articular progressiva e intensamente com os projetos políticos que pareciam distanciar

---

23 BERBEL, Márcia R., *Op. cit.*
24 *Correio do Rio de Janeiro*, N. 47, 5/6/1822.

gradativamente os destinos de Portugal e Brasil, foi acompanhada pela valorização de experiências históricas recentes. Segundo R. Koselleck, ao analisar as mudanças na percepção e representação do tempo histórico no mundo europeu de fins do século XVIII e início do XIX, a compreensão de que se viviam rápidas e profundas mudanças impelia os coevos ao estreitamento do espaço de experiência e à valorização das experiências históricas imediatas, tomadas como representativas de um momento novo e transformador.[25] O reconhecimento da unicidade dos fatos conferia à história um caráter processual e levava, como consequência, à perda da operacionalidade da *historia magistra vitae*. Dessa forma, a história parece ter perdido a capacidade de ensinar, ou seja, de oferecer qualquer função normativa para o presente.

Contudo, não é exatamente isso o que se encontrou nos discursos dos periódicos analisados. São recorrentes expressões como "A história atesta esta verdade",[26] "A História, a cada página, nos convence do que afirmamos",[27] "a história nos ensina",[28] "a história nos mostra",[29] e "lições da história".[30] Em alguns artigos, essas sentenças são acompanhadas por uma narração de exemplos históricos antigos e outros modernos para comprovar o que se desejava demonstrar, mas não são raras as ocorrências de afirmação isolada da história como capaz de ensinar, sem nenhuma narração que a suceda.

Também não foi encontrada nos discursos analisados qualquer reflexão mais substantiva que sinalize para uma querela entre antigos e modernos.[31] Os exemplos da História Antiga e da Moderna

---

25   KOSELLECK, Reinhart. *Futuro passado. Contribuição à semântica dos tempos históricos*. Rio de Janeiro: Contraponto, 2006.

26   Suplemento do n. 14 da *Gazeta do Rio*, 13/01/1822.

27   *O Constitucional*, N. 36, 1/7/1822. (Bahia)

28   *O Constitucional* n. I. s/d (Rio de Janeiro); *Reverbero Constitucional Fluminense*, N. 14, Tomo II, 27/08/1822.

29   *Regulador Brasílico-Luso*, n. 10, 25/09/1822.

30   *Reverbero Constitucional Fluminense* n. 11, Tomo II, 6/8//1822; *O Espelho*, N. 116, 27/12/1822.

31   Para um debate recente sobre a querela entre antigos e modernos, ver: PIRES, Francisco Murari. (org.). *Antigos e modernos: debates sobre a escrita*

são acionados, muitas vezes, compondo uma longa narrativa da História Ocidental, partindo de Grécia e Roma, seguindo o recurso dos exemplos históricos das monarquias europeias até referências recentes cujo principal marco é a Revolução Francesa. Embora não exista uma discussão que avalie a autoridade de antigos e modernos nos periódicos analisados, e na cena pública que envolveu o processo de independência, são recorrentes citações da história do domínio macedônico sobre a Grécia, como, por exemplo, no *Diário Constitucional*:

> (...) E plantada deste jeito a discórdia no Brasil, quais se devem agourar as consequências? Se a Lacedemônia se não [ilegível] tanto de Atenas, e depois de Tebas, e finalmente de qualquer Estado Grego que por suas façanhas podia disputar-lhe o poderio, que sobre todos queria ela exercer, certo que se repetir[i]am muitas vezes, e sempre que fosse acometida a liberdade Grega, os dias de Maratona e Salamina. Mas que! Os mesmos, que souberam derrocar para sempre o trono dos déspotas, os mesmos Povos, que souberam vencer o poder imenso da Pérsia, e resistir por muito tempo à política de Filipe, divididos entre si, se viram assolados por Alexandre, e escravos dos Pré-consules Romanos. As vitórias alcançadas no Peloponeso marcaram o começo das desgraças e da escravidão da Grécia. Trazemos este exemplo e não outros, por isso que é tirado de um povo cuja celebridade talvez seja a maior da história antiga, e desta forma julgamos provado o que avançamos em respeito aos grandes males, que resultam da desunião entre as Províncias do Brasil.[32]

Aqui, a mobilização da História Antiga é utilizada como argumento de autoridade e eloquência, tendo em vista alertar luso-americanos para o risco de desintegração das províncias do Brasil e, consequentemente, da monarquia portuguesa, caso

---

da história. São Paulo: Alameda, 2009.
32 *Diário Constitucional*, N. 29, 23/03/1822.

D. Pedro retornasse a Portugal.³³ Em geral, a história é acionada como discurso de autoridade a fim de legitimar posições políticas que engendravam projetos de futuro:

A experiência adquirida pelos monumentos da história nos tem feito ver que a mudança dos governos é sempre um passo antipolítico. Pela mesma história conhecemos que a reforma dos governos, tendo por um objeto uma espécie de revisão dos interesses do grande pacto social, traz consigo a fortuna dos povos.³⁴

O *Regulador Brasílico-Luso* defendia, em julho e agosto de 1822, a manutenção dos laços de união entre Portugal e Brasil, e a monarquia constitucional com a autoridade real preservada em relação ao Poder Legislativo. O *Regulador* opunha-se a projetos políticos existentes na cena pública fluminense, considerados pelo redator como "radicais" e "republicanos". Advertia que o surgimento de repúblicas na América espanhola não deveria servir de modelo para o Brasil. Divergia, especificamente, de protagonistas políticos defensores da soberania popular, com a consequente prevalência do Legislativo sobre o Executivo, algo defendido de maneira clara, por exemplo, pelo *Correio do Rio de Janeiro*.

Aqui, o passado tornava-se claramente sujeito à leitura e interpretação no presente, nos termos utilizados por Koselleck e apropriados por João Paulo G. Pimenta, constituindo como um espaço de experiência capaz de fornecer "ensinamentos, pretextos e reflexões para a projeção, no presente, de horizontes de expectativas".³⁵ Dessa forma, a perda da operacionalidade da *história magistra vitae* não parece ter significado, de maneira absoluta, que a história perdeu seu caráter de ensinar, mas sim que sua capacidade instrutiva se realizava em outros termos.

---

33 Esse trecho também foi publicado n'*O Espelho* de 26 de abril de 1822. A mobilização da dominação macedônica sobre a Grécia para alertar para o risco de desintegração das províncias do Brasil também é realizada pelo *Reverbero Constitucional Fluminense* n. 11, Tomo II, 06/08//1822.

34 *Regulador Brasílico-Luso* n. 2, 31/071822.

35 PIMENTA, João Paulo G. *O Brasil e a América espanhola (1808-1822)*. São Paulo, Faculdade de Filosofia, Letras e Ciências Humanas da Universidade de São Paulo, 2003. (Tese de Doutorado), p. 16

Também são abundantes as sentenças que evidenciam a necessidade de leitura e interpretação do passado tendo em vista antever e controlar o futuro em fuga, conforme já demonstrado em outros momentos. Em janeiro de 1822, o *Reverbero* publicou um panfleto que expôs uma breve reflexão alusiva à mesma questão: "o cidadão que lê no presente os acontecimentos do futuro deve estar certo que autoriza os seus argumentos com a justiça mais obedecida".[36] Em fevereiro de 1822, os redatores do mesmo jornal afirmaram, apontando para um sentido semelhante: "cumpre ler no passado o que nos deve suceder no futuro";[37] e, por fim, a *Malagueta*, também de fevereiro, comparou a situação do Rio de Janeiro, após a retirada das tropas de Avilez, com a de um piloto recém salvo de um naufrágio:

> Mas se o Piloto, no porto, a salvo da navegação passada, nem por isso que escapou aos perigos, deixa de meditar novas viagens e empresas com o auxílio mesmo do que poderá ter aprendido na última viagem, assim meus Leitores, assim tem os Pilotos Políticos de meditar seriamente no futuro, ao mesmo tempo que estão debaixo do resto das impressões do passado.[38]

Mais uma vez, advertia-se para a importância de, a partir da leitura e interpretação das experiências históricas recentes, prognosticar o futuro tendo em vista a tentativa de controlá-lo. Isso não significou o desaparecimento completo da história exemplar de inspiração ciceroniana. Pelo contrário, o que ocorre é a coexistência entre uma percepção da história como mestra e uma percepção e representação do tempo tipicamente modernas.

Em agosto de 1821, a *Gazeta do Rio de Janeiro* publica uma pastoral do Bispo de Vizeu que afirma, categoricamente, a vigência da história como mestra, e cujos fatos são compreendidos como repetição: "a História política não é outra coisa mais do que a relação das variações e alterações das Repúblicas Romanas".[39]

---

36 *Reverbero Constitucional Fluminense*, N. IX, Tomo I, 8/1/1822.
37 *Reverbero Constitucional Fluminense*, N. XV, Tomo I, 19/2/1822 p. 182.
38 *Malagueta*. n. 8, Fevereiro de 1822.
39 *Gazeta do Rio de Janeiro*, N. 68, 7/8/1821.

Essa coexistência podia ocorrer, inclusive, em um mesmo contexto discursivo, como na reflexão de Hipólito da Costa sobre o juramento da Constituição, por D. João (realizada em 26 de fevereiro de 1821):

> Passaremos agora a dizer alguma coisa sobre o caráter desta revolução e suas causas para daí deduzir a marcha que as coisas devem levar daqui em diante. Quem contempla as coisas presentes e passadas conhece que em todos os tempos os homens tiveram sempre os mesmos desejos, as mesmas afeições, os mesmos vícios que tem agora, de maneira que será fácil prever as coisas do futuro pelo conhecimento da história e aplicar os mesmos remédios dos antigos, quando se achem expressos, ou inventar outros análogos às circunstâncias. Muitos males provém de que as pessoas que manejam os negócios do Estado não se aplicam à história e se a leem, não entendem o seu sentido moral e místico.[40]

Por um lado, observa-se o esforço de compreensão da história por meio de um raciocínio processual e causal, no sentido de tentar apreender e controlar os acontecimentos vindouros. Nota-se, também, o esforço de compreender o sentido moral da história, característica da concepção de história filosófica iluminista. Por outro, Hipólito da Costa parece, ao mesmo tempo, mobilizar a operacionalidade da história como mestra, já que reconhece que os fatos históricos "são sempre os mesmos", sendo assim possível deduzir o que acontecerá no futuro a partir da observação histórica.

Essa coexistência, antes de constituir uma contradição ou de enfraquecer a ideia de que se experimentava uma nova relação com o tempo na América portuguesa (pelo menos desde 1808) evidencia justamente o processo de transição da percepção e representação do tempo nos termos da história exemplar de inspiração ciceroniana para uma nova percepção e representação do tempo, processo lento que não significou o desaparecimento completo da história como mestra.[41]

---

40 *Correio Braziliense* N. 156, maio de 1821.
41 Uma reflexão atual sobre o tema foi apresentada por ARAUJO, Valdei

Outros indicadores de que se operava uma grande transformação na relação dos homens com o tempo é a afirmação da ideia de progresso e a presença de expressões que demonstram uma compreensão do tempo como dotado de qualidade específica. Em primeiro lugar, é recorrente a afirmação da ideia de progresso, conforme exemplificam expressões contundentes como a do *Reverbero Constitucional Fluminense*, segundo a qual, não se podia operar contra "a marcha da civilização do nosso presente século",[42] ou ainda, ao afirmar que a emancipação da América "segue uma marcha natural, irresistível, que jamais forças humanas podem fazer retrogradar".[43]

O Regulador Brasílico-Luso, por sua vez, também proferiu sentenças semelhantes, afirmando que "o gênero humano caminha", inevitavelmente, "em direção à civilização"; por conseguinte, "tentar o retrocesso da altura em que se acha o mundo moral é um objeto quimérico".[44] E também *O Espelho*, ao defender ser possível realizar um "cálculo quase evidente da progressiva civilização dos homens".[45] Todas essas expressões evidenciam a compreensão de um decurso único do tempo, algo que terá consequências específicas no mundo luso-americano.

Com efeito, a compreensão de que se vivia uma experiência histórica única e irreversível conduzia os coevos a concluir que a emancipação da América e, consequentemente, do Brasil, era inevitável. Por conseguinte, empreendia-se, via discurso histórico, uma extrema politização da identidade brasileira por meio da afirmação da "inevitável" diferenciação de caminhos entre Brasil e Portugal, concepção inserida em um contexto maior de diferenciação de caminhos entre Europa e América.

Lopes de., na conferência *Formas de aprender com a História no Brasil à época da independência: da crise da exemplaridade à história filosófica* apresentada no 3º Seminário Nacional de História da Historiografia: aprender com a história?. 25, 26 e 27 de agosto de 2009. Mariana/MG, Universidade Federal de Ouro Preto.

42 *Reverbero Constitucional Fluminense*, N. XXII, Tomo I, 9/4/1822, p. 265.
43 *Reverbero Constitucional Fluminense*, N. XXIII, Tomo I, 16/4/1822, p. 274-275.
44 *Regulador Brasílico-Luso* n. 9, [19]/9/1822.
45 *O Espelho*, N. 116, 27/12/1822.

Em segundo lugar, são bastante reincidentes as expressões como "caráter conforme as ideias do tempo", "geral espírito da presente época",[46] "sabedoria do século",[47] e, ainda, num testemunho cristalino de que o próprio tempo adquiria qualidade histórica, a afirmação de que a progressiva civilização da humanidade é "operação do tempo e não do homem".[48] Salientar que as experiências passadas são diferentes da experiência recente torna-se, também, bastante recorrente, conforme argumentam diversos periódicos como, por exemplo, *O Conciliador do Reino Unido*: "Distingui os tempos, conciliareis os direitos" porque as leis devem se adequar "ao lugar e ao tempo".[49] E ainda, o *Reverbero Constitucional Fluminense* em março de 1822: "a mistura do antigo sistema com as novas instituições é um amálgama infernal, impossível de persistir";[50] e em agosto do mesmo ano: "em política, cada século tem suas ideias e cada época os seus princípios".[51]

Até esse momento, procurou-se evidenciar o alto grau de temporalização presente nos discursos dos periódicos analisados, o que indica, dessa forma, ter ocorrido a experiência da modernidade na América portuguesa de inícios do século XIX, no que diz respeito ao conceito de história.

Importa agora destacar que essa nova percepção do tempo foi decisiva ao informar a reflexão histórica no mundo luso-americano, sendo acompanhada de significativo potencial de politização da identidade brasileira a partir de referenciais históricos. Mais especificamente, observa-se a reflexão constante sobre qual é o lugar do passado colonial e, principalmente, das experiências históricas recentes na constituição de uma nova era para o Brasil e, ao mesmo tempo, de uma "História do Brasil".

A percepção luso-americana de que se vivia um tempo novo já se manifestava, pelo menos, desde 1808, nas páginas do Correio

---

46 *Correio do Rio de Janeiro*, N. 8, 18/4/1822.
47 *Reverbero Constitucional Fluminense*, N. 13, Tomo II, 20/8/1822, p. 153.
48 *O Espelho*, N. 116, 27/12/1822.
49 *O Conciliador do Reino Unido*, N. III, 24/3/1821.
50 *Reverbero Constitucional Fluminense*, N. XIX, Tomo I, 19/3/1822, p. 231.
51 *Reverbero Constitucional Fluminense*, N. 14, Tomo II, 27/8/1822, p. 167.

Braziliense.⁵² No periodismo de 1821 e 1822 esse movimento se intensifica e adquire conteúdos específicos intimamente associados à politização do Brasil em relação a Portugal. Os momentos compreendidos como marcos dessa transformação variaram de acordo com o contexto político ou discursivo, sendo possível, inclusive, a ressignificação desses marcos nas páginas de um mesmo periódico.

Em geral, 1808 foi eleito pelos jornais como o principal marco de inauguração de uma nova trajetória histórica do Brasil. Foi compreendido como o momento de "suspensão do ódio" dos luso-americanos ao "Antigo despotismo",⁵³ já que, com a transferência da Corte seguida da abertura dos portos, teriam-se quebrado "os ferros da opressão de três séculos".⁵⁴ Reconhecia-se, também, que a partir de 1808, o Brasil teria passado a exercer uma "rápida carreira",⁵⁵ ou seja, afirmava-se a aceleração do tempo provocada pelo evento da transferência.

Pelas páginas do *Diário Constitucional*, da Bahia, de 23 de março de 1822, parcialmente citadas na seção anterior, pode-se perceber em que termos esse período iniciado em 1808 foi compreendido. Após descrever a colonização portuguesa da América a partir do *topos* dos trezentos anos de opressão, o redator avaliou a experiência inaugurada pela transferência da Corte, exaltando a adoção da "sã economia política" no Brasil, ou seja, a liberdade de comércio, a diminuição dos direitos de alfândega, o que, consequentemente teria possibilitado "maior adiantamento geral da cultura e povoação deste vasto território". Em seguida, conclui:

---

52 ARAUJO, Valdei Lopes de. & PIMENTA, João Paulo G. História - Brasil. In: FERNÁNDEZ SEBASTIÁN, Javier. (dir.) *Diccionário Político y Social del mundo iberoamericano.* Madrid: Fundación Carolina/Sociedad Estatal de Conmemoraciones Culturales/Centro de Estudios Politicos y Constitucionales, 2009. p. 593-604. Para uma versão do texto em português, ver: ARAUJO, Valdei Lopes de. & PIMENTA, João Paulo G. História. In: FERES JUNIOR, João. (org.) *Léxico da História dos Conceitos Políticos do Brasil.* Belo Horizonte: Editora UFMG, 2009. p. 119-140.
53 *Reverbero Constitucional Fluminense,* N. XXVI, Tomo I, 7/5/1822 .
54 *Reverbero Constitucional Fluminense,* N. 17, Tomo II, 17/9/1822.
55 *Correio do Rio de Janeiro,* N. 97, 9/8/1822.

(...) Esta experiência só bastou para importar ao Brasil benefícios incalculáveis: foi de então que o Brasil soube o que eram especulações mercantis, o que desenvolveu muito a Ciência do Comércio, pouquíssimo conhecida por nós; os costumes mudaram para mais sociais, sendo empregados os Habitantes deste País nos ofícios públicos; principiaram as Letras a florescer; o conhecimento das línguas estrangeiras vulgarizou-se; a Agricultura tomou nova carreira e mais vigoroso impulso pela concorrência dos consumidores; os Bachás, que arbitrariamente nos governavam, começaram a receiar-se um pouco dos costumes e reclamações dos Povos, visto que já não era necessário vencer tão grandes obstáculos, para os levar à Presença do Poder Supremo. Não queremos dizer, contudo, que não fomos vítimas de uma Corte corrompida, composta a maior parte de lisonjeiros e piratas; mas que todas as antigas vexações já não eram nossa partilha, é verdade tão incontestável, que ninguém a negará: em uma palavra, em 13 anos e meio fizemos mais do que em 3 séculos (...).[56]

Para o redator, a transferência da Corte teria trazido prosperidade ao Brasil de maneira nunca antes experimentada, o que explicita a valorização da experiência histórica recente como melhor e superior à experiência histórica colonial. Ademais, a aceleração do tempo é claramente afirmada pela sentença – "em 13 anos e meio fizemos mais do que em três séculos".

A leitura da transferência da Corte como um marco para uma nova trajetória histórica do Brasil, e geralmente carregada de adjetivações positivas, não significou a exaltação absoluta do evento e de suas consequências. Conforme as palavras do *Diário Constitucional* indicam, denunciava-se a todo o momento a "corrupção da Corte", também chamada de ruinosa administração ou despotismo ministerial do Rio de Janeiro. Essas denúncias não eram uma voz isolada do *Diário*, mas também frequentemente realizadas, desde 1808, nas páginas do *Correio Braziliense*.[57]

---

56 *Diário Constitucional*, n. 29, 23/3/1822.
57 JANCSÓ, István. & SLEMIAN, Andréa. Um caso de patriotismo imperial.

O ano de 1815, à semelhança de 1808, também foi tomado como marco de ruptura com o sistema colonial, mas, principalmente, como momento em que o Brasil teria adquirido dignidade política por conta de sua elevação à categoria de Reino. A data é recuperada, principalmente, após a chegada das notícias ao Rio de Janeiro dos decretos que, na prática, extinguiam o Reino do Brasil ao exigirem o retorno de D. Pedro para Portugal.

De maneira absolutamente original, o *Correio Braziliense* realizou, em abril de 1822, uma leitura histórica do passado recente, valorizando a Revolução Pernambucana de 1817. Trata-se de um comentário sobre o impacto das notícias a respeito do "Fico" nas Cortes de Lisboa:

> O Deputado Brito, nesse mesmo debate, levou outra vereda, e alegou a superioridade de Portugal sobre o Brasil, com o fundamento de que as províncias Europeias se declararam contra o sistema de Despotismo primeiro que as do Brasil. O erro em que labora aquele Deputado, mesmo nesta insignificância e acidental prerrogativa, se a houvesse, se conhece bem, de que, já em 1817 se fez uma revolução em Pernambuco, para derribar o Despotismo, e que esse movimento a favor da liberdade foi suprimido pelas tropas Europeias; e muitas pessoas, que foram vítimas do mau sucesso daquela mal conduzida revolução, ainda hoje gemem debaixo do peso da vingança dos Déspotas, sem que as Cortes nada tenham declarado a seu favor. Aonde está pois aqui a superioridade ou prioridade de Portugal, senão em ter suprimido aquela revolução do Brasil?[58]

In: DINES, Alberto. (org.). *Hipólito José da Costa e o Correio Braziliense. Estudos.* São Paulo/Brasília: Imprensa Oficial do Estado; *Correio Braziliense*, 2002, Volume XXX., p. 605-667.

58 *Correio Braziliense*, N. 167, Volume XVIII, abril de 1822. Em outro artigo do *Correio*, de outubro de 1822, intitulado "Independência do Brasil", Hipólito da Costa realiza uma leitura histórica da independência do Brasil a partir da Revolução Pernambucana de 1817, para ele entendida como início da luta pela liberdade no Brasil. *Correio Braziliense*, N. 173, Volume XXIX, outubro de 1822, p. 468-477.

Se nas edições do *Correio Braziliense* publicadas em 1817 que versavam sobre a Revolução de Pernambuco, Hipólito da Costa defendia que os abusos cometidos na província não justificavam uma rebelião, numa clara reprovação do editor à chamada "tragédia de Pernambuco", compreendida como "criminosa" e "imprudente",[59] agora o mesmo evento é ressignificado como o marco da luta do Brasil pela liberdade e, mais do que isso, de preeminência do Brasil sobre Portugal em tal empreendimento.

Para compreender essa mudança de posição, é preciso levar em consideração dois aspectos. Primeiro, conforme sinaliza Javier Fernández Sebastián ao analisar o conceito de revolução no início do século XIX, em geral, a revolução é aceitável em um tempo passado, quando contemplada como sucesso consumado. Dessa maneira, ela é justificada por seus resultados. Em contrapartida, uma revolução, no momento em que está ocorrendo, é quase sempre considerada um mal,[60] o que explica parcialmente a mudança de posição presente no *Correio Braziliense* sobre os significados da Revolução de 1817. E segundo, é preciso levar em conta as transformações políticas ocorridas entre 1821 e 1822, que sinalizavam para a desintegração da monarquia portuguesa acompanhada por uma clara politização de uma ideia de Brasil, cujos interesses se colocavam, conforme o desenrolar da dinâmica política, cada vez mais contrapostos aos interesses peninsulares. Dessa forma, a releitura de 1817 por Hipólito da Costa evidencia que a dinâmica política reconfigurava continuamente a leitura do passado tendo em vista projeções de futuro que também se transformavam, em função de novas experiências.

O constitucionalismo inaugurado em Portugal em 1820 é outro momento considerado como de grande ruptura. Ao longo do desenrolar da dinâmica política, tornavam-se muito comuns as recapitulações da experiência constitucional, com discussões a

---

59 Para o aprofundamento da questão, ver: FERNANDES, Ana Claudia. *A Revolução em pauta: o debate Correo del Orinoco – Correio Braziliense (1817-1820)*. São Paulo: Faculdade de Filosofia, Letras e Ciências Humanas da Universidade de São Paulo, 2010. (Dissertação de Mestrado).

60 FERNÁNDEZ SEBASTIÁN, Javier. Revolucionarios y liberales. Conceptos e identidades políticas en el mundo Atlántico. In: CALDERÓN, María Teresa & THIBAUD, Clément. (orgs.) *Las revoluciones en el mundo atlántico*. Bogotá: Taurus História, p. 215-250.

respeito dos significados de datas como 24 de agosto e 15 de setembro de 1820, 26 de fevereiro, 21 de abril e 03 de junho de 1821, principalmente a partir de 1822, quando ocorre uma supervalorização de datas como 09 de janeiro e 03 de junho em detrimento das anteriores.

De toda forma, o mais importante a sublinhar neste conjunto variado de possibilidades para a atribuição de um marco para inauguração de um novo tempo é que se priorizava a experiência histórica recente em detrimento da remota, colonial, como capaz de fornecer lições para a elaboração de projetos de futuro. Nesse contexto, são recorrentes, a partir de 1822, narrativas históricas que apresentavam os anos de 1808, 1815 e 1820-22 em uma cadeia processual:

> (...) O Brasil, que em 1808 viu nascer nos vastos horizontes do Novo Mundo a primeira aurora da sua Liberdade... O Brasil, que em 1815, obteve a carta de sua Emancipação política, preciosa dádiva de um Rei Benigno... O Brasil finalmente, que em 1821, unido à Mãe Pátria, filho tão valente como fiel, quebrou com ela os ferros do proscrito despotismo... Recorda sempre com horror os dias da sua escravidão recém passada... Teme perder a liberdade mal segura que tem principiado a gostar... E receia que um futuro envenenado o precipite no estado antigo de suas desgraças... (...).[61]

Trata-se de uma reação aos decretos das Cortes que apresenta pontos já abordados anteriormente. Cabe ressaltar, contudo, a apresentação dos anos de 1808 (ano da primeira aurora da Liberdade do Brasil), 1815 (segundo o artigo, momento em que o Brasil obteve sua carta de emancipação política) e 1821 (ponto alto da narrativa, em que o Brasil, juntamente com Portugal, teria quebrado os ferros do despotismo) em uma cadeia processual e crescente de conquista e consolidação da liberdade pelo Brasil. Esse movimento é acompanhado, muitas vezes, por comparações entre a colonização portuguesa da América (tomada como um período já encerrado) e as experiências históricas recentes.

---

61 2º Suplemento ao n. 7 da *Gazeta do Rio*, 15/1/1822.

Em julho de 1822, momento de movimentação política em favor das eleições dos deputados para a Assembleia Constituinte do Brasil, Januário da Cunha Barbosa, em discurso proferido aos eleitores paroquiais de Santa Rita, adverte: "vós sois chamados a promover, por vós mesmos, a grandeza da Pátria; vós ides lançar os vossos votos na Urna que encerra os destinos do Brasil", utilizando palavras e expressões com claro grau de temporalização: "vós sois livres, vós jurastes não retroceder no caminho da Liberdade". Recomenda prudência e sabedoria na escolha dos deputados para a Constituinte e conclui: "porque o Brasil, neste momento, oferece um espetáculo muito mais interessante do que naquele em que surgira dos Mares para eternizar nas páginas da História o nome do afortunado Cabral". Refere-se ao momento vivido como o de uma "nova fundação do Brasil", cujo futuro será "brilhante e majestoso".[62] Em outras palavras, o tempo vivido e, principalmente, o futuro é (ou deve ser) diferente e melhor que o "passado colonial".

É digno de nota que, neste momento, o autor ainda parece reservar algum lugar ao processo de colonização, embora não desenvolva sua argumentação no sentido de esclarecer qual seria a herança deixada por Cabral. Contudo, expressões como "nova fundação do Brasil", e até mesmo a comparação realizada entre a época inaugurada por Cabral, ou seja, a colonização, e as experiências recentes, permitem alguma reflexão. Aqui, a colonização portuguesa da América é tomada como um bloco, período em que "os ferros arrocharam" os pulsos do Brasil, "por três séculos".[63]

Em contrapartida, o adjetivo atribuído a Cabral - "afortunado" – pode indicar uma simples ironia, mas também que, de alguma forma, esse passado é considerado como parte constituinte e indispensável da História do Brasil. Em sua argumentação, está subjacente a ideia de que a colonização é tomada como uma época concluída, cuja tentativa de retorno está destinada ao fracasso pelo caráter irreversível da história. Neste momento, mais importante do que tentar compreender e explorar as contradições entre a leitura de uma experiência compreendida como negativa e sua

---

62 *Reverbero Constitucional Fluminense* n. 10, Tomo II, 30/07/1822, p. 114 – 115.
63 *Idem*.

leitura como constituinte de uma determinada entidade política – o Brasil – é notar que, de fato, empreendia-se um esforço de racionalização do passado.

De junho a outubro de 1822, o projeto de fundação de um Império do Brasil se viabiliza. Com isso, a leitura do passado assumiria, e cada vez mais, o papel de legitimar o projeto de independência. Ainda em julho, o *Reverbero* realiza outro testemunho contundente dessa operação. Ele empreende uma narrativa da história recente, tendo como ponto de partida a Revolução Americana e a Francesa. A América, embora "naturalmente desejosa de sua Liberdade", era rigorosamente vigiada por suas metrópoles, aguardando o melhor momento para aproveitar-se do exemplo "das Províncias do Norte." Em seguida, diz que diante das invasões napoleônicas a América espanhola, tal como um "navio" vagando "em alto mar", conquistara sua independência, "apesar de grandes tempestades e da inexperiência de alguns de seus Pilotos".[64]

Mais adiante, tenta atribuir a determinadas datas significados próprios de uma "história especificamente brasileira", uma vez que "complexo de circunstâncias" aproximou o Brasil da Liberdade, o que teria evitado "as delongas experimentadas pelas Províncias da América Espanhola".[65] Refere-se, evidentemente, à transferência da Corte para o Rio de Janeiro, enfatizando, contudo, que "um velho sistema de monarquia quase absoluta plantado em um terreno tão novo nem podia prosperar com vantagem nem era coadunado aos progressos da civilização do presente século", denunciando o "despotismo" do Ministério joanino. Por fim, apresenta os fatos de uma forma processual:

> Se são célebres, nas páginas da nossa História, os dias 7 de março de 1808, e 26 de Fevereiro de 1821, não são menos gloriosos para todo o Brasil, e para Portugal mesmo, os dias 9 de janeiro e 3 de junho deste ano de

---

64 *Reverbero Constitucional Fluminense*, n. 6, Tomo II, 02/07/1822, p. 66.
65 Idem.

1822 porque são consequências infalíveis daqueles primeiros sucessos e adiantamento necessário da marcha da nossa civilização.[66]

E termina, dirigindo-se a ao príncipe e solicitando a ele a defesa do "sistema constitucional". Aqui, a singularização de uma História do Brasil é defendida em duas frentes.

Por um lado, devido aos "progressos da civilização do presente século", algo confirmado pelas independências recentes da América inglesa e da espanhola, os destinos do Brasil deveriam se separar, necessariamente, dos de Portugal. Em outras palavras, a narrativa articula-se mediante a identificação entre "Brasil", "América" e "Liberdade", com a defesa clara da independência do Brasil, tendo em vista que toda a América já era livre.[67] Dessa forma, a leitura dos acontecimentos recentes ocorridos no Brasil é inserida em uma narrativa mais ampla, de inevitável emancipação da América.

Por outro lado, o "complexo de circunstâncias inesperadas", ou seja, as circunstâncias que condicionaram a instalação da regência de D. Pedro no Brasil, teriam evitado os "males" verificados na América espanhola, já que teriam permitido a conquista de sua independência fundamentada na legitimidade dinástica bragantina. Subentende-se, também, uma tentativa de oferecer uma explicação processual no esboço da narrativa de uma História do

---

66 *Ibidem*, p. 67

67 PIMENTA, João Paulo G. Portugueses, americanos, brasileiros: identidades políticas na crise do Antigo Regime luso-americano. *In: Almanack Braziliense*. (revista eletrônica). N. 03. Maio/2006. p. 69-80. Disponível em: http://www.almanack.usp.br. Acesso em 24. mai. 2010. É preciso, portanto, relativizar a afirmação segundo a qual toda a América já era livre. Segundo João Paulo G. Pimenta, no final dos anos de 1810, a ordem realista ainda era segura no México e dominante em Nova Granada e no Peru, enquanto que no Rio da Prata e no Chile a possibilidade de retorno ao absolutismo era cada vez mais distante. A conjuntura política do início dos anos de 1820 foi determinante para uma definição da crise que rumava para o triunfo das soluções independentistas. Ainda segundo o autor, aos contemporâneos, esse quadro aparecia cada vez mais emaranhado, ou seja, era difícil prever com segurança o que surgiria da conjunção histórica de vários fatores que caracterizavam a crise. PIMENTA, João Paulo G. *Op. cit.*, p. 301 – 302

Brasil por meio da explicação causal e da organização dos acontecimentos em uma cadeia imanente à História, já que os dias 9 de Janeiro e 3 de Junho são apresentados como "consequências infalíveis" dos dias 7 de março de 1808 e 26 de fevereiro de 1821. Um testemunho eloquente da utilização política da leitura do passado tendo em vista a legitimação de um projeto de independência é o "Manifesto do Príncipe Regente aos Governos e Nações Amigas", publicado em 06 de agosto e escrito por José Bonifácio de Andrada e Silva. Trata-se de um documento muito conhecido pela historiografia, justificador dos motivos que levaram D. Pedro a romper com as Cortes de Lisboa. Tendo um conteúdo muito semelhante aos das atas de independência de diferentes países da América espanhola, pelo menos no que diz respeito às leituras do passado, foi publicado na íntegra pelo *Correio do Rio de Janeiro* (17 de agosto) e pela *Gazeta do Rio* (20 de agosto), intensamente criticado pelo *Semanário Cívico da Bahia* (em 12 de setembro) e finalmente publicado pelo *Correio Braziliense* de novembro.[68]

---

68 Foi Viscardo y Guzmán, certamente inspirado no abade Raynal, quem inaugurou a questão dos trezentos anos de opressão na América, em 1799. O tema reverberou de diferentes formas no início do século XIX como *slogan* dos insurgentes americanos e como uma frase inscrita nas atas de independência, conforme demonstra Guillermo Zermeño Padilla. Ele é abordado na *Historia de la revolución de Nueva España* do frei Servando Teresa de Mier: "El grito de libertad que se dio em Dolores la noche del 15 al 16 de septiembre de 1810, por el inmortal heróe don Miguel Hidalgo y Costilla se extendió con la rapidez del rayo por todos los confines del venturoso Anáhuac, que se hallaba sepultado en duro cautiverio casi por tres siglos". Citado por ZERMEÑO PADILLA, Guilhermo. Historia – Introducción. In: FERNANDEZ SEBASTIÁN, Javier. (dir.). *Diccionario político y social del mundo iberoamericano. La era de las revoluciones, 1750- 1850*. Madrid: Fundación Carolina. Sociedade Estatal de Conmemoraciones Culturales. Centro de Estudios Políticos y Constitucionales. 2009. p. 551- 592. O artigo de Zermeño Padilla também foi publicado no Brasil: ZERMEÑO PADILLA. Guillermo. História, experiência e modernidade na América ibérica, 1750 – 1850. *In*: *Almanack Braziliense* (revista eletrônica). N. 07, maio de 2008. p. 5 – 46. Disponível em http://www.almanack.usp.br. Acesso em 21. out. 2008. Na Venezuela, nos primeiros anos do processo de independência, o conceito de História é utilizado com fins políticos e especificamente empregado como legitimador da ruptura do nexo uniam as províncias da capitania com a Espanha, conforme identificou Ángel Rafael Almarza Villalobos ao analisar,

Considerado pela *Gazeta do Rio* como um dos "documentos interessantes para a história política do Brasil",[69] o manifesto realiza uma leitura da colonização portuguesa da América, denunciando que esta fora pautada pela "avareza e proselitismo religioso". Reprova, igualmente, o monopólio e a redução de colonos e índios à "miséria e escravidão", delata a existência de leis tirânicas, governadores despóticos e magistrados corruptos nas capitanias, concluindo que "tal foi a sorte do Brasil por quase três séculos".[70] Em seguida, recupera os acontecimentos recentes, a partir transferência da Corte para o Rio de Janeiro, terminando sua narrativa com a leitura dos fatos decorrentes da Revolução do Porto, acusando as Cortes de intenções recolonizadoras.

A tônica do documento são os sacrifícios do Brasil em favor da Metrópole e da integridade da Monarquia, em contraste com os incansáveis "abusos" de Portugal em relação ao Brasil. Conforme afirmou Valdei de Araujo, "o absolutismo português, primeiro circunscrito a um pequeno grupo de egoístas e falsos liberais, agora é atribuído a todo Portugal e desde sempre".[71] Em certa medida, o manifesto representa um "ponto de chegada", no que diz respeito à leitura e interpretação do passado. Em outras palavras, a leitura da colonização portuguesa da América presente no documento não é criação original de Bonifácio, mas sim, uma apropriação de um

---

 entre outros documentos, a ata de independência da Venezuela, em 1811: "Olvidamos generosamente la larga serie de males, agravios y privaciones que el derecho funesto de conquista há causado indiscriminadamente [...] y, corriendo el velo sobre los trescientos años de dominación española [...], sólo presentaremos los hechos auténticos y notorios que han debido desprender y han desprendido de derecho a un mundo de outro, en el trastorno, desorden y conquista que tiene ya disuelta la nación española". Citado por ALMARZA VILLALOBOS, Ángel Rafael. História – Venezuela. In: FERNÁNDEZ SEBASTIÁN, Javier. (dir.). *Op. cit.*, p. 681 – 692.

69 *Gazeta do Rio* n. 100, 20/8/1822.

70 ANDRADA E SILVA, José Bonifácio de. Manifesto do Príncipe Regente do Brasil aos Governos e Nações Amigas, datado de 6 de agosto de 1822. In: *Obras políticas, científicas e sociais*. Coligidas e reproduzidas por Edgard de Cerqueira Falcão, vol. II. São Paulo: Grupo de Trabalho Executivo das Homenagens ao Patriarca, 1965.

71 ARAUJO, Valdei Lopes de. *A experiência do tempo. Conceitos e Narrativas na Formação Nacional Brasileira*. (1813-1845). São Paulo: Hucitec, 2008. p. 64

discurso presente em diferentes periódicos publicados no Brasil, principalmente em 1822, e que se tornava instrumento eficaz de legitimação de projetos políticos que, progressivamente, viabilizaram a independência do Brasil. A eficácia dessa mobilização discursiva condicionou, por sua vez, a produção do próprio documento, no sentido de afirmar um projeto político específico, a saber, o de fundação do Império do Brasil por D. Pedro, com prerrogativas constitucionais, afirmando a legitimidade da dinastia bragantina, e com autoridade preservada em relação ao Poder Legislativo. Sob esse aspecto, sua importância pode ser avaliada em dois sentidos: ao mesmo tempo em que, por meio da leitura do passado, permite atribuir ao Brasil uma unidade política e uma especificidade histórica diante de Portugal, assume também o papel de "neutralizar" outros projetos políticos de separação, por meio da apropriação dessa operação discursiva pelo fundador do Império, D. Pedro.

Tudo isso irremediavelmente associado à valorização da experiência recente, em explícito contraste com o passado colonial, conforme observamos no agora intitulado *Regulador Brasileiro*, antes *Brasílico-Luso*, de outubro de 1822:

> Brasileiros, o dia da nossa existência como Nação soberana já não está longe, os nossos Deputados vão abrir o Templo da Lei, não nos lembremos mais d'esse Pedro Álvares, de cujas mãos os primeiros filhos da Pátria receberam os ferros do cativeiro, e a Providência nos deu no Imortal Pedro d'Alcântara um Criador para defender a inviolabilidade dos nossos direitos.[72]

Para o *Regulador*, o "estado de civilização do Brasil exige um sistema de economia política diverso daquele existente no período de sua infância". Embora o Brasil tenha alcançado esse "estado", isso não se deve aos esforços de Portugal. D. Pedro, o "Gênio Defensor" dos direitos do Brasil, teria apagado dos "fastos do Brasil, só com uma palavra, três séculos de escravidão".[73] Mais uma vez, defende-se a valorização da experiência recente em associação

---

72 *Regulador Brasileiro*, N. 11, 2/10/1822.
73 *Idem.*

com a necessidade de superação da condição colonial anterior. Aqui, a diferenciação entre as duas "épocas" da História do Brasil associa-se aos "fundadores" destas – Pedro Álvares, fundador de uma época encerrada que não deixa, definitivamente, funções normativas para o presente, e Pedro d'Alcântara, fundador de uma "nova era da História do Brasil", que não é mais portuguesa. Definitivamente, a história da colonização deveria ser superada.

A AUTORIDADE DO ABADE DE PRADT

Além da afirmação da necessidade de superação dos "três séculos" de colonização e da valorização da experiência histórica recente, são muito recorrentes os argumentos que se fundamentam na análise do "atual estado do Brasil" para defender a autonomia governativa deste. Essa autonomia era tomada, muitas vezes, como sinônimo de independência, ideia apresentada, originalmente, de maneira compatível com a manutenção dos laços de união com Portugal. Essa operação discursiva associava-se à reivindicação da manutenção do Reino do Brasil em reação aos decretos das Cortes, compreendidos na cena pública fluminense como "recolonizadores". Mas conforme o processo político se desenrolava, as incompatibilidades entre as Cortes de Lisboa e o governo de D. Pedro assumiam o sentido de defesa da separação absoluta entre os dois reinos, definição que se associava muito fortemente à ideia de independência.

Em 16 de abril de 1822, o *Reverbero Constitucional Fluminense* realiza uma espécie de debate sobre o tema, dirigindo-se aos "recolonizadores" de Lisboa. Adverte que os trabalhos parlamentares "apressam a independência do Brasil (que cedo ou tarde se efetuará, visto que o Brasil já entrou no período de sua virilidade, [e] já não precisa de tutela".[74] No mesmo sentido, em 12 de maio de 1822, em reação ao Parecer da Comissão Especial das Cortes de Lisboa sobre os negócios políticos do Brasil apresentado no Congresso em 18 de março, o mesmo jornal acusa as intenções supostamente recolonizadoras das Cortes e sua incompatibilidade com o atual estado do Brasil, em termos semelhantes:

---

74 *Reverbero Constitucional Fluminense*, N. XXIII, Tomo I, 16/4/1822.

mas o filho que toca a idade da virilidade, se seu Pai o não estabelece como tem de obrigação, procura ele mesmo o seu honroso e necessário estabelecimento; as Famílias ligam-se por laços de amizade, recíproco interesse, e perfeita coadjuvação, as Nações seguem o exemplo das Famílias e as que vão contra ofendem a natureza, espancam a boa harmonia social, e muitas vezes perdem mais do que lhes prometia uma desmarcada (sic) e injuriosa ambição.[75]

Conforme já enunciado,[76] trata-se de um argumento bastante recorrente nos periódicos analisados. Consiste, basicamente, na ideia de que o Brasil teria atingido um determinado grau de civilização, prosperidade e desenvolvimento, que se revelava incompatível com a sujeição a Portugal. Esse argumento fundamentava-se em uma comparação entre as colônias americanas e o processo de desenvolvimento humano: ambos teriam passado por um desenvolvimento semelhante, com uma infância ou fase de amadurecimento dependente dos cuidados dos pais. Uma vez alcançada a virilidade do indivíduo, seria natural que ele se emancipasse de seus pais.

Essas ideias, aplicadas às relações entre colônias e metrópoles, significavam que, uma vez atingido um determinado grau de civilização e prosperidade, as colônias naturalmente deveriam separar-se de suas metrópoles. Esse argumento não se constituía numa originalidade dos periódicos do Rio de Janeiro dos anos 1820. Pelo contrário, revelava uma apropriação da leitura das obras dos abades Raynal e De Pradt, sobretudo, deste último. O abade De Pradt era uma referência no pensamento e nos debates políticos da época, o que, ademais, se materializava em uma forte presença de suas ideias e escritos nos jornais luso-americanos entre 1821 e 1822.

Conforme já exposto nos capítulos anteriores, o abade De Pradt foi um escritor ao mesmo tempo crítico e seguidor do abade

---

75 *Reverbero Constitucional Fluminense Extraordinário*, N. 1, Tomo I, 12/5/1822.
76 Ver o Capítulo 2 deste livro.

Raynal. Ambos foram grandes nomes no que diz respeito à enunciação e difusão das teorias da independência da América que consistiam, basicamente, na ideia de que a separação da América em relação à Europa seria próxima e inevitável. Se a denúncia dos "três séculos de opressão" pode ser tomada como um argumento de natureza histórica para fundamentar projetos políticos que viabilizaram a independência do Brasil, a autoridade atribuída a tais ideias, principalmente as do abade De Pradt, foi um argumento de natureza filosófica, que cumpriu o mesmo objetivo.

É importante lembrar que as teorias da independência encontravam respaldo na realidade vivida desde, pelo menos, a Revolução Americana deflagrada em 1776, e se tornavam contundentes à medida que os processos de independência na América espanhola se agudizavam.

À semelhança de Raynal, De Pradt afirmava que a independência da América seria inevitável, mas, para ele, esse processo poderia ocorrer de duas maneiras: preparado, em comum acordo entre colônias e metrópoles, ou não preparado, ou seja, precipitado pelos acontecimentos, sem nenhum controle das autoridades metropolitanas e coloniais, o que levaria, segundo o autor, à anarquia. Propunha, então, uma gradual e bem preparada emancipação para evitar mudanças repentinas na administração e a "desordem" das revoluções. Nesse aspecto, sua reflexão é bastante moderada em comparação àquilo que o abade Raynal desenvolvera anteriormente.[77]

A afirmação da inevitabilidade de emancipação da América numa conjuntura revolucionária cuja experiência básica do tempo se dava pelo postulado da aceleração fomentava reflexões acerca dos ritmos de transformação, mesmo que o processo em si fosse tomado como natural. A advertência do abade para que a emancipação fosse preparada em comum acordo entre colônias e metrópoles levantava questões sobre a possibilidade dos homens "acelerarem" ou "retardarem" esse processo; em outras palavras, de controlar os acontecimentos em curso, além de implicar o

---

77 MOREL, Marco. Independência no papel: a imprensa periódica. In: JANCSÓ, István. (org.) *Independência: história e historiografia*. São Paulo: Hucitec, 2005, p. 617-636

questionamento sobre se a América estaria de fato "preparada" para um futuro sem as metrópoles europeias.

Esse conjunto de ideias, amplamente discutidas nos jornais luso-americanos de 1821 e 1822, possuíam alto grau de temporalização da experiência histórica. É importante salientar que o abade declarava-se favorável à emancipação da América ibérica, mas desejava que ela fosse realizada de forma gradual e em sentido monárquico, elemento fundamental para compreender seu impacto na cena pública luso-americana de forma tão decisiva, já que, desde 1808, a América ibérica era fortemente realista. Com a agudização dos processos de independência em parte da América espanhola, outras regiões permaneciam realistas, como o Peru, por exemplo. Nesse contexto, as ideias do abade De Pradt ganhavam força e importância para os defensores da preservação da forma monárquica de governo na América.

Essas ideias foram ao encontro do processo mais amplo, aqui analisado, de conjugação entre leituras do passado e configuração de uma identidade política brasileira, pois a afirmação da inevitabilidade da independência da América baseada na ideia de emancipação distinguia, natural e historicamente, Brasil e Portugal. Essa distinção, por sua vez, implica conceber os contornos de uma história específica do Brasil, cuja existência era caracterizada pela colonização moderna, vista como produtora das próprias condições de sua futura emancipação. Dessa forma, essa leitura do passado, via apropriação da ideia de inevitabilidade da independência da América, dotava o Brasil, ao mesmo tempo, de um passado e de um futuro específicos, movimento em que o futuro era, em parte, explicado em função do passado.

Não foram poucos os jornais a evocar a autoridade do abade De Pradt, entre 1821 e 1822. O *Reverbero Constitucional Fluminense* citou o autor explicitamente em sete números, o que inclui a tradução parcial da obra "Europa e América depois da Paz de Aix--la-Chapelle", de 1819.[78] O abade também foi citado pontualmen-

---

78 *Reverbero Constitucional Fluminense*, nas seguintes edições: n. IX, Tomo I, 8/1/1822, N. XI, Tomo I, 22/1/1822; N. XIII, Tomo I, 5/2/1822; N. XVII, Tomo I, 5/3/1822; N. 5, Tomo II, 25/6/1822; N. 6, Tomo II, 2/7/1822; N. 19, Tomo II, 1/10/1822.

te, ao menos pelo *Conciliador do Reino Unido*,⁷⁹ pela *Gazeta do Rio*⁸⁰ e pelo *Compilador Constitucional, Político e Literário Brasiliense*.⁸¹ Fundamentou, ainda, a argumentação de artigos publicados em *O Espelho* (em cinco edições),⁸² no *Correio Braziliense* (em setembro e outubro de 1822), na *Malagueta* (em três edições),⁸³ no *Macaco Brasileiro*,⁸⁴ na *Reclamação do Brasil*⁸⁵ e no *Regulador Brasílico-Luso*.⁸⁶

Menções a De Pradt também foram feitas por meio de referências indiretas, como a evocação do "apóstolo da América" seguida de citação ou de paráfrases a seus escritos⁸⁷ ou, ainda, a simples incorporação de máximas por ele enunciadas, reflexões publicadas nos jornais, sem a atribuição de autoria.⁸⁸ Suas ideias foram amplamente conhecidas e, de maneira geral, referendadas, já que pouquíssimos jornais questionavam os seus postulados.⁸⁹ Outra evidência de que a reflexão de De Pradt tornou-se uma referência na cena pública fluminense daqueles anos são as

---

79 *Conciliador do Reino Unido* n. III, 24/03/1821.

80 Suplemento ao n. 11 da *Gazeta do Rio*, 24/01/1822. (Representação do povo do Rio de Janeiro ao Senado da Câmara).

81 *Compilador Constitucional, Político e Literário Brasiliense*, nas seguintes edições: n. 7, 16/02/1822; e n. 11, 12/03/1822.

82 *O Espelho*, nas seguintes datas: n. 19, 21/01/1822; n. 29, 25/02/1822; n. 33, 11/03/1822; n. 62, 21/06/1822; e n. 71, 23/07/1822.

83 *Malagueta* n. 1, dezembro/1821; n. 2, dezembro/1821; n. 31, 05/06/1822.

84 *Macaco Brasileiro*. Número 2, além de utilização da metáfora biológica do desenvolvimento humano nos números 1 e 6.

85 *Reclamação do Brasil*. Parte IV.

86 *Regulador Brasílico-Luso* n. 5, 21/08/1822

87 *Reverbero Constitucional Fluminense* n. XXVII, Tomo I, 14/05/22. Trata-se do enunciado "pertença a América o que é da América e a Europa o que é da Europa", atribuído ao "apóstolo da América".

88 O já citado número do *Reverbero* que introduz a abordagem do tema: "a emancipação das Colônias segue uma marcha natural, irresistível, que jamais forças humanas podem fazer retrogradar". *Reverbero Constitucional Fluminense* n. XIII, Tomo I, 16/04/1822, p. 274-275.

89 Divergências presentes no *Compilador Político Constitucional, Político e Literário Brasiliense* n. 11, 12/03/1822; e também na *Malagueta* n. 28, 25/05/1822.

numerosas elaborações discursivas estruturadas a partir da metáfora biológica do desenvolvimento humano, desvinculadas do nome do abade, mas que, evidentemente, compunham o mesmo universo de ideias.[90] Curiosamente, o *Correio do Rio de Janeiro* não cita, em nenhum de seus números, o nome do abade De Pradt. Em vez disso, publica extratos dos "pensamentos de Gastine" o que inclui uma seção intitulada "Das Colônias, dos direitos que a Mãe Pátria tem sobre elas e do momento de sua liberdade concedido pela natureza". Como o próprio título sugere, os trechos de Gastine publicados no *Correio do Rio de Janeiro* fazem parte de um mesmo quadro de debate de ideias no qual se insere as reflexões do abade francês sobre a independência da América.[91]

Na edição de 05 de março de 1822, o *Reverbero Constitucional Fluminense* traduz trechos da obra do abade, em seção intitulada "Sobre o comércio exclusivo entre as metrópoles e as colônias".[92] O texto inicia-se pela caracterização da colonização moderna:

> Todas as Metrópoles tornaram-se Monopolistas das suas Colônias. Ser cada uma delas única em lhes vender, a única em lhes comprar, a única fornecedora, e a única vendedora dos seus Produtos, tal era o sistema imaginado pela Europa e seguido por todas as Metrópoles para se assegurarem das vantagens e possessões das suas Colônias.[93]

Logo em seguida, denuncia que este pensamento escapou aos antigos em seu modelo de colonização:

---

90 *Reverbero Constitucional Fluminense Extraordinário*, N. I, Tomo I, 12/5/1822; *Reverbero Constitucional Fluminense*, N. 15, Tomo II, 3/9/1822 (fala do deputado paulista Nicolau de Campos Vergueiro); *Gazeta do Rio*, N. 106, 1/9/1822. *O Constitucional* (Bahia) N. 27, 10/6/1822 (Representação do povo do Rio de Janeiro pedindo a convocação de Cortes). *O Macaco Brasileiro* (números 1 e 6). *O Papagaio*, N. 8, 6/7/1822.

91 *Correio do Rio de Janeiro* n. 32, 17/05/1822.

92 Trata-se da tradução do Capítulo XI, Tomo I, da obra *Des colonies et de la revolution actuelle de l'Amerique* publicada em 1817.

93 *Reverbero Constitucional Fluminense* n. XVII, Tomo I, 05/03/1822. p. 197.

A História não nos ensina que o comércio de Cartago e de Marselha empobrece a Fenícia e a Grécia: ela, pelo contrário, nos mostra todos esses Países prosperando por todos os bens que a Liberdade do Comércio necessariamente produz. A autoridade dos exemplos antigos pode-se opor a dos modernos, e se esta questão houver de ser decidida pela autoridade, a de Povos tão iluminados pesará muito mais que a dos ignorantes em princípios de comércio como são os Europeus na época da descoberta e fundação de suas colônias.[94]

Aqui, o abade De Pradt estabelece uma clara distinção entre o modelo antigo e o moderno de colonização, definindo, dentro do segundo, as categorias de colônia e metrópole como intrinsecamente contraditórias. Para o abade, as metrópoles europeias estabeleceram o monopólio para assegurar o domínio das colônias, mas, segundo De Pradt, esse objetivo é comprometido pela própria natureza e desenvolvimento da colonização:

> O comércio exclusivo, longe de contribuir para consolidar o Império das Metrópoles é, pelo contrário, quem lhes dá por inimigos todos os Colonos e todos os neutros; uns estão sempre prontos a subtraírem-se, outros a atacarem.

> Pelo comércio exclusivo o Colono vê com mágoa apertarem-se as suas cadeias porque ele não é sujeito da Metrópole, como estado, mas é também de cada um dos seus habitantes, como Mercador exclusivo; despoja-se do direito que lhe fora dado pela natureza de escolher Mercador e fazendas a seu gosto. (...) E haverá nada mais capaz de o desgostar na dominação das Metrópoles do que o sentir pesar-lhe uma tal carga, e ficar sempre acurvado debaixo de tão duras Leis?[95]

O abade afirma, portanto, que o processo de colonização teria engendrado interesses contraditórios entre colônias e metrópo-

---
94 Idem. p. 198.
95 Ibidem p. 200-201.

les que, deduzidos da própria natureza da colonização, tenderiam a provocar situações de conflito entre metropolitanos e colonos.

Ademais, De Pradt denuncia as desigualdades das metrópoles europeias, no que diz respeito ao desenvolvimento de sua indústria e riqueza, o que conduziria, necessariamente, ao comércio ilícito entre colônias de uma metrópole e outras potências estrangeiras, já que o contrabando pode oferecer mais vantagens às colônias do que o comércio exclusivo com suas respectivas metrópoles. Nesse sentido, conclui que o regime de exclusividade comercial, característica fundamental da colonização europeia da América, "tem em si mesmo o princípio de sua destruição".[96]

A tradução é seguida de comentários dos redatores em favor do livre comércio em função de "temores" de restabelecimento do sistema colonial, ou seja, o jornal apropria-se da autoridade do abade De Pradt para reforçar a "retórica da recolonização", e ao mesmo tempo, testemunha mais uma vez a operacionalidade, do ponto de vista discursivo e identitário, da oposição entre colonos e metropolitanos como poderosa ferramenta de disputa política, desembocando na intensificação de oposição de interesses entre Brasil e Portugal.

Contudo, a ideia de De Pradt mais apropriada pelo periodismo luso-americano de 1821 e 1822 foi a comparação feita entre colônias e o processo de desenvolvimento humano, que incluía a metáfora do relacionamento entre pais e filhos para referir-se a metrópoles e colônias. Sobre esse aspecto, é importante salientar que, se por um lado De Pradt defendeu a emancipação das colônias em relação às metrópoles como um processo natural, nem sempre essa ideia de emancipação era entendida, pela imprensa periódica do Rio de Janeiro, como separação total do Brasil em relação a Portugal. Mas, conforme o desenrolar da dinâmica política intensificava as incompatibilidades entre o governo de D. Pedro e a autoridade das Cortes, esse quadro de reflexões assumia, progressivamente, a capacidade de fundamentar projetos de separação absoluta do Brasil em relação a Portugal, em meio aos quais "emancipação" tornar-se-ia sinônimo de "independência".

---

96 *Ibidem*.p. 201. Convém reiterar que esse argumento foi bastante profícuo na historiografia moderna sobre a colonização portuguesa da América, embora em outras chaves interpretativas e com direcionamento marxista. PRADO JUNIOR, Caio. *Op. cit.*; NOVAIS, Fernando Antônio. *Op. cit.*

Em setembro de 1822, o *Correio do Rio de Janeiro* publica carta de um leitor que critica ferozmente a utilização excessiva, pela imprensa periódica portuguesa e luso-americana, da comparação da relação entre Brasil e Portugal com a relação entre pais e filhos. Trata-se de uma leitura que constitui uma voz dissonante à forma como os periódicos do Rio de Janeiro incorporavam as ideias do abade De Pradt. Para o correspondente, essa metáfora jamais poderia ser empregada, já que

> Mãe se chama a aquela que do seu ventre produz um filho, a quem pelas suas forcas físicas, e morais (dela Mãe) procura fazer que prospere sua saúde e educação boa, civilidade etc., etc., etc., e por consequência sua felicidade; ou igualmente merece o mesmo nome também aquela que toma a seu cargo um inocente, filho de outrem, e lhe faz todos os ofícios de uma verdadeira Mãe; mas nós vemos o contrário, e estamos (oxalá que o não estivéssemos!) tão persuadidos, à nossa custa, de tão evidente verdade, que jamais poderemos admitir tão honroso título a tal terra a respeito do Brasil, pois que todas as circunstâncias acima referidas foram ao contrário sempre constantemente praticadas em opressão deste de quem se quer apelidar – Mãe terna, ou Estado Pai – como então se atrevem a tal se intitularem?[97]

Em seguida, mobiliza os principais elementos do *topos* dos "trezentos anos de opressão": denuncia a ausência de universidades no Brasil, a proibição de manufaturas e as restrições ao desenvolvimento comercial e agrícola. Delata suposta a superioridade da colonização inglesa – que teria oferecido às suas possessões americanas segurança, liberdade, civilidade e comércio – e da espanhola – por ter fundado universidades e ter permitido a instalação de algumas fábricas na América. Por fim, protesta contra a tentativa de retirada do príncipe regente e contra os insultos recentes aos luso-americanos, tratados em escritos peninsulares como "hordas de negrinhos e pescados da costa da África", reclamando contra as atitudes das Cortes inseridas pelo autor no

---

97 *Correio do Rio de Janeiro*, N. 134, 23/9/1822.

mesmo processo de opressão que teria marcado toda a presença portuguesa na América. E conclui, perguntando, retoricamente:

> Ah, Sr. Redactor, já não posso conter-me! Rogo-lhe me explique se se deve chamar Mãe, Madrasta, Tutora sem fiança ou confiança ou o que? A quem por sua miséria e caráter abusou da boa fé do pobre inocente, que lhe caiu nas unhas, ao qual deseja chupar-lhe até a última gota de sangue para figurar nédia e prazenteira.[98]

A radicalização das ideias contidas no texto preservou, contudo, a figura de D. Pedro como "liberalíssimo e amigo do Brasil", cujo trono seria sustentado por "puros e sinceros corações brasileiros".[99] Se mediante a própria leitura de De Pradt (via denúncia da incompatibilidade natural entre colônias e metrópoles) era possível uma apropriação que, em última instância, negava outras ideias do próprio abade – como a metáfora do desenvolvimento do ser humano sob tutela e posterior emancipação natural que conduzia à defesa da emancipação com caráter pacífico e gradual – isso não significou o enfraquecimento do prestígio intelectual do autor francês na cena pública luso-americana. O desprezo da metáfora biológica no Correio, não significava o esvaziamento do processo de politização de uma identidade específica do Brasil, pelo contrário, os apelos dirigiam-se justamente aos "corações brasileiros".

As ideias do abade francês foram utilizadas no mundo luso-americano para defender a positividade e inevitabilidade da independência do Brasil, tendo em vista os conflitos entre o governo de D. Pedro e as Cortes, mas também permitiram compreender a emancipação como um processo natural, que não negava, absolutamente, as relações do Brasil com sua "mãe pátria". Ao mesmo tempo, fortaleciam a ideia de que a independência do Brasil não deveria incorrer nos "excessos" de sua vizinhança hispano-americana, já que a independência do Brasil se consolidou sob a égide da legitimidade dinástica de D. Pedro. Vale a pena lembrar as advertências do autor quanto à necessidade

---

98 *Idem.*
99 *Ibidem.*

de preparar a emancipação, e sua recomendação para que ela fosse levada à cabo com a preservação da forma monárquica de governo, ideias que se enquadravam perfeitamente ao projeto político que, ao longo de 1822, despontava como dominante no cenário político luso-americano. A politização da identidade brasileira via argumentos de natureza histórica – como a denúncia dos três séculos de opressão – e de natureza filosófica – como a apropriação das ideias do abade De Pradt – foi acompanhada por argumentos que giravam em torno de uma ideia política de América, ou seja, um sentido político específico da América, não apenas restrito à sua situação geográfica.[100] Trata-se de, em primeiro lugar, afirmar a América como o conjunto de possessões coloniais das metrópoles europeias – algo que caracterizava, segundo De Pradt, a colonização moderna - e, em segundo, compreender esse espaço como destinado a um futuro político próspero e viável, isto é, sem as próprias metrópoles.[101]

A carga semântica depositada sobre a ideia de América esteve marcada, desde meados do século XVIII até meados do XIX, pela contribuição e debate de escritores europeus. Desse conjunto de reflexões depreendem-se duas posições opostas: em primeiro lugar, a afirmação da América como lugar de abundância e promessa de prosperidade e, em segundo, a denúncia de sua imaturidade, degeneração, insalubridade e incapacidade para vida civilizada.[102] Mais do que isso, a América, quando vista em sentido positivo, era considerada politicamente viável justamente por também compor um cenário de civilização.

É importante ressaltar, contudo, que essas duas posições não eram estanques, mas se misturavam e se confundiam. Por um lado, tendo em vista a fundamentação de projetos políticos mais ime-

---

100 PIMENTA, João Paulo G. Portugueses, americanos, brasileiros: identidades políticas na crise do Antigo Regime Luso-americano. *Op. cit.*
101 *Idem.* Sobre o mesmo tema, ver: FERES JUNIOR, João. & MADER, Maria Elisa. América/americanos. In: FERES JUNIOR, João (org.) *Léxico da História dos Conceitos Políticos do Brasil.* Belo Horizonte: Editora da UFMG, 2009. p. 25-42.
102 *Idem.*

diatos, defendia-se a positividade da América; e por outro, não se desprezava a importância da Europa como elemento civilizador.

Evidentemente, os periódicos fluminenses publicados em 1821 e 1822 utilizaram-se, com frequência, da primeira posição como arma para defesa dos interesses do Brasil, conforme é possível observar, em janeiro de 1822, nas páginas do *Reverbero Constitucional Fluminense*:

> E houveram homens que se persuadissem que o Brasil, esse país abençoado, dividido pelos dois Gigantes dos Rios, que em seu curso imenso e fecundo percorrem vastos Continentes, em cujos Climas a Natureza semeou tantos Colossos, e em cujo solo estabeleceu a Pátria do ouro e dos Diamantes; um país onde não eram preponderantes esses corpos privilegiados, que iguais às grandes montanhas que ou cansam a terra por seu peso, ou a esterilizam por sua sombra impedem sempre o voo remontado e pleno da Liberdade, estendesse outra vez os braços aos grilhões que largara![103]

A unidade do Brasil era fundamentada no reconhecimento de limites territoriais naturais (do Amazonas ao Prata), assim como na afirmação de especificidades geográficas e societárias que diferenciariam Brasil e Portugal. A narrativa pressupõe naturezas históricas entre os dois reinos no enfrentamento da crise compreendida, a partir de 1820, como a luta contra o Antigo Regime. Enquanto o primeiro supostamente lutava contra a preponderância de "corpos privilegiados", o Brasil buscava a reciprocidade entre os dois reinos. Pela inexistência de uma sociedade estamental rígida, o reino americano se tornaria, portanto, mais favorável à liberdade. Aponta para especificidades geográficas, climáticas e societárias que diferenciariam historicamente Brasil e Portugal.

No mesmo sentido, em abril de 1822, o *Reverbero* dirigiu-se contra aqueles que denunciavam a suposta infância do Brasil. Disse ser a juventude do reino americano favorável à Liberdade, uma vez que "a mocidade, no sentir de um grande Político, é para as Nações, assim como para os Indivíduos, o momento de tomarem

---

103 *Reverbero Constitucional Fluminense* n. XI, Tomo I, 22/01/1822, p. 129.

boas inclinações".[104] Ao argumento de que o Brasil tem uma população reduzida e que sofre com a mistura de cores, respondeu:

> Os obstáculos que se fazem nascer da mistura de cores ou não devem assustar-nos ou assustam menos do que aqueles que na Europa resultam das grandes Classes da Nobreza e Clero, que o Brasil felizmente não conhece.[105]

A afirmação de uma formação social específica do Brasil se dá a partir da denúncia dirigida à rigidez da sociedade estamental europeia, em contraposição à fluidez da sociedade colonial americana.[106] A juventude do Brasil associada a sua formação societária particular, apresenta-se, portanto, como elemento que tornaria o Brasil mais propício à liberdade do que o reino peninsular. Essa operação, por sua vez, confunde-se com a distinção estabelecida entre "Europa" e "América", já que, na estrutura argumentativa, "Europa" e "Portugal" são termos intercambiáveis, assim como "Brasil" e "América".

Misturam-se aos argumentos de natureza histórica e filosófica aqueles que atribuem ao Brasil características geográficas e naturais peculiares, como fizeram os *Annaes Fluminenses de Sciencias, Artes e Litteratura*. Em meio a uma apresentação de dados estatístico-populacionais sobre o Brasil, o autor faz uma digressão sobre suas potencialidades:

> o Brasil (...) acha-se criado, não tem necessidade, de não da mais bem proporcionada administração. Extensão, população, felicidade de situação, fertilidade de terreno, solidez de limites, tudo nele se acha, tudo nele se encontra

---

104 *Reverbero Constitucional Fluminense* n. XXIII, Tomo I, 16/04/1822. p. 276

105 *Idem* p. 277

106 Essa ideia encontra ressonâncias, inclusive, na historiografia contemporânea. Ver, por exemplo: NOVAIS, Fernando A. Condições de privacidade na colônia. In: NOVAIS, Fernando A (dir.). & SOUZA, Laura de Mello e (org.) *História da vida privada no Brasil*. São Paulo: Companhia das Letras, 1997. (V. I. Cotidiano e vida privada na América portuguesa).. p. 13-39. Ver, ainda: FERNANDES, Florestan. A sociedade escravista no Brasil. In: *Circuito fechado. Quatro ensaios sobre o "poder institucional"*. São Paulo: Hucitec, 1976.

reunido, e como temos um governo paternal que trabalha em sua utilidade, em pouco tempo há de o Brasil mostrar ao mundo um dos seus mais belos Impérios.[107]

O artigo antevê um futuro próspero à monarquia portuguesa, desde que estabelecida no Brasil, considerado como sua porção mais importante. Aqui, o texto afirma a valorização do Brasil no conjunto da monarquia portuguesa, com a preservação de sua integridade. Entretanto, o desenrolar da dinâmica política permitiu que se utilizasse, cada vez mais, a mesma estrutura argumentativa para fundamentar o direito do Brasil à independência. Tudo isso associado a uma ideia mais ampla de que se vivia um novo tempo, marcado pela prosperidade da América em detrimento da Europa.

Segundo o jornal *O Papagaio*, de 4 de maio de 1822, a observação das experiências históricas recentes permitia concluir que "assim como caducou a Ásia, principia a caducar a Europa". A América, por sua vez, "vai tomando posição de decidir dos destinos do Mundo". No mesmo sentido afirma *O Espelho*, de 25 de junho de 1822, para quem a Europa apresentaria um quadro monótono, enquanto a América:

> aparece abundante de revoluções prodigiosas, que a tornam objeto interessantíssimo para a observação do Político. A época profetizada pelos escritores mais atilados se apresenta com caracteres de força e de grandeza, que excedem talvez a expectação, e o assombro se mistura insensivelmente com o alvoroço da novidade. Por este motivo preferimos extrair das folhas estrangeiras, de que ora abundamos, os artigos, que dizem respeito a esta parte do Mundo dantes tão pouco considerada. A fiel tradução d'estes artigos oferecerá ao leitor vasto campo de sérias reflexões, e talvez de proveitosas lições.

João Paulo G. Pimenta já assinalou de maneira contundente algo que podemos observar aqui de forma clara, ou seja, como uma experiência hispano-americana criaria, nesse momento no Brasil, dois principais tipos de paradigmas – um negativo, sinôni-

---

[107] *Annaes Fluminenses de Sciencias, Artes, e Literatura*. Rio de Janeiro, 1822

mo de anarquia e desordem e por isso um exemplo a ser evitado, mas também um positivo e propositivo, apresentando muito concretamente a separação entre colônias e metrópoles como uma alternativa possível. É este último que parece informar a reflexão de *O Papagaio* ao priorizar a veiculação de notícias sobre a América. Nesse sentido, é fundamental salientar o esforço empreendido por alguns importantes periódicos fluminenses, em meados de 1822, em criar uma narrativa histórica recente do Brasil inscrita em uma narrativa mais ampla sobre a emancipação da América, apresentada como desejável e irreversível e que, ademais, já estava em curso. É o que fazem os redatores do *Reverbero*, em 02 de julho de 1822. No artigo em questão, os redatores defenderam que toda a América é "naturalmente desejosa da Liberdade, como um filho que anela emancipar-se para gozar por si mesmo".[108] Após enumerar as especificidades históricas do Brasil nesse movimento mais amplo da América em direção à emancipação, advertem que "um velho sistema de monarquia quase absoluta, plantado em um terreno tão novo, nem podia prosperar, nem era coadunado aos progressos da civilização do presente século"; ou seja, a América teria, pela sua "juventude" e "natureza", uma propensão à Liberdade diferente da Europa.[109] Ademais, é recorrente a defesa de que a própria natureza teria separado o hemisfério europeu e o americano pelo Oceano Atlântico. Com isso, defendia-se que "a demarcação política há de separar-se pela demarcação física".[110]

---

108 *Reverbero Constitucional Fluminense* n. 6, Tomo II, 02/07/1822.

109 *Idem*.

110 *Reverbero Constitucional Fluminense* n. 17, Tomo II, 17/09/1822. A citação faz parte de um conjunto de notas de rodapé acrescentadas à publicação, no jornal, de um libelo político a respeito da independência da América espanhola - a *Solución a la cuestión del derecho sobre la emancipación de América*, de autoria do espanhol natural de Cuba, Joaquín Infante. A obra fora publicada dois anos antes, na Espanha. No *Reverbero*, tem longos trechos estampados numa tradução para o português, acrescentados de 29 notas de rodapé, nos seguintes números: N.17, Tomo II, 17/9/1822; N.18, Tomo II, 24/9/1822; N.19, Tomo II, 1/10/1822; e N.20, Tomo II, 8/10/1822. PIMENTA, João Paulo G. La independencia de Hispanoamérica en las páginas de un periódico de Brasil: paralelismos, pronósticos y articulaciones políticas (1820-1822). In: FRASQUET, Ivana. (Org.). *Bastillas, cetros y blasones: la independencia en Iberoamérica*. Madrid: Ma-

Afirmação da inevitável independência da América apoiada na ideia de maturidade do continente e na autoridade intelectual do abade De Pradt; defesa de uma formação societária particular e mais propícia à liberdade na América; reconhecimento de que características geográficas e naturais específicas eram supostamente propiciadoras de um futuro próspero ao Brasil; e a constatação de que o Brasil poderia e deveria ser independente porque toda a América já o era. Tal conjunto de ideias fundamentou projetos políticos que viabilizaram a independência do Brasil.

Além da própria leitura da experiência colonial como sinônimo de opressão e, por isso, passível de ser superado, esse quadro de ideias é informado por alto grau de temporalização da experiência histórica, fortalecendo a constatação de que um dos elementos essenciais, criadores de condições para concretização da independência, consistiu em um discurso com forte poder de interação com uma realidade em profunda transformação, e que teve na leitura do passado uma forma de organização do presente e ao mesmo tempo de definição em relação ao futuro.

POLITIZAÇÃO DO DISCURSO HISTÓRICO NAS PROVÍNCIAS DO BRASIL EM 1822

A materialização da crise nas diferentes partes da América portuguesa caracterizou-se por uma grande complexidade. As lutas políticas que resultaram na separação política entre Brasil e Portugal, assim como a discussão pública de assuntos políticos, não se restringiram, evidentemente, à dinâmica política do Rio de Janeiro. Nas diferentes províncias do Brasil, as questões políticas não estavam circunscritas à escolha entre a adesão ao governo do Rio de Janeiro e às Cortes de Lisboa. Contudo, é inegável que a dinâmica das províncias e os projetos políticos gestados no Rio de Janeiro se articularam a um processo mais amplo, integrado pelos movimentos particulares. Em outras palavras, as contradições e desarticulações aparentes entre a dinâmica política fluminense e os elementos específicos das outras províncias são partes recíprocas de uma mesma totalidade histórica, pressuposto fundamental e alternativo a uma abordagem que subordina demasiadamente a complexidade da crise nas províncias à oposição entre as Cortes de Lisboa e o governo do Rio de Janeiro, e, ao mesmo tempo, a um enfoque que supervaloriza as especificidades das realidades locais.[111] Mesmo que a dinâmica política de cada província se desenrole de maneira muito mais complexa do que a oposição entre os partidários das Cortes e os alinhados ao governo do Rio de Janeiro, após a definição da polarização entre o Congresso lisboeta e o governo de D. Pedro, a partir de dezembro de 1821, as demais províncias ficaram numa situação em que era impossível ignorar essa polaridade. Em outras palavras, qualquer distanciamento de propósitos ou dificuldades na aliança com um dos centros políticos podia ser entendido como adesão ao lado oposto, posicionamento extremamente relevante para a compreender a politização das identidades coletivas.

No plano das ideias, mais importante do que distinguir entre uma suposta realidade e sua representação, é sublinhar que as próprias elaborações discursivas em torno da politização das identidades coletivas apresentavam-se como uma das dimensões da realidade, ou seja, mesmo que o dinamismo político não se resuma às suas expressões discursivas, tais expressões muitas vezes produzem transformações, tornando-se, assim, componentes ativos da realidade histórica. Daí a relevância de confronto da ideia central deste estudo – a centralidade da criação e utilização pública de argumentos históricos como um dos elementos no processo de politização de uma identidade brasileira e de viabilização da própria independência do Brasil – com a realidade das diferentes províncias. Esse confronto permite, portanto, avaliar o alcance e a pertinência da hipótese geral.[112]

---

111 SOUSA, Maria Aparecida Silva de. *Bahia: de capitania a província (1808-1823)*. São Paulo: Faculdade de Filosofia, Letras e Ciências Humanas da Universidade de São Paulo, 2008. (Tese de Doutorado).

112 Nesta seção analisou-se brevemente a politização do discurso histórico nas províncias que conheceram a publicação de periódicos entre 1821 e 1822, ou seja, Pará, Bahia e Pernambuco. Não foram encontrados elementos suficientes, na leitura e análise do único periódico publicado no Maranhão, para realizar apontamentos de pesquisa sobre a leitura e mobilização política e identitária da história na imprensa dessa província.

O Grão-Pará foi a primeira capitania a aderir ao constitucionalismo no Brasil. Mas o primeiro periódico a ser publicado na província, *O Paraense*, surgiu apenas em abril de 1822.[113] Em 1821, a dinâmica política paraense fora marcada pela oposição entre os mentores intelectuais da adesão ao constitucionalismo e os membros da Junta do Governo. A partir de meados de 1822, com a chegada do brigadeiro José Maria de Moura ao Grão-Pará, esse quadro se reconfiguraria. Em março de 1822 procederam-se as eleições para a composição de uma nova Junta de Governo, de acordo com as instruções das Cortes presentes nos decretos de 01 de outubro de 1822. Nomeado para assumir o governo das armas, o brigadeiro Maria de Moura assumiu seu cargo em abril. Tais acontecimentos marcaram o início da oposição entre o governo civil e o governo militar, na província. Concomitantemente, Felippe Patroni arquitetava a instalação da primeira tipografia no Grão-Pará e a fundação do primeiro periódico da província, *O Paraense*, que se tornaria o principal veículo de oposição ao governador de armas.[114]

Salienta-se que, no decorrer da investigação, procedeu-se a um mapeamento e análise de fontes disponíveis na Biblioteca Nacional do Rio de Janeiro, no Arquivo Edgard Leuenroth da Universidade de Campinas e no Instituto de Estudos Brasileiros da Universidade de São Paulo. Não se obteve, portanto, acesso às coleções completas dos periódicos publicados nas diferentes províncias, o que, evidentemente, impôs limites à pesquisa empírica. Agradeço aos professores André Roberto de Arruda Machado e Denis Antônio Bernardes e a Ariel Feldman o acesso a alguns números dos periódicos provinciais.

113 Circulou de 1 de abril de 1822 a fevereiro de 1823. Até o número 6, seu redator foi Felippe Alberto Patroni Martins Maciel Parente. Acusado de ofender o rei em uma de suas proclamações proferidas em 1821, Patroni é preso em maio, quando a redação do jornal é assumida pelo cônego João Batista Gonçalves Campos.

114 Obteve-se acesso a pouquíssimos números d'*O Paraense*: os primeiros dezesseis números do jornal, recuperados pelo Projeto Resgate, e três números transcritos por Geraldo Mártires Coelho como anexo de seu trabalho: o número 32 do jornal, datado de 7 de setembro de 1822, o Suplemento ao N. 40, de 5 de outubro de 1822, e o número 44, de 19 de outubro de 1822. COELHO, Geraldo Mártires. *Anarquistas, demagogos e dissidentes. A imprensa liberal no Pará de 1822*. Belém: CEJUP, 1993.

Segundo Geraldo Mártires Coelho, os primeiros números do periódico caracterizaram-se pelas críticas aos "efeitos do despotismo" no Grão-Pará, à corrupção e à burocracia provincial. Ainda segundo Coelho, Patroni via na dinâmica política do Rio de Janeiro uma capacidade potencial de separação de parte do Brasil em relação a Portugal, mas ressaltava que tal condição não interessaria às províncias do Norte. A partir de seu número 6, o jornal passa a ser dirigido pelo Cônego João Batista Gonçalves Campos,[115] momento em que, segundo Coelho, o periódico deixa de lado as preocupações filosóficas, características dos artigos de Patroni, em favor do debate sobre questões mais concretas do Grão-Pará, a saber, as críticas severas ao Governador de Armas da província.

Dos exemplares analisados, foram encontradas críticas ao Governo de Armas que, pontualmente, deixam entrever um possível questionamento às práticas coloniais vigentes antes do advento do constitucionalismo, mas essa associação não é desenvolvida por Patroni. Administração "viciosa dos capitães generais"[116] e críticas aos "áulicos do Rio de Janeiro" que tentavam "reduzir o Brasil ao antigo despotismo"[117] são temáticas que se apresentam de maneira fragmentada e esporádica no pequeno volume de números analisados, algo que sugere que a leitura crítica do passado não assumiu, na atividade impressa paraense, o caráter de politização de identidades coletivas tal como o que ocorrera em alguns jornais fluminenses. Mas é inegável que as denúncias ao "antigo despotismo", assim como a pronta adesão da capitania ao constitucionalismo, sinalizam para a existência de uma base intelectual comum, segundo a qual, já se vivia um novo tempo em oposição ao anterior, ou seja, tratava-se de um universo político compartilhado.

A historiografia sobre a dinâmica política provincial adverte que o universo de questões políticas do Grão-Pará não estava

---

115 Patroni afasta-se da redação d'*O Paraense* por ter sido preso e enviado para Lisboa, acusado de, em 1821, ter faltado com respeito ao rei, em um de seus pronunciamentos proferidos em Lisboa.

116 *O Paraense*, N. 2, 25/5/1822.

117 *O Paraense*, N. 3, 29/5/1822. Trata-se da transcrição de um número da *Sentilena Constitucional Bahiense*, defensor da união das províncias do norte com Lisboa e critica severamente a regência de D. Pedro.

completamente circunscrito ao alinhamento ao governo do Rio de Janeiro ou às Cortes de Lisboa. Questões como o desmantelamento ou a manutenção de um bloco regional formado pelo Grão-Pará, Maranhão, Mato Grosso e Goiás, assim como a divisão da sociedade em diversos grupos e a necessidade de assegurar a ordem social interna, foram fundamentais para a sociedade paraense na definição de seus rumos políticos.[118] Dessa forma, em função da especificidade dos projetos políticos, a leitura do passado também se alterava.

Contudo, alguns elementos da dinâmica política, de uma maneira mais geral, permitem inserir a província em um universo político mais amplo; afinal, os habitantes do Pará compartilhavam do constitucionalismo, que por sua vez trazia consigo a ideia de regeneração e que, em última instância, remetia ao reconhecimento de que se vivia um tempo novo, movimento permeado por uma perspectiva temporal na compreensão das transformações políticas.

Mesmo que a leitura do passado com direcionamento crítico às práticas vigentes durante a colonização não tenha se realizado, a historiografia mais recente sobre o tema assinala que o governo de armas da província acusava *O Paraense* de veicular ideias separatistas, e pressionava a Junta de Governo Civil para punir seus redatores. Esse dado é extremamente relevante, pois as acusações só encontravam fundamento porque eram verossímeis, já que a possibilidade de independência política era amplamente reconhecida também na província.

Em junho de 1822, chegaram ao Pará as notícias do Rio de Janeiro sobre a convocação dos procuradores gerais de província, o que obrigou o governo civil a uma tomada de posição em relação à oposição, já bem definida, entre as Cortes de Lisboa e o governo do príncipe regente. Segundo André Machado, "o aprofundamento do processo de partidarização da sociedade paraense e a impossibilidade de que qualquer um dos grupos políticos conseguisse alcançar uma posição hegemônica definiram, em grande medida, os limites das ações destes homens e a viabilidade ou não

---

118 MACHADO, André Roberto de Arruda. As esquadras imaginárias: no extremo norte, episódios do longo processo de independência do Brasil. In: István Jancsó. *Op. cit.*, p. 303 – 343.

de seus projetos políticos daqui por diante".[119] Esse equilíbrio de forças, segundo o mesmo historiador, levou o Pará a depender de variantes exógenas para sua estabilidade política, ou seja, a manutenção ou o desmantelamento do bloco regional formado pelo Pará, Maranhão e Piauí, Mato Grosso e Goiás, e a intervenção de forças armadas externas.

Mesmo na escassez de dados empíricos sobre as leituras do passado, é razoável afirmar que estas estavam sujeitas a variações impostas por questões específicas no Grão-Pará. No entanto, a partir do acirramento da polaridade entre Cortes e governo de D. Pedro, que já não podia ser desprezada pela sociedade paraense, essas leituras do passado tendiam também a se inserir em um debate que inevitavelmente levava à inserção de elementos discursivos específicos a um enquadramento identitário geral.

O conflito entre o governo civil e a imprensa paraense, de um lado, e o Governador de Armas, de outro, permaneceria até março de 1823, quando o brigadeiro Maria de Moura decidiu permanecer na província, desobedecendo as ordens das Cortes, de novembro de 1822, para deixar o cargo e retornar a Lisboa. Em março de 1823, por meio de um golpe, a segunda Junta de Governo, eleita de acordo com as instruções das Cortes, foi deposta e substituída por uma nova Junta civil, composta por partidários do governador de armas. No primeiro semestre daquele ano, a Constituição portuguesa foi jurada no Grão-Pará, concomitantemente à organização de uma esquadra, liderada por Lord Cochrane, sob as ordens de D. Pedro, para obrigar as províncias resistentes ao reconhecimento do Império do Brasil. Em agosto de 1823, sob pressão da presença do capitão-tenente John Grenfell na costa paraense, e sob o impacto da adesão do Maranhão ao governo de D. Pedro, a província reconheceu o Império do Brasil.

Na Bahia, o ano de 1822 também foi marcado por grande instabilidade política, mas, diferente do Grão-Pará, os embates políticos travados naquela província foram intensamente discutidos

---

119 MACHADO, André Roberto de Arruda. *A quebra da mola real das sociedades. A crise do Antigo Regime Português na província do Grão-Pará (1821-1825).* São Paulo: Faculdade de Filosofia, Letras e Ciências Humanas da Universidade de São Paulo: 2006. (Tese de Doutorado) p. 155.

na imprensa periódica local. A propósito, a Bahia já acumulava uma experiência relacionada à discussão pública de assuntos políticos, já que o primeiro periódico a circular na província foi a *Idade d'Ouro do Brazil*, desde 1811.[120] No início de 1822, a província preparava-se para a eleição de uma nova Junta Governativa em cumprimento aos decretos das Cortes, de outubro de 1821. As eleições ocorreram entre 1 e 10 de fevereiro de 1822. Em 15 de fevereiro, chegou à província a notícia de nomeação do brigadeiro Madeira de Mello para o Governo de Armas, o que causou grande agitação entre os membros que compunham a sociedade política baiana.

Sob alegação de temores de perturbações da ordem social e de dúvida quanto à autenticidade dos diplomas que nomeavam Madeira de Mello ao cargo, a Junta de Governo recentemente eleita pediu ao Senado da Câmara de Salvador para decidir sobre a questão. A Câmara, por sua vez, negou-se a reconhecer o diploma de nomeação de Madeira e, como consequência, a Junta tentou propor a composição de um Governo Provisório de Armas. O impasse provocou confrontos de tropas em Salvador entre os dias 19 e 20 de fevereiro, com a prisão do antigo Governador de Armas da província, Manuel Pedro.

Thomas Wisiak, ao analisar a atuação dos deputados baianos nos debates parlamentares, defende que o que estava em questão eram as divergências entre a concepção da nação una e indivisível – dotada de uma soberania igualmente indivisível –, defendida por alguns protagonistas políticos do vintismo, e a compreensão que os protagonistas políticos da Bahia tinham do mesmo conceito. Para estes, a questão da autonomia local frente ao Congresso passava pelo viés da autonomia da escolha do Governo de Armas o que, neste momento, era considerado um ato de desobediência ao juramento às Cortes realizado anteriormente.[121]

Por outro lado, Maria Aparecida de Silva Souza demonstra que, na complexa dinâmica política provincial, havia um ambiente de

---

120 SOUSA, Maria Aparecida Silva de. *Op. cit.*
121 WISIAK, Thomas. *A nação partida ao meio: tendências políticas na Bahia na crise do Império Luso-brasileiro*. São Paulo: Faculdade de Filosofia, Letras e Ciências Humanas da Universidade de São Paulo, 2001. (Dissertação de Mestrado).

fermentação política anterior a 1820, represado em decorrência do controle exercido pelas autoridades realistas. No momento em que as condições propícias para sua liberação foram dadas, essa ebulição veio à tona.

A formação do governo provisório, em 1821, tinha por objetivo manter a estabilidade política que atendesse, num equilíbrio frágil, as demandas do clero, das milícias, dos comerciantes e dos agricultores. A exigência da Junta pela autonomia militar em relação às Cortes tinha, portanto, o objetivo de evitar que a divisão entre governo civil e militar neutralizasse o escopo de sua atuação política. Essa complexidade da dinâmica política era, portanto, traduzida, no plano discursivo e identitário, como uma rivalidade entre "portugueses" e "brasileiros". A partir desse momento, as tendências à autonomia local frente ao Congresso eram interpretadas como tentativas de ruptura com Portugal e formação de aliança com grupos do Rio de Janeiro.

Esse universo vocabular que enxergava e denunciava, na dinâmica política local, um embate entre portugueses e brasileiros é muito semelhante àquele presente no Rio de Janeiro, veiculado, principalmente, na imprensa periódica. Contudo, se no Rio de Janeiro, com a proibição do desembarque de tropas na província por D. Pedro desde fevereiro, esse embate se materializava basicamente no âmbito discursivo, por meio da atividade impressa, na Bahia, essa polarização encontrava ressonâncias na realidade vivida de maneira bastante imediata. Afinal, desde a nomeação do general Madeira como governador de armas, instalaram-se tropas, vindas de Portugal, na província. Nesse sentido, os conflitos armados daí decorrentes exerceram um papel fundamental na construção de consciência de pertencimento político, já que, a situação de guerra favoreceu a construção de identidades tendo por base a representação de um destino compartilhado frente ao inimigo, de maneira bastante concreta.[122]

---

122 Remete-se aqui, à analogia do que ocorria no universo político hispano-americano, principalmente à "guerra a muerte" proclamada por Bolívar contra os espanhóis. THIBAUD, Clément. La guerra a muerte. In: *Repúblicas en armas. Los ejércitos bolivarianos en las guerras de Independencia de Colombia y Venezuela*, Bogotá, Planeta-IFEA, 2003, p. 107-148.

Sobre esse aspecto, a imprensa periódica baiana exerceu papel fundamental. De um lado estavam o *Semanário Cívico* e a *Idade d'Ouro do Brazil* que defendiam, de maneira geral, a legalidade das medidas tomadas pelas Cortes, criticando o governo do Rio de Janeiro e acusando seus partidários baianos de intenções separatistas. De outro, estava o *Diário Constitucional*, inclinado à adesão ao governo de D. Pedro.

Não surpreende, diante de uma situação belicosa vivida pelos habitantes da província, que a polarização entre "portugueses" e "brasileiros" para explicar um jogo complexo de forças políticas tenha sido tão intensa na imprensa periódica baiana, característica que, dentre outros fatores, explica a importância da transcrição de periódicos dessa província nos jornais do Rio de Janeiro. À semelhança do que ocorreu na imprensa periódica fluminense, os jornais baianos também realizaram uma leitura do passado que reconhecia especificidades históricas do Brasil em relação à história portuguesa. E mais, as citações recíprocas entre os periódicos de diferentes províncias, tão comuns à época, contribuíam para tornar os universos políticos e discursivos específicos em um universo compartilhado.[123]

---

123 Não foram poucas as referências e transcrições dos periódicos da Bahia nos jornais do Rio de Janeiro. A *Idade d'Ouro do Brazil* foi mencionada e teve alguns trechos transcritos no *Espelho* (de 01/10/1821, 22/04/1822 e 30/07/1822) e no *Correio do Rio de Janeiro* (de 31/07/1822 e 22/08/1822). É mencionada também pelo *Compilador Constitucional Político e Literário* de 26/04/1822, e pela *Malagueta* (de janeiro de 1822 e 30/03/1822). O *Diário Constitucional* é citado, ao menos uma vez, pelo *Reverbero Constitucional Fluminense*, de 08/10/1821, pela *Gazeta do Rio*, de 09/04/1822, pela *Malagueta*, de 30/03/1822 e pelo *Regulador Brasílico-Luso*, de 09/09/1822. Ele ainda tem trechos transcritos no *Correio do Rio de Janeiro* (de 22/06/1822 , 24/07/1822 e 25/07/1822). Em numerosas edições do *Espelho*, é frequentemente elogiado, serve como fonte de credibilidade e tem trechos transcritos. O *Semanário Cívico da Bahia* é citado, comentado e muito criticado por vários periódicos do Rio de Janeiro: *Reverbero Constitucional Fluminense* (1/12/1821 e 9/4/1822), *Espelho* (21/11/1821, 1/2/1822, 15/2/1822, 10/5/1822 e 18/6/1822), *Gazeta do Rio de Janeiro* (11/10/1821 e 4/4/1822), *Correio do Rio de Janeiro* (11/4/1822, 26/4/1822, 30/7/1822, 31/7/1822, 25/7/1822 e 1/10/1822) e *Malagueta* (janeiro de 1822, fevereiro de 1822, 30/3/1822, 13/4/1822 e 24/4/1822). O único periódico do Rio de Janeiro a elogiar o *Semanário Cívico* foi o *Compilador*

Em 23 de março de 1822, o *Diário Constitucional* publicou um interessante artigo que exemplifica esse processo. A questão principal girava em torno da possibilidade da existência de um centro do Poder Executivo no Brasil, debate suscitado pela decisão de D. Pedro em permanecer no Brasil, e pelas críticas do *Semanário Cívico* a essa decisão. Após uma breve conclusão sobre os possíveis resultados da discórdia a partir da mobilização de exemplos históricos, o artigo adverte que "os Habitantes do Brasil tem os mesmos direitos civis e políticos que os Habitantes de Portugal e Algarves". E logo depois, empreende uma comparação entre o período de "300 anos da mais ruinosa administração" no Brasil e a experiência histórica recente que, a partir de 1807, teria trazido ao Brasil "benefícios incalculáveis".[124] O redator concluiu o artigo defendendo a existência de um centro do Poder Executivo no Brasil como algo totalmente compatível com a unidade da monarquia portuguesa e com os princípios constitucionais.

Em 3 de abril de 1822, o mesmo *Diário Constitucional* propõe uma reflexão sobre as causas das calamidades públicas na cidade de Salvador. Segundo o redator, elas residiriam na tentativa de alguns de "convencer os europeus que os brasileiros desejam a independência". Como resposta, o redator inicia sua contundente reflexão:

> Não sendo possível penetrar os corações dos Brasileiros para a priori demonstrarmos a proposição, de força havemos fazê-lo a posteriori, deduzindo dos antecedentes os consequentes, ou do que até hoje tem praticado os Brasileiros, o que quererão praticar de hoje em diante.[125]

Neste artigo a diferenciação entre portugueses e brasileiros estrutura a argumentação. A frase demonstra de maneira clara uma questão que permeia qualquer estudo que pretenda enfrentar o

---

Constitucional, em 26/04/1822. O *Baluarte Constitucional*, o *Analysador Constitucional* e a *Sentinela Constitucional Bahiense*, jornais de menor expressividade e com duração efêmera, são mencionados pontualmente pelo *Correio do Rio de Janeiro*, de 1/10/1822.

124 Pela força e exemplaridade dos argumentos apresentados, esses elementos do artigo foram analisados na seção anterior deste capítulo, intitulada "A mobilização das experiências históricas recentes".

125 *Diário Constitucional*, N. 37, 3/4/1822.

problema das identidades coletivas, ou seja, é impossível "penetrar nos corações" dos portadores das identidades. Para o redator, restaria deduzir da leitura do passado as expressões identitárias que se pretendia compreender. Além disso, o trecho é um ótimo exemplo de como os protagonistas que travaram embates políticos que resultariam na independência tinham plena consciência de que a politização das identidades era um dado da realidade, uma ferramenta política poderosa para a fundamentação de seus projetos políticos.

Aqui, assim como na imprensa periódica fluminense, opera-se claramente a politização de uma identidade especificamente brasileira a partir da leitura da colonização portuguesa da América, mas nesse momento, tal politização tem por objetivo afirmar a fidelidade "brasileira" à causa nacional, desde sempre, embora o Brasil fosse vítima de uma péssima administração:

> O Brasil, apenas descoberto, foi recebendo em seu seio donatários ávidos de governar e se enriquecerem: o Colono ou era régulo ou escravo. Esta administração bárbara acabou quase nos fins do Reinado de D. João III; quando em 1549 foi eleito o Governador General com plena autoridade civil e militar, Tomé de Souza, filho natural da família dos Souzas. Este Governo tão absoluto como era pela reunião das jurisdições, pouco diferia do antigo em que os régulos donatários dispunham arbitrariamente das vidas e propriedades dos míseros colonos. Esta Cidade foi a Capital do Brasil; dela dimanavam os raios da Prepotência que dissolvam as demais Províncias. (...) E apesar de tudo não consta que os Brasileiros tramassem revoluções contra Mãe Pátria; pelo contrário, pelejaram a favor dela; o que se viu pelos anos de 1621, quando, acabando a trégua concertada em Anvers entre as Províncias Unidas e a Corte do Rei Católico, se propuseram aquelas conquistar o Brasil: e durando a guerra até depois da aclamação de D. João IV, e mandando Este, que Pernambuco e as Províncias que se achavam sujeitas ao Governo Holandês depusessem as armas, e obedecessem às Provincias Unidas, os Brasileiros

longe de assim degradarem o seu nome, continuaram a guerra fanáticos pela manutenência do Trono Português. Desta arte nos portamos nós na mor crise talvez da Nacão; e quando disputávamos a nossa Independência. Não falamos nos Reinados intermédios até 1807, pois neles nada obrou o Brasil, que desmentisse a sua conduta antiga. As revoluções de Minas Gerais e desta Cidade, ao ver de todos os homens prudentes de então, não passaram de sonhos inventados pelos Governadores das duas Províncias a fim de se fazerem serviços à Corte, expatriando, sequestrando, infamando, e assassinando as famílias sobre quem recaíam suas atraiçoadas desconfianças.[126]

À semelhança dos periódicos fluminenses, o *Diário Constitucional* parece reconhecer que, a despeito do caráter perverso da colonização, o empreendimento civilizador fora levado a cabo pelos colonos, o que mais uma vez parece ressoar ecos da leitura da *História do Brasil*, de Robert Southey.

Na estrutura argumentativa do artigo, os termos "brasileiros" e "colonos" são intercambiáveis. Contudo, tal consideração foi problematizada pelo redator, já que, segundo o artigo, os *portugueses* se dividiam entre os que vinham para o Brasil apenas para acumular fortuna e aqueles que se estabeleciam no Novo Mundo, consolidando seus interesses em torno do continente americano. Segundo o historiador Thomas Wisiak, "a naturalidade não representava, do ponto de vista dos redatores, um obstáculo intransponível para o entendimento de todos os portugueses. O problema era, digamos, uma mentalidade herdada dos tempos coloniais, em que a diferença entre beneficiários e explorados do sistema era clara", algo sempre prejudicial aos chamados naturais do país.[127]

Deve-se acrescentar às considerações de Wisiak que o reconhecimento de "uma mentalidade herdada dos tempos coloniais" deixava subjacente uma leitura específica da colonização portuguesa da América, qual seja, sua compreensão como sinônimo

---

126 *Idem*.
127 WISIAK, Thomas. *Op. cit.*

de opressão e resumida à perversidade da exploração comercial. Dessa forma, por meio de sua interpretação particular do processo de colonização, o redator reconheceu a existência de uma potencial divergência entre colonos e metropolitanos ditada pela própria natureza da colonização moderna, mas que não fora levada adiante por escolha dos colonos, sempre fiéis à monarquia portuguesa.

O redator também mobiliza tópicos como o que o historiador Evaldo Cabral de Mello chamou, para outro caso, de "imaginário da restauração pernambucana",[128] ou seja, a restauração portuguesa alcançada pelo sacrifício dos colonos a despeito da falta de apoio régio, algo que reforçaria a fidelidade dos colonos à monarquia portuguesa. A seguir, o artigo realiza uma leitura das experiências históricas recentes a partir do ano de 1808. Enfatiza que o príncipe D. João "achou nos corações Brasileiros o acolhimento devido não como súditos, mas verdadeiramente como Filhos, que pela primeira vez encaram o seu Pai comum". Justifica a eclosão da Revolução de 1817 como consequência da "arbitrariedade e pirataria dos áulicos". Por fim, salienta que a pronta adesão das províncias do Brasil à Revolução do Porto seria mais uma prova de sua fidelidade. Conclui debatendo com aqueles que consideravam haver no Brasil o desejo de independência:

> Desejarem agora os Brasileiros que, no Pacto Social novamente celebrado, tenham a seu favor condições iguais às designadas para Portugal é por ventura inverterem a ordem Social e declararem este Reino independente daqueles? Não querem isto somente os Brasileiros; querem-no também os Portugueses aqui residentes, que tem que perder, e que tem família, cujos corações não podem mais sofrer a vara de ferro dos antigos régulos. Perguntamos mais: é sonho a igualdade da Lei ou somente se entende esta a respeito dos Portugueses Habitantes de Portugal, e não dos Habitantes do Brasil? Perde o direito de Cidadão Português o que vem habitar o Brasil para ver-se menoscabado em sua

---

128 MELLO, Evaldo Cabral de. *Rubro veio: o imaginário da restauração pernambucana*. Rio de Janeiro: Editora Nova Fronteira, 1986.

categoria política? Não é Cidadão Português o nascido no Brasil? Então como é crime: como é querer ser Independente o requerer intacto o sacrossanto do Cidadão Português?(...) Para dizer tudo, Independentes queremos todos ser no Exercício dos Direitos que a Natureza quis fossem inalienáveis, e sobre que, ainda vergonhosamente desprezados, não corre trastempo. Pelo que tal Partido de Independência não existe; o que existe é desejo de sermos todos bem governados; o que jamais poderemos conseguir em quanto dermos ouvidos a satélites do servilismo que pretendem ver de novo plantado ao Brasil o ruinoso, o amaldiçoado sistema colonial; mas que hão de ser confundidos em seus planos pelos Pais da Pátria, ora reunidos em Lisboa, não para forjar cadeias, mas para quebrá-las.[129]

É notável que, na estrutura argumentativa, história e natureza se aproximam, de tal modo, que se tornam quase equivalentes, algo que deixa subjacente a ideia de que ambas prepararam o Brasil para a autonomia política. Note-se, ainda, a tentativa de comprovar a fidelidade do Brasil em relação a Portugal a partir da leitura do passado. Essa leitura unifica o Brasil e os "brasileiros" via discurso histórico, em outras palavras, empreende-se uma leitura do passado que reconhece um sentido especificamente *brasileiro* a determinados acontecimentos relacionados à colonização portuguesa da América, ou seja, a exploração comercial da qual teriam sido vítimas os colonos a despeito destes manterem sua fidelidade à monarquia portuguesa. Essa leitura, mesmo que servisse para afirmar a fidelidade ao rei por parte de portugueses americanos, e que não cumprisse, nesse momento, o objetivo de justificar a independência, não deixa de engendrar, também, a politização de uma identidade brasileira e uma ideia de uma história específica do Brasil. Nesse sentido, o *Diário Constitucional*, à sua maneira, parece contribuir, para a "ideia de um Brasil", corpo político dotado de feições próprias, "cuja trajetória única vem traduzida numa história com passado, presente e futuro estruturados em torno da

---

129 *Diário Constitucional*, N. 37, 3/4/1822.

ideia de serviço ao Trono",[130] mas agora, articulada a uma possibilidade, que se tornava cada vez mais viável, de separação política do Brasil em relação a Portugal, sob a égide da legitimidade dinástica de D. Pedro. Dessa forma, o *Diário Constitucional* realizou uma leitura do passado e sua instrumentalização de maneira muito semelhante àquela que se praticava na imprensa periódica fluminense, algo plenamente coerente com a inclinação dos redatores ao governo de D. Pedro. Por meio de artigos e documentos publicados no periódico, identificava-se, nas províncias do sul, "anseios comuns a todos os brasileiros, e somente com a devida atenção a seus direitos é que, para os redatores baianos, estaria garantida a felicidade geral da nação, portuguesa por excelência".[131]

Em março de 1822, os deputados baianos enviaram uma consulta à província que versava sobre a forma de sua união ao restante da monarquia portuguesa. Tal consulta chegou à província em maio, quando já se sabia da decisão do príncipe em permanecer no Brasil, e foi encaminhada às Câmaras pela Junta de Governo. Enquanto algumas Câmaras demonstraram disposição em aderir ao governo de D. Pedro, o governador de armas, Madeira de Mello, impediu a reunião da Câmara de Salvador. Em agosto de 1822, na Vila de Cachoeira, organizou-se um governo alternativo e de oposição ao governo de armas e às tropas presentes em Salvador. Concomitantemente, chegaram à cidade tropas enviadas de Lisboa, e uma divisão naval enviada por D. Pedro e comandada pelo general Labatut.

Enquanto isso, o debate público na imprensa se desenvolvia no sentido de cada vez mais simplificar o leque amplo de forças em disputa na Bahia, no plano político e identitário, em um suposto conflito entre *portugueses* e *brasileiros* e fundado na reiteração da natureza conflituosa entre colônias e metrópoles. A unidade da monarquia portuguesa só poderia ser mantida com a observância da reciprocidade no relacionamento entre Portugal e Brasil, que deveria superar, definitivamente, qualquer relação de subordinação de um reino sobre o outro.

---

130 JANCSÓ, István. Independência, Independências, *Op. cit.* p. 27.
131 WISIAK, Thomas, *Op. cit.*

> Não queremos independicar-nos (sic); mas entretanto não podemos deixar de querer que a nossa administração pública e civil tenha tanto de perfeito, como a de Portugal: não podemos deixar de querer, que se removam todos os inconvenientes que possam encadear a nossa Prosperidade, e constituir-nos vítimas da Arbitrariedade e da Prepotência, Monstros, que tão denodadamente debelamos. Para longe devem de ir as antigas dependências, que por trezentos anos nos contiveram na fome, e na miséria, e ao ludíbrio dos Régulos, que ambiciosa e maquiavélica política se não pejava de enviar-nos. (...) Queremos... Quer o Brasil inteiro um Poder Executivo e um Corpo Legislativo para sua boa governança: não quer porém Independenciar-se: quer viver unido com Portugal, mas não quer ser-lhe sujeito; tal não jurou, é falso, é calúnia dos inimigos do Brasil: um Povo que proclama a Liberdade e os Direitos sacrossantos do Homem, não jura ser escravo de outro, não jura ceder dos mesmos direitos que proclama e para cuja defesa oferece suas vidas.[132]

Em contrapartida, o *Semanário Cívico*, num artigo que confrontava o célebre manifesto de D. Pedro às nações, de 6 de agosto, defendia que os males que assolavam os "brasileiros" seriam da mesma natureza daqueles sofridos por portugueses peninsulares:

> Sim, senhor, é verdade que o Governo Português, pela mesquinhez das luzes do século em que descobriu o Brasil, e dos séculos subsequentes, não empregou, talvez, as melhores Leis para fazer prosperar esta parte do novo mundo (...) Mas as faltas antigas e modernas não podem de modo algum serem atribuídas à Nação Portuguesa e somente ao seu Governo, isto é, aos Ilustres Ascendentes de S. A. R.; porque Portugal era então uma monarquia absoluta, e unicamente do Rei dimanavam todos os bens e males que experimentava a Nação: é tanto verdade que S. A. R. acaba de confessar

---

132 *O Constitucional*, N. 36, 1/7/1822.

que as tiranias, e vexames que Portugal fazia sofrer ao Brasil se estendiam indiferentemente aos Conquistados, e Conquistadores. Logo, os males que experimentava o Brasil, não eram causados pelos Portugueses em geral, que também sofriam os mesmos danos, e sim pelos Reis, que os Governavam: é o Príncipe Herdeiro e Neto daqueles Reis que ousa criminar, à face da Europa, seus ilustres Avós!!!¹³³

Segundo o artigo, com a transferência da Corte, o despotismo teria sido "ainda mais revoltante" e denuncia a corrupção da Corte. A Revolução Portuguesa, como era de se esperar, é apresentada como salvação para esse quadro tenebroso. O redator do *Semanário* enfatiza, ainda, que o processo de colonização não teria sido marcado somente pela perversidade da exploração comercial e pelos males do despotismo:

> S. A. R malignamente só enumera os males que Portugal tem feito ao Brasil para fazer aquele odioso aos Brasileiros e às Nações da Europa, e cuidadosamente oculta os bens que Portugal tem prodigalizado a este País. Se estas não fossem suas sinistras intenções deveria dizer com franqueza e verdade. Portugal, pela ignorância ou desleixo do antigo Governo, fez alguns males ao Brasil, que paralisaram o aumento da sua prosperidade nascente, mas em recompensa, logo depois de sua descoberta, introduziu em seus antropófagos habitantes a Santa Religião de Jesus Cristo, pelo zelo incansável dos *Nobregas, Anchietas, Vieiras*, e outros muitos Padres Ilustres; arrancou do seio de seus montes os preciosos metais, com os braços de seus filhos, que continuamente emigravam para o Brasil; (depois com os braços dos Escravos Africanos) apanhou do leito dos seus rios os diamantes; do seu terreno inculto, tirou todas as produções saudáveis, de que ele era suscetível: não se contentaram somente em domesticar as árvores e plantas naturais que produzia o seu solo, fizeram ainda

---

133 *Semanário Cívico da Bahia*, N. 80, 12/9/1822.

mais, enriqueceram o Brasil com a transplantação dos vegetais e animais dos outros climas: trouxeram da Ásia a laranja a jaca, o coco, a manga, as especiarias das Mulucas e de Ceilão; *os inhames, pimentas, e bananas* d'África; os legumes de Portugal, e todos os animais que são úteis ao homem, e que a natureza havia negado ao Brasil, o gado *vacum, o cavalar, o lanigero, o fiél cão: &c. &c.* da Ilha da Madeira a cana do açúcar; da de Tabago, a planta do tabaco; o café, o cacau da Arábia; que todos estes artigos era privado o Brasil, e os deve privativamente aos Portugueses Europeos, e não à provida natureza, como vaidosamente nos incultam os colaboradores do Manifesto. Edificaram suntuosas Cidades, estagnadas; reduziram as inacessíveis matas a Cidades e Fortalezas flutuantes que comunicavam ambos os Mundos. Todos estes bens que fizeram ao Brasil, no longo espaço de 300 anos, era com grave prejuízo de Portugal, que continuamente se enfraquecia com as emigrações, que diariamente enviava de seus Filhos para o Brasil. Poderíamos fazer uma longa enumeração dos benefícios que Portugal tem feito a este País e os enormes sacrifícios porque tem passado por seu respeito; bastando só apontar as guerras de 1744, e 1776 por causa da *Colônia do Sacramento*, e ultimamente, a de Montevidéu, em 1815 a 1820.[134]

Os "trezentos anos de colonização" foram, portanto, tema de discussão igualmente importante na imprensa periódica baiana. Enquanto no *Diário Constitucional*, eles significaram o período em que *portugueses* teriam deixado os *brasileiros* "na fome, na miséria e ao ludíbrio dos régulos",[135] para o *Semanário*, durante o mesmo período, os portugueses teriam feito bem ao Brasil, conforme o trecho acima exemplifica. A refutação ao Manifesto de D. Pedro continua, pelo menos, por mais três número do *Semaná-*

---

134 *Idem.*
135 *O Constitucional*, N. 36, 1/7/1822.

rio.[136] A presença de um debate na imprensa periódica baiana em torno das interpretações do passado colonial indicam, portanto, a abrangência – inclusive espacial – do tema e a eficácia do discurso em sua capacidade de produzir consciência de pertencimento político, mas também, que não havia unanimidade em torno da questão, embora ela fosse tão importante no debate público da Bahia quanto do Rio de Janeiro. E mais do que isso, compôs um mesmo universo de ideias que esboçava a construção de um passado especificamente brasileiro, de uma História do Brasil, ao mesmo tempo em que seus conteúdos eram utilizados como poderosas ferramentas políticas.

Em agosto de 1822, em Cachoeira, formou-se um conselho interino que passou a disputar com a Junta Provisional de Governo, sediada em Salvador, a linha política a ser adotada pela província frente às Cortes reunidas em Lisboa e à Regência de D. Pedro. Em outubro, o mercenário francês Pedro Labatut reuniu-se aos senhores de engenho e proprietários emigrados de Salvador na Vila de Cachoeira para compor a resistência contra o governo de armas comandado por Madeira de Mello, braço armado das Cortes de Lisboa na Bahia. Esse quadro levaria à guerra civil que perdurou até julho de 1823, quando, sob pressão da presença de uma esquadra comandada pelo oficial Lord Cochrane, a Bahia aderiu ao Império do Brasil.[137]

Em Pernambuco, uma nova Junta de Governo é formada, em outubro de 1821, com destaque a participação de muitos envolvidos na Revolução de 1817 na composição do governo. Conforme demonstrou o historiador Denis Bernardes, a perspectiva da Junta de Governo, até agosto de 1822, sempre foi a de manter a união com Portugal, já que os princípios constitucionais criaram grandes expectativas entre os habitantes de Pernambuco no sentido de combater o arbítrio dos capitães generais e os abusos cometidos na repressão à Revolução de 1817.[138] Contudo, em algumas ques-

---

136 *Semanário Cívico da Bahia* n. 81, 19/09/1822; n. 82, 26/09/1822; e n. 83 - 03/10/1822.

137 WISIAK, Thomas. *Op. cit.*

138 BERNARDES, Denis Antônio de Mendonça. *O patriotismo constitucional: Pernambuco, 1820-1822*. São Paulo-Recife: Hucitec/FAPESP/Editora

tões, a Junta de Governo pernambucana não deixava de discordar com medidas tomadas pelas Cortes. Mais especificamente, recusou de maneira veemente qualquer intervenção armada europeia na província. Em novembro de 1821, decidiu-se pela expulsão do batalhão do Algarve para Portugal. Tratava-se da força militar que ajudou a reprimir a Revolução de 1817. Em janeiro de 1822, discutiu-se sobre a permissão ou proibição do desembarque de tropas portuguesas na província, decidindo-se pela proibição. Ainda segundo Bernardes, a experiência recente de repressão sofrida pelos componentes do governo causava essa repulsa à presença de tropas em Pernambuco.[139]

É somente em março de 1822 que o governo do Rio de Janeiro passa a ser uma referência central no quadro de forças políticas de Pernambuco. Com a notícia da convocação de procuradores de província por D. Pedro, a Junta manifestou dúvidas quanto à constitucionalidade desta convocação e temores de retorno ao chamado despotismo ministerial. Entre março e julho, a Junta de Governo foi pressionada por representantes do Ministério de D. Pedro presentes na província e pela população local, que se manifestou por meio de representações das Câmaras, a declarar publicamente a adesão ao príncipe regente. Diante desse quadro e das notícias que chegavam de Lisboa, a Junta enviou, em julho, uma delegação ao Rio de Janeiro para manifestar apoio ao governo de D. Pedro. Em agosto de 1822, o governo de Pernambuco aderiu definitivamente ao governo do Rio de Janeiro, rompendo com as Cortes.

A dinâmica política da província fora acompanhada de perto pela imprensa periódica local. Além da *Segarrega* e do *Relator Verdadeiro*, que circulavam desde dezembro de 1821, no ano seguinte surgiriam em Pernambuco novos periódicos: a *Gazeta Extraordinária do Governo*, a partir de junho, o *Conciliador Nacional* e *O Marimbondo*, a partir de julho, e a *Gazeta Pernambucana*, a partir de setembro de 1822.[140]

Universitária UFPE, 2006.

139 *Idem.*

140 *O Conciliador Nacional* circulou de julho de 1822 a maio de 1823 e de outubro de 1824 a abril de 1825. Seu redator foi o beneditino Miguel do Sacramento Lopes, lente de retórica do Seminário de Olinda. *O Marimbondo*

A análise dos periódicos pernambucanos revelou que o *topos* dos "trezentos anos de opressão" foi mobilizado por diferentes vozes. Em 27 de julho de 1822, o *Correio do Rio de Janeiro* publicou extrato da *Segarrega* de 3 do mesmo mês no intuito de comprovar que Pernambuco vivia em sossego e em alinhamento com o governo de D. Pedro. Segundo o artigo do *Segarrega*,

> Aparece a Constituição em Portugal, e não tardou muito que a não víssemos adotada em todo o Brasil. Não obstante este testemunho da vontade de todos os povos, que oprimidos, há mais de trezentos anos, por um sistema colonial, anelavam por uma Constituição liberal, surgiu no Rio de Janeiro (de que ninguém se lembra mais) o formidável código do Conde de Palmella.[141]

---

circulou de 25 de julho a 01º de outubro de 1822, quinzenalmente. Escrito sob o pseudônimo de Manuel Paulo Quintela, seu redator foi o Pe. José Marinho Falcão Padilha, mestre régio de retórica do Recife. A *Gazeta Pernambucana* circulou de 14 de setembro de 1822 a 12 de abril de 1824. Seu redator era Manuel Clemente Cavalcante de Albuquerque. A partir do número 4, de 09 de novembro, também contou com a redação do Pe. Venâncio Henriques de Resende. RIZZINI, Carlos. *Op. cit.* Na presente obra, analisou-se um número limitado de edições desses periódicos: nove edições do *Relator Verdadeiro*, dois números da *Gazeta Extraordinária do Governo*, a coleção completa d'*O Marimbondo* (com apenas cinco números), oito números do *Conciliador Nacional* e cinco edições da *Gazeta Pernambucana*. Além disso, alguns artigos da *Segarrega* foram publicados em jornais do Rio de Janeiro. Em abril de 1822, a *Gazeta do Rio* (N. 51, 07/04/1822) e *O Espelho* (N. 46 – 26/04/1822) publicaram extratos do *Segarrega* N. 7, de 09 de março de 1822. Em julho, o *Correio do Rio de Janeiro* publicou extratos do mesmo periódico de 03 de julho de 1822 (*Correio do Rio de Janeiro*. N. 86. 27/07/1822 e N. 87. 29/07/1822). Alguns artigos de periódicos do Rio de Janeiro discutiram com aqueles publicados no *Segarrega*, citando pequenos trechos deste jornal, para, a seguir, refutá-los. São eles, o *Regulador Brasílico-Luso* (Números 4 e 5, de agosto de 1822) e o *Correio do Rio de Janeiro*, em 05 de agosto de 1822, em seu N. 93. A discussão refutava as proposições de uma correspondência publicada no *Segarrega* N. 3, assinada pelo Sr. Filarete. Do debate, depreende-se que o jornal pernambucano questionava a unanimidade da adesão pernambucana ao governo do Rio de Janeiro, ao que os periódicos do Rio de Janeiro combatiam.

141 *Correio do Rio de Janeiro*, N. 86, 27/7/1822. A transcrição prossegue no número 87, de 29 de julho de 1822.

O artigo prossegue recuperando os acontecimentos políticos no Rio de Janeiro impulsionados pela Revolução do Porto, e conclui afirmando a defesa constante de Pernambuco em favor do constitucionalismo. O que importa salientar é que, no trecho acima citado, os "trezentos anos de opressão" são especificamente qualificados como resultado do sistema colonial, ou seja, não se tratava de um despotismo que poderia ser generalizado a todos os portugueses, mas sim, de que foram vítimas apenas portugueses americanos.

No mesmo sentido, em 25 de julho de 1822, *O Marimbondo* realiza uma leitura do passado, nos seguintes termos:

> Já tinham desaparecido mais de três séculos depois que os Portugueses deram com o fértil Continente do Brasil, venceram seus indígenas, misturaram-se com suas famílias, ensinaram-lhes suas virtudes e seus vícios, sua religião e sua impiedade; era o Brasil a vasta e riquíssima colônia de Portugal, sem que o título de Portugueses, que gozavam os Brasileiros, lhe pudessem lhes garantir as mesmas prerrogativas que desfrutavam seus irmãos da Europa. Entretanto que a metrópole, que já himpava [sic] com as imensas riquezas do Novo Mundo, nós desfalecíamos na miséria: ignorava-se o comércio, eram proibidas as fábricas, a terra, sem o ensino da sua cultura, não correspondia aos suores do colono, o jovem Brasiliense, para se amestrar, precisava de ter com que fosse a Coimbra, os mais eram soldados ou padres, senão queriam aplicar-se a algum ofício mecânico, os empregos, ao menos os mais pingues eram providos pela Corte, arrancando-se o pão da boca às famílias brasileiras, os militares do país eram preteridos por aqueles da Europa, que sem esperança de acesso na sua terra, muitas vezes por incapacidade pessoal, vinham até agregar-se aos Corpos do Brasil, cujo comando foi sempre inacessível para os filhos desta malfadada região.[142]

O artigo qualifica de maneira bastante detalhada os males que teriam sofrido os portugueses americanos, vítimas, portanto, da

---

142 *O Marimbondo*, N. I, 25/7/1822.

perversidade da exploração comercial e dos elementos que compunham a colonização portuguesa da América. A seguir, denuncia os altos tributos provocados pela transferência da Corte, com especial destaque ao sofrimento dos "briosos pernambucanos", numa clara referência à Revolução de 1817, agora ressignificada como uma luta entre "portugueses" e "brasileiros", ou entre "colônia" e "metrópole":

> Os briosos Pernambucanos não podiam aturar calados que, aos vencedores dos Belgas, se desse sempre uma vara de ferro em resposta dos seus queixumes, e porque tentaram não ser mais bestas de carga, eles viram a sua Província e mais duas ao Norte transformadas em um teatro de algozes e vítimas, procedimento este menos filho do amor dos Europeus pela metrópole que do terror que haviam concebido de perderem a preponderância sobre os Brasileiros, nascendo daqui também a união que fizeram com os Bachás na época da Constituição que veio regenerar Portugal a fim de os conservarem.[143]

Sua conclusão é a de que se há alguma rivalidade entre "pernambucanos" e "portugueses", ela é ocasionada por portugueses europeus. Embora a afirmação de uma identidade brasileira não seja clara, já que "pernambucanos", "brasileiros" e "brasilienses" se confundem na narrativa, é importante salientar que para o artigo, o motor da explicação das divergências entre portugueses de ambos os hemisférios reside justamente na experiência histórica pautada pela suposta perversidade do sistema colonial. Em outras palavras, ao mesmo tempo em que se reforçava uma identidade de recorte regional, pautada por sua vez, no acúmulo de experiências associado à condição colonial (os "briosos pernambucanos" que também são "os vencedores dos Belgas"), parece haver também, a gestação de uma identidade mais ampla, *brasileira*, que se misturava e se confundia com a primeira. Em setembro de 1822, o *Conciliador Nacional* realizou reflexão semelhante:

---

143 *Idem.*

Uma grande parte dos nossos Irmãos Europeus, avisados de longos anos a olhar o Brasil, como granjas e feitorias d'antiga Metrópole, lembrados que de lá eram governados estes Povos com o bastão de ferro de seus Capitães Generais, saudosos do comércio exclusivo, onde os chamados Negociantes do Brasil não eram mais que feitores e Comissários de seus amos de Portugal, tendo ainda recentes as ideias de preponderância que exerciam outrora nestes Países sobre todos os Negócios, classes e ramos de administrações, casando com preferência nas melhores famílias, empolgando os mais altos e rendosos empregos etc. etc., estranham e se revoltam que o Brasil que eles conheceram, acanhado pupilo, queira deitar as manguinhas de fora; e por mais filosofias, direitos do homem, leis sociais, com que lhes aumentem, custa-lhes a conceber, como pode este Reino estar unido a aquele sem a antiga dependência, proteção e tutoria.[144]

Em 20 de outubro, o *Conciliador* atribuiu à colonização portuguesa o motivo do atraso do Brasil. Após apresentar uma série de medidas que devem ser tomadas e de defender o príncipe regente como a esperança do Brasil, conclui:

> é esta a estrada da glória, e ainda que o Brasil não tenha sido adiantado como pudera pelo sistema opressor de estado colonial, e que por isso não tenhamos generais Brasileiros que façam respeitar sua Pátria e seus nomes, a necessidade, origem fecunda dos grandes inventos, os fará aparecer e dará pulso aos grandes gênios que a mão opressora da Metrópole fazia por sufocar (…).[145]

À semelhança do que Wisiak afirmara na análise da imprensa periódica baiana e, de maneira bastante semelhante àquilo que encontramos no periodismo fluminense, denunciava-se uma mentalidade e um hábito, herdados do tempo colonial, de opressão da metrópole em relação a colônia, deduzindo-se daí a superioridade de

---

144 *Conciliador Nacional*, N. 4, 4/9/1822
145 *Conciliador Nacional*, N. 7, 20/10/1822.

Portugal em relação ao Brasil, conjunto de ideias que o *Conciliador* se propunha a combater. Para o periódico pernambucano, Portugal ficaria numa situação política muito frágil sem o Brasil, por outro lado "entregar os pulsos ao ferro" era considerado "incompatível com o caráter brioso dos heroicos descendentes dos Vieiras, Vidaes, Camarões e Dias",[146] numa clara alusão ao imaginário da restauração pernambucana, nos termos analisados por Evaldo Cabral de Mello.[147] O historiador demonstra como a expulsão dos holandeses "à custa do sangue, vidas e fazendas dos pernambucanos" alimentou o imaginário nativista regional no sentido de compreender a Restauração como empreendimento sustentado pela gente da terra. Para Mello, "as representações, verdadeiras ou falsas, de um grupo social acerca de seu passado, podem ser tão relevantes para explicar seu comportamento, quanto seus interesses materiais".[148]

Esse imaginário, que comportava uma leitura do passado especificamente pernambucana e de forte peso político, começava a se generalizar não apenas como pernambucana, mas também brasileira. Segundo Mello, o presidente da Junta Governativa da província, Gervásio Pires Ferreira, invocava frequentemente a restauração pernambucana em suas correspondências e proclamações. A imprensa periódica da província, conforme demonstrou-se, também recorria à Restauração, em narrativas em que os termos "pernambucanos" e "brasileiros" se confundiam. Ademais, falava-se em "Brasil", "continente do Brasil", "todo o Brasil", "vasta e riquíssima colônia de Portugal" conjunto de expressões que tratavam o Brasil como corpo político autônomo, parte definida e dotada de territorialidade mais ou menos precisa como palco da Restauração. Da Restauração alcançada pela gente da terra, derivara o *topos* da fidelidade dos pernambucanos, o que agora parecia assumir um significado bem mais amplo, no contexto de crescente viabilização da independência sob a égide da legitimidade dinástica de D. Pedro.

No que diz respeito à leitura das experiências históricas recentes na imprensa pernambucana, curiosamente, na documen-

---

146 *Conciliador Nacional*, N. 4, 4/9/1822.
147 MELLO, Evaldo Cabral de., *Op. cit.*
148 *Idem.* p. 19

tação analisada, somente o *Correio Braziliense*, jornal editado em Londres desde 1808, realizou uma leitura do passado que elegia a Revolução pernambucana de 1817 como marco do início da luta do Brasil pela liberdade. Das edições dos jornais pernambucanos analisadas, somente *O Marimbondo*, de 25 de julho de 1822, citou o evento, no sentido de reforçar a ideia de que a Revolução representava a luta pernambucana contra a opressão colonial. Contudo, o historiador Marco Morel salienta a importância da memória e interpretação de 1817 na historiografia nacional brasileira de meados do século XIX, demonstrando que, em uma determinada vertente historiográfica oitocentista, valorizou-se a Revolução de 1817 no interior de uma narrativa histórica nacional, algo que destoava da interpretação hegemônica do Instituto Histórico e Geográfico Brasileiro.[149]

Uma das preocupações da historiografia nacional oitocentista era como lidar com as histórias provinciais, uma vez que um dos desafios para a consolidação do Império do Brasil era a ameaça de desintegração territorial colocada pelos anseios de autonomia política das províncias. Mas os debates oitocentistas sobre como escrever a história nacional brasileira, especialmente no tocante às histórias provinciais, não estavam restritos às atividades do IHGB. Sobre esse aspecto, a memória e a interpretação da Revolução Pernambucana de 1817 foi um divisor de águas. Nesse sentido, o historiador identifica o que chamou de "rubro veio da historiografia pernambucana" no que diz respeito à leitura da Revolução de 1817.[150] Para o padre Francisco Muniz Tavares, eleito deputado por Pernambuco às Cortes de Lisboa, em 1821, à Assembleia Constituinte do Brasil, em 1823, autor da *História da Revolução de Pernambuco*, de 1840, e ligado ao Instituto Arqueológico e Geográfico Pernambucano,[151] a Revolução Pernambucana de 1817

---

149 MOREL, Marco. Nação e revolução: o rubro veio historiográfico no Brasil na primeira metade do século XIX. In: CHAVES, Claudia Maria das Graças. & SILVEIRA, Marco Antônio. (orgs.). *Território, conflito e identidade*. Belo Horizonte, Argumentum, 2008, v. 1, p. 181-206.

150 *Idem*.

151 O Instituto Arqueológico e Geográfico de Pernambuco foi fundado em 28 de janeiro de 1862, aniversário da restauração pernambucana, com o objetivo de recuperar a história pátria e demonstrar a relevância do percurso

deveria ser considerada parte da História do Brasil, num claro esforço de inserir o evento no panteão da história nacional. Enquanto os debates travados no âmbito do IHGB afirmavam, em linhas gerais, que a nação brasileira fora gerada pela iniciativa da dinastia de Bragança, Muniz Tavares propunha uma valorização da Revolução de 1817 como gérmen da nação e precursora do processo de independência do Brasil, algo também presente nas obras de José Inácio de Abreu e Lima escritas entre 1835 e 1845.[152]

Uma investigação sobre as leituras do passado e sua instrumentalização política na imprensa de Pernambuco deve, certamente, perguntar-se sobre o lugar da Revolução de 1817 e suas articulações com a questão identitária e com a construção da história nacional. Embora a leitura sobre o evento realizada pelo *Correio Braziliense* seja única, no conjunto da documentação analisada, é preciso lembrar que a repressão à Revolução era uma experiência bastante traumática e recente para os habitantes de Pernambuco. Dessa forma, o silêncio sobre a Revolução de 1817, entre 1821 e 1822, pode significar apenas que as edições analisadas não apresentaram essa temática, mas também, que a ausência do tema era proposital, tendo em vista evitar a associação entre constitucionalismo e republicanismo num contexto que tendia para a consolidação da independência em sentido monárquico e constitucional. Hipólito da Costa, livre da experiência traumática da repressão e geograficamente distante da realidade pernambucana, podia realizar essa leitura particular sobre 1817 com muito mais tranquilidade. Além disso, mesmo que a invocação de 1817 tenha sido pontual na imprensa periódica da independência e que não tenha sido apropriada pela reflexão historiográfica hegemônica do IHGB, ela encontrou ressonâncias na historiografia pernambucana oitocentista.

---

pernambucano no interior dos destinos do país. Seu primeiro presidente foi o próprio Muniz Tavares. MOREL, Marco. *Op. cit.*; SCHARWCZ, Lilia. *Os guardiões da nossa História Oficial*. São Paulo: IDESP, 1995.

152 As obras de José Inácio Abreu e Lima publicadas entre 1835 e 1845 são: *Bosquejo Político e Literário do Brasil* (1835), *Compêndio de história do Brasil* (1843) e *Synopsis ou dedução cronológica dos fatos mais notáveis da História do Brasil* (1845). Para mais informações, ver: MOREL, Marco. *Op. cit.*

Em meio à crescente politização e ampliação da esfera pública no mundo luso-americano, materializada pelo debate impresso, observou-se uma crítica generalizada ao Antigo Regime, acompanhada pelo reconhecimento de que se vivia um tempo novo. Os periódicos citavam-se reciprocamente, o que possibilitava a transformação de elementos discursivos específicos em um universo compartilhado de ideias. Manifestações desse elemento comum – as críticas dirigidas ao Antigo Regime – foram encontradas na imprensa do Rio de Janeiro, Pará, Bahia e Pernambuco, integrando portanto, uma base intelectual mais ou menos estável. No plano discursivo e identitário, foi frequente, principalmente na imprensa do Rio de Janeiro e da Bahia, a polarização entre *portugueses* e *brasileiros*, assim como a afirmação do sacrifício dos colonos a despeito do caráter perverso do empreendimento metropolitano. Tal polarização foi acompanhada, por sua vez, da afirmação de uma fidelidade *brasileira* à monarquia portuguesa, operação em que a releitura da Restauração bem sucedida pelo sacrifício dos colonos, ganhava força e adquiria novos conteúdos. Note-se que a releitura da Restauração não esteve presente apenas no periodismo de Pernambuco, mas também nos jornais do Rio de Janeiro e da Bahia. Portanto, a gestação de uma história reconhecidamente específica do Brasil poderia comportar, também, conteúdos de recorte regional.

Tudo isso engendrou, por sua vez, por sua vez, a construção da ideia de uma *História do Brasil*. Esse quadro ajudava a compor algo que a própria política institucional, em um movimento permeado de conflitos e contradições, estava tentando consolidar: construir *o Brasil*, dotado de autonomia política, unificado pelas instituições, pelo território, e *também pela sua história*. A consolidação do Estado brasileiro foi um processo conflituoso, ao longo da primeira metade do século XIX. Ao lado desse processo, o desafio de construir uma *História Geral do Brasil*, nacional, mas que também integrasse as histórias regionais, não foi rapidamente resolvido décadas após a independência. Mas é inegável que o conjunto de reflexões sobre o passado desenvolvido no interior do debate impresso, entre 1821 e 1822, no Brasil, informariam as reflexões sobre como escrever a história nacional brasileira, ao longo do século XIX.

Epílogo

UMA HISTÓRIA NACIONAL ANTES DA NAÇÃO?

Nas páginas anteriores, observou-se a ocorrência de um processo de politização de uma identidade brasileira entre 1821 e 1822, que se deu, entre outros fatores, pela utilização de argumentos históricos. Como foi exposto, a imprensa periódica publicada no Brasil foi veículo privilegiado e fundamental para tal empreendimento. A partir desse processo, demonstrou-se também que, no bojo do debate público daqueles anos, desenvolveu-se a ideia da existência de uma "História do Brasil", específica em relação à portuguesa, que era, evidentemente, uma "criação". Tal operação foi construída por meio da leitura da colonização portuguesa da América como um todo coeso, um "período" da "História do Brasil" que é lido em função do processo de independência.

Se a ruptura política não era uma realidade definitiva para os protagonistas políticos daquele período, foi, sem dúvida, uma possibilidade aventada e, em determinado momento, tomada por alguns como inevitável.

A colonização portuguesa da América, que reunia eventos e personagens até então dispersos, foi ordenada entre os anos de 1821 e 1822 como sinônimo da história do despotismo português e da concomitante luta do colono contra a opressão, com a definição da "inevitável" independência como princípio organizador da narrativa histórica.

Mesmo quando o processo de colonização é compreendido como uma "etapa" necessária à situação atual do Brasil, tomada metaforicamente como um "período de infância" que deveria ser seguido, "naturalmente", pela sua emancipação, esse movimento é acompanhado da progressiva historicização da experiência histórica, fenômeno explicitado pela própria constatação da leitura processual do passado colonial a partir do processo de independência, da valorização das experiências históricas recentes, assim como da mobilização de teorias da independência.

Tais teorias implicavam tentativas de controle do futuro, uma vez que a partir delas foram debatidas questões que envolviam a possibilidade de aceleração ou retardamento dos acontecimentos, assim como de controle de suas feições, já que o processo, em si, era tomado como irreversível.

Com a independência, inaugurava-se um período de construção do Estado Nacional, prolongado de maneira bastante conflituosa, pelo menos, até a década de 1850. Desse modo, surgem alguns questionamentos: a partir de que momento pode-se cogitar a possibilidade de formação da nação brasileira? Seria possível tomar a mobilização político-identitária da história empreendida no período da independência como uma etapa da formação da consciência nacional? Se sim, como conceber isso sem incorrer na atualização das interpretações historiográficas nacionalistas, segundo as quais a história colonial deixa de ser apenas a sucessão de acontecimentos isolados e passa a ser lida como o desenvolvimento progressivo de uma identidade nacional que resultaria, inevitavelmente, na independência? Não estaria essa última ideia, considerada pela historiografia crítica como uma construção historiográfica de meados do século XIX já inscrita nas lutas políticas que culminaram com a independência?

Para enfrentar tal questionamento, faz-se necessário retomar a discussão sobre a questão nacional de forma mais abrangente, reafirmando alguns dos pressupostos já apresentados neste livro.

Para a historiografia defensora do Estado como demiurgo da nação, em seu sentido político, a associação entre Estado e nação é típica do século XIX. Por isso, o nacionalismo precederia a existência das nações, conforme defende, por exemplo, Eric Hobsbawm: "as nações não formam os Estados e os nacionalismos, mas sim o oposto".[1]

Para tal corrente de interpretação sobre o tema, nações e nacionalismo são fenômenos essencialmente modernos, ou seja,

---

1 HOBSBAWM, Eric. *Nações e nacionalismo desde 1780*. Rio de Janeiro: Paz e Terra, 1990. p. 19

posteriores à formação dos Estados nacionais, que por sua vez, consolidaram-se após as revoluções burguesas do século XVIII. De maneira geral, essa tendência modernista de interpretação das relações entre Estado e nação se inclina a denunciar o caráter ideológico que envolve a questão nacional, ou seja, a artificialidade da construção da nação como fonte legitimadora dos Estados nacionais oitocentistas. Desse ponto de vista, as nações seriam comunidades artificiais, com laços predominantemente fabricados, e daí a necessidade de denunciar os objetivos ideológicos de manipuladores nacionalistas na abordagem das relações entre Estado e nação.[2]

Contudo, como o próprio Hobsbawm admitiu, somente algumas das "tradições inventadas" encontram ressonância entre as pessoas, e só algumas delas revelam-se duradouras. A partir dessa constatação, Anthony D. Smith desenvolve uma crítica à tese modernista acerca da questão nacional, a qual foi muito importante no horizonte de reflexões desta perquirição. Segundo este autor, se a nação é a mais importante das tradições inventadas duradouras, "(...) em que sentido devemos considerá-la inventada ou construída? Por que essa invenção, com tanta frequência e em contextos culturais e sociais tão diferentes, parece tocar um nervo tão sensível, e por tanto tempo? Nenhum artifício, por mais bem construído que fosse, poderia sobreviver a tantas espécies diferentes de vicissitudes ou se adaptar a tantas condições diferentes. É claro que há mais coisas na formação das nações do que uma fabricação nacionalista. A invenção deve ser entendida em seu outro sentido: é uma recombinação inédita de elementos já existentes".[3]

Em busca de um inventário conceitual das categorias centrais para a compreensão do fenômeno nacional, Smith desenvolve o conceito de "comunidade étnica" (ou "etnia"), que para ele, não se confunde com o de "raça". Conforme ressalta o autor, elementos como recordações históricas compartilhadas, mitos de origem

---

2   Para uma análise crítica da postura modernista no que diz respeito à questão nacional, ver: SMITH, Anthony. O nacionalismo e os historiadores. In: BALAKRISHNAN, Gopal. (org.). *Um mapa da questão nacional*. Rio de Janeiro: Contraponto, 2000. p. 185 – 208.

3   *Idem*.

comuns, um ou vários elementos de cultura coletiva de caráter diferenciador, a associação a um território específico e um sentido de solidariedade entre setores significativos da população, só mimetizam uma comunidade étnica no momento em que ocorre uma outorga de um significado identitário a esses indicadores.[4] José Carlos Chiaramonte, por sua vez, defende que a concepção contratualista do conceito de nação, característica de fins do século XVIII e início do século XIX, não deve ser confundida com o "princípio das nacionalidades" vigente posteriormente, em meados do século XIX, momento em que a etnicidade se converteria em fator de legitimação do Estado contemporâneo.[5]

É verdade que para Smith, o conceito de etnia é bem mais abrangente do que em Chiaramonte; contudo, este último adverte para a necessidade de se tratar o conceito de nação historicamente, opondo-se à Smith no que diz respeito à ideia de que as nações seriam fenômenos presentes, indistintamente, ao longo da história.

Neste livro, procurou-se enfrentar o problema das mediações entre Estado e nação para além da discussão da precedência de uma dimensão sobre a outra. Se é verdadeiro que os mitos de fundação nacional são construções discursivas com a finalidade de legitimar o presente, tais construções, no caso brasileiro, foram baseadas em um acúmulo de experiências históricas associadas à condição colonial que engendrou identidades coletivas. Identidades estas que coexistiram com a identidade nacional portuguesa até o início do século XIX, mas que sofreram um intenso processo de politização a partir de 1821. Esse quadro agudizou o senso de diferenciação entre portugueses peninsulares e americanos. Progressivamente e baseado em argumentos de natureza histórica, esse conjunto apresentava-se, no plano discursivo e identitário, como uma oposição entre portugueses e brasileiros. Tal oposição implicou, por sua vez, o desenvolvimento da ideia de uma História do Brasil que, portanto, apresenta muitos

---

4   SMITH, Anthony D. *A identidade nacional*. Lisboa: Gradiva, 1997; SMITH, Anthony. *Myths and memories of the nation*. New York: Oxford University Press, 1999.

5   CHIARAMONTE, José Carlos. El mito de las orígenes en la historiografia latinoamericana. *Op. cit.*

dos elementos que seriam retomados e aprofundados pela historiografia brasileira oitocentista.

O conjunto de ideias e reflexões sobre o passado desenvolvido no interior da atividade impressa publicada no Brasil e explorado ao longo deste livro informaria, em parte, sobre as concepções de nação e história nacional desenvolvidas ao longo do século XIX. Daí, a valorização da constatação de Smith, segundo a qual, a "invenção da nação" é uma recombinação inédita de elementos já existentes, associada à ideia de que só se pode atribuir um sentido "nacional" a determinados elementos identitários quando os próprios coevos lhes outorgam tal condição.

A análise aqui apresentada concentrou-se na dimensão eminentemente política do fenômeno nacional, afastando-se, neste ponto, do que Smith definiria a partir de conteúdos essencialmente culturais. Contudo, defendeu-se, ao longo deste livro, a ideia de que no período compreendido entre 1821 e 1822, ocorreu a "outorga" de significados a elementos identitários relacionados à colonização portuguesa da América, no sentido de lhes atribuir um significado especificamente brasileiro. Esse momento de "outorga" foi materializado, entre outros fatores, por meio de argumentos de natureza histórica, o que aprofundava, também, um movimento de caráter geral, ou seja, a transformação na maneira de perceber e representar o tempo histórico, que adquiria um caráter processual. Sob esse aspecto, a organização de acontecimentos relativos à colonização portuguesa da América nos discursos analisados compôs uma narrativa histórica que logo seria nacionalizada pela historiografia brasileira imbuída de conferir sustentabilidade ao Estado imperial nascente.

Fundado em 21 de outubro de 1838, o Instituto Histórico e Geográfico Brasileiro tinha por objetivo cristalizar uma memória nacional, por meio do recolhimento, guarda e transcrição de documentos, mas também de lançar as bases para a interpretação nacional da História do Brasil.[6] Ora, o exame das personalidades

---

6 GUIMARÃES, Lucia Maria Paschoal. *"Debaixo da proteção de Sua Majestade Imperial": o Instituto Histórico e Geográfico Brasileiro (1838-1889)*. São Paulo, Faculdade de Filosofia, Letras e Ciências Humanas da Universidade de São Paulo, 1994. (Tese de Doutorado).; GUIMARÃES, Manuel Luís Salgado. De Paris ao Rio de Janeiro: a institucionalização da escrita

que se reuniram para fundar o IHGB permite constatar que na lista dos sócios fundadores do instituto destacam-se homens que atuaram no processo de independência, muitos, inclusive, protagonistas do debate travado na imprensa daquele período.

O Cônego Januário da Cunha Barbosa, um dos redatores do periódico *Reverbero Constitucional Fluminense* entre 1821 e 1822, foi o grande executivo da fase inicial do instituto: organizou a revista, escreveu artigos e biografias, administrou o IHGB em seus primeiros anos e sugeriu que o imperador tomasse a instituição sob sua proteção.[7]

Além de Cunha Barbosa, redator do *Reverbero*, outros fundadores do instituto foram colaboradores do jornal: Antônio José de Paiva Guedes de Andrade, José Antônio Lisboa, José Clemente Pereira, José Silvestre Rebelo e Raimundo José da Cunha Mattos – este último, ao lado de Januário da Cunha Barbosa, do IHGB, foi idealizador e primeiro presidente desta instituição.[8]

Francisco Gê Acaiaba Montezuma, outro sócio fundador do instituto, exerceu atuação política de destaque durante o processo de independência na Bahia, utilizando como arma seu jornal *Diário Constitucional*, que logo se tornaria *O Constitucional*, veículo de disseminação de ideias bastante contundentes no que diz respeito às leituras do passado. No terceiro capítulo, procurou-se demonstrar como tal periódico se esforçou em denunciar a potencial divergência entre colonos e metropolitanos, supostamente ditada pela própria natureza da colonização – muitas

---

da História. *Acervo*. Rio de Janeiro: Arquivo Nacional. V. 4, N. 1. pp. 135-143, jan/jun. 1989.

7 Para acesso à lista de sócios fundadores do instituto, ver: GUIMARÃES. Lucia Maria Paschoal. *Op. cit.* A mesma autora esclarece que o grande executivo da fase inicial do instituto foi o cônego Januário da Cunha Barbosa, que assumiu o cargo de primeiro secretário, função que de fato concentrava as atribuições de gerir o instituto, enquanto que ao presidente cabia uma função política.

8 Para a lista de colaboradores do *Reverbero Constitucional Fluminense*, ver: Quadro Indicador de Responsabilidade Autoral na *Instrumentação da edição fac-similar do Reverbero Constitucional Fluminense, 1821-1822/* organizada por Marcello de Ipanema (*in memoriam*) e Cybelle de Ipanema. Rio de Janeiro: Edições Biblioteca Nacional, 2005. 3 v., p. 162 - 163.

vezes tomada pelo redator como uma divergência entre "portugueses" e "brasileiros".

Essa coincidência não deve ser compreendida como uma comunhão ininterrupta de interesses entre esses homens, desde 1821, com o aprofundamento do processo de politização da identidade brasileira, até 1838, com a fundação do IHGB, como se houvesse um esforço coletivo e progressivamente maior para a consolidação da identidade nacional.

Contudo, a presença de protagonistas do processo de independência na fundação do instituto, sobretudo, de redatores ou colaboradores dos periódicos aqui analisados, sugere que a grande parte dos sócios fundadores do instituto conhecia, muito de perto, a mobilização política e discursiva de argumentos históricos tendo em vista a legitimação do processo de independência; muitos deles, vale enfatizar, foram os próprios construtores de tal operação.

Para além desse fato, é notável que a compreensão do processo de colonização portuguesa da América – tomada como um período encerrado, um bloco coeso, componente de uma "História do Brasil" – seja aprofundada nas proposições iniciais do instituto, momento em que tal história já era tratada claramente como etapa, com data de início e fim, da história nacional brasileira:

> A nossa História necessitava de uma luz que a fizesse sair do obscuro caos, em que lançaram os discolos [sic], ou apaixonados inimigos da nossa glória; e ela foi acendida no dia 21 de outubro de 1838. Esta luz deve projetar seus reflexos não só a mais remota posteridade, como também sobre os fatos, que enchem o largo período de 322 anos, que começando da feliz descoberta de Pedro Álvares Cabral, terminou com a proclamação de nossa gloriosa Independência, desprendidas nas margens do Ipiranga dos lábios do Senhor D. Pedro I, imortal fundador do nosso Império.[9]

---

9   Citado por: ARAUJO, Valdei Lopes de. *A experiência do tempo. Conceitos e narrativas na formação nacional brasileira. (1813-1845)*. São Paulo: Hucitec, 2008 p. 140.

Nota-se também que está presente nas proposições iniciais dos fundadores do instituto, a ideia de que a colonização portuguesa foi a responsável por muitos males como, por exemplo, o descuido do patrimônio literário do Brasil. Afirma-se, ainda, à semelhança do discurso presente na imprensa periódica dos anos de 1820, a existência de um movimento, apresentado como inexorável, de emancipação e desenvolvimento da civilização do Brasil, a despeito das condições adversas impostas pela colonização, o que pressupunha a leitura de Portugal como força retrógrada a esse movimento.[10]

Mas a principal ideia que surgiu no bojo das disputas políticas que culminaram com a independência, e que em meados do século XIX seria aprofundada, assumindo a função de princípio orientador para a elaboração de uma história nacional brasileira, é aquela que atribuiu à ruptura com Portugal um papel organizador da narrativa histórica da colonização portuguesa da América, algo que, como procurou-se demonstrar, fazia parte de uma transformação mais geral no que diz respeito à percepção e representação do tempo histórico.

Para Januário da Cunha Barbosa, em 1839, fazia-se necessário escrever a História Geral do Brasil, missão que deveria ser norteada por um princípio totalizador existente na própria realidade. Segundo Valdei Lopes de Araujo, o que estava em questão, sob o ponto de vista do cônego, era encontrar um princípio narrativo que pudesse conciliar as demandas por uma unidade racional dos processos com a positividade dos eventos históricos. Dessa forma, a História Geral do Brasil não deveria ser a somatória das histórias provinciais. Também não poderia ser o resultado do acúmulo e justaposição de relatos parciais, mas deveria ser elaborada a partir de um fio condutor que organizasse a narrativa histórica. Dentro dessa concepção, o princípio orientador escolhido por Cunha Barbosa foi o processo de independência do Brasil.

> O Gênio da Independência vê com alvoroço um grande acontecimento, cuja novidade oblitera a lembrança dos que o precederam, e ocupa mais particularmente

---

10 *Idem.*

a atenção da história e da filosofia. Apresenta-se às suas vistas, rica de futuros gloriosos, essa nau que conduz às plagas de Cabral um príncipe descendente dos magnânimos monarcas, que, confiando dos mares a salvação da sua Real pessoa e família, prolonga a conservação da monarquia portuguesa; o ano de 1808, é pela cronologia, marcado como época memorável para o Brasil. Com ele se transporta o jovem herdeiro da Augusta casa de Bragança, que o céu havia destinado para fundador do grande Império transatlântico, o criador da dinastia brasileira [...].[11]

Com essa eleição, a nacionalidade e a própria independência passavam a ficar inscritas ao longo da história colonial.

É digno de nota que, à semelhança das proposições que surgiram no debate impresso entre 1821 e 1822, o ano de 1808 é estabelecido como o início do "processo de emancipação". Mesmo que durante aqueles anos ainda não houvesse uma defesa do passado enquanto desenvolvimento progressivo de uma nacionalidade – até porque a provisoriedade dos projetos políticos levava à instrumentalização de argumentos históricos de forma bastante circunstancial – é inegável que, durante as lutas políticas que culminaram com a independência, criava-se e difundia-se, via imprensa periódica, uma narrativa histórica sobre o Brasil desde Cabral.

Toda a história da colonização portuguesa da América passava a ser lida como uma etapa da História do Brasil, uma etapa considerada encerrada e organizada, lida, apropriada e representada em função da constatação da inevitabilidade da independência. Desse modo, o conjunto de ideias e reflexões sobre o passado, desenvolvidas no interior da atividade impressa entre 1821 e 1822, informou as reflexões sobre como escrever uma história nacional brasileira, tarefa institucionalizada a partir de 1838.

Consolidar tal realização, décadas após a independência, passava por uma operação simbólica e ideológica contraditória que embasaria parte da formação da nacionalidade – o delinear da

---

11 Citado por: ARAUJO, Valdei Lopes de. *Op. cit.* p. 180.

existência do Brasil, com autonomia e em oposição a Portugal, mas também como herdeiro de um passado civilizado europeu. A tentativa de construção de uma História Geral do Brasil que abarcasse as especificidades regionais, diante de uma realidade de construção instável da unidade territorial, era outro grande desafio. De todo modo, no início dos anos de 1820, as bases da estabilização dessa tarefa já haviam sido dadas.

Fontes e Bibliografia

Fontes

DICIONÁRIOS

BLUTEAU, Rafael. *Vocabulário Português e Latino*. Coimbra: Colégio das Artes da Companhia de Jesus, c. 1712 – 1726, 8 vols. Disponível em http://www.brasiliana.usp.br/dicionario Acesso em 20. mai. 2010.

BRUNSWICK, Henrique. *Diccionario de synónimos da lingua portugueza*. Lisboa: Francisco Pastor, 1899.

FARIA, Eduardo. *Novo dicionário de língua portuguesa*. Lisboa, Tipografia Lisboense de José Carlos d'Aguiar Vianna, 1855. Tomo I, 1855.

FARIA, Eduardo. *Novo dicionário de língua portuguesa*. Lisboa, Tipografia Lisboense de José Carlos d'Aguiar Vianna, 1878.

PINTO, Luiz Maria da Silva. *Diccionario da Lingua Brasileira* por Luiz Maria da Silva Pinto, natural da Provincia de Goyaz. Na Typographia de Silva, 1832.

SILVA, Antonio de Morais. *Diccionario da Lingua Portugueza*. Lisboa: Typographia Lacerdina, 1813.

SILVA, Antônio de Morais. *Diccionário de Língua Portugueza*. Lisboa, Impressão Régia, 1831.

SILVA, Antônio de Morais. *Grande dicionário da língua portuguesa*. Rio de Janeiro, Confluência, 1945 v. 3.

Folhetos

O Alfaiate Constitucional. Rio de Janeiro, Tip. Nacional, 1821.

Carta do compadre do Rio São Francisco ao filho do compadre do Rio de Janeiro. (por J. J. do C. M.) Rio de Janeiro, Imprensa Nacional, 1821. 10 p.

Carta que em defesa dos brasileiros insultados escreve ao sacristão de Carahi o Estudante Constitucional, amigo do filho do compadre do Rio de Janeiro. Rio de Janeiro, Imprensa Nacional, 1821. 22 p.

Correspondência turca interceptada a um emissário secreto da Sublime Porta residente na Corte do Rio de Janeiro. (Folhetos 1º a 4º). Rio de Janeiro, Imp. Nacional, 1822. 88 p.

Discurso que em desagravo aos Brasileiros ofendidos pelo Compadre de Lisboa na sua Carta impolítica dirigida ao Compadre de Belém. Rio de Janeiro: Imprensa Nacional, 1821. 4 p.

Heroicidade Brasileira. Rio de Janeiro, Imp. Nacional, 1822. 8 f.

Justa retribuição dada ao compadre de Lisboa em desagravo aos brasileiros ofendidos por várias asserções que escreveu na sua carta em resposta ao compadre de Belém pelo filho do compadre do Rio de Janeiro que a oferece e dedica aos seus patrícios. Rio de Janeiro: Imp. Nacional, 1822. 30 p.

Reclamação do Brasil. Rio de Janeiro, 1822.

Resposta analytica a hum artigo do Portuguez Constitucional em defeza dos direitos do Reino do Brasil, por hum fluminense. Rio de Janeiro. Tipografia Nacional, 1821. 29 p.

Periódicos

O Amigo do Rei e da Nação. Rio de Janeiro, 1821.

Anais Fluminenses de ciências, artes e literatura. Rio de Janeiro, 1822.

O Bem da Ordem. Rio de Janeiro, 1821.

Brasil. Rio de Janeiro, 1822.

O Compilador Constitucional Político e Literário Brasiliense. Rio de Janeiro, 1822.

O Conciliador do Maranhão. Maranhão, 1821.

O Conciliador do Reino Unido. Rio de Janeiro, 1821.

O Conciliador Nacional. Recife, 1822.

O Constitucional. Rio de Janeiro, 1822.

Correio Braziliense ou Armazém Literário. 1808-1822. Londres, 1821 – 1822. São Paulo: Imprensa Oficial do Estado, 2002, 30 v.

Correio do Rio de Janeiro. Rio de Janeiro, 1822.

O Despertador Braziliense. Rio de Janeiro, 1821.

Diário Constitucional / O Constitucional. Salvador, 1821-1822.

Diário do Rio de Janeiro. Rio de Janeiro, 1821-1822.

O Espelho. Rio de Janeiro, 1821-1822.

Gazeta do Rio de Janeiro. Rio de Janeiro, 1821-1822.

A Idade D'Ouro do Brasil. Salvador, 1821 – 1822.

Jornal de Anúncios. Rio de Janeiro, 1821.

O Macaco Brasileiro. Rio de Janeiro, 1822.

Malagueta. Rio de Janeiro, 1821 – 1822.

O Maribondo. Recife, 1822.

O Papagaio. Rio de Janeiro, 1822.

O Paraense. Pará, 1822.

O Regulador Brasílico-Luso/O Regulador Brasileiro. Rio de Janeiro, 1822.

O Relator Verdadeiro. Recife, 1821-1822.

Revérbero Constitucional Fluminense. Rio de Janeiro, 1821 – 1822.

A Sabatina Familiar de Amigos do Bem Comum. Rio de Janeiro, 1821 – 1822.

Segarrega. Recife, 1821-1822.

Semanário Cívico da Bahia. Salvador, 1821- 1822.

O Volantim. Rio de Janeiro, 1822.

Outros Documentos

ANDRADA E SILVA, José Bonifácio de. Manifesto do Príncipe Regente do Brasil aos Governos e Nações Amigas, datado de 6 de agosto de 1822. In: *Obras políticas, científicas e sociais*. Coligidas e reproduzidas por Edgard de Cerqueira Falcão, vol. II. São Paulo: Grupo de Trabalho Executivo das Homenagens ao Patriarca, 1965.

COUTINHO, D. Rodrigo de Souza. Memória sobre o melhoramento dos domínios de Sua Majestade na América. Publicada na coletânea dirigida por Andrée Mansuy Diniz Silva. *Textos políticos, econômicos e financeiros (1783-1811)*. Lisboa, Banco de Portugal, 1993. Sem data de publicação, a *Memória* fora escrita, segundo Diniz Silva, entre 1797 e 1798.

VISCARDO Y GUZMÁN, Juan Pablo. *Carta dirigida a los españoles americanos*.[1792]. México, Fondo de Cultura Económica, 2004.

Bibliografia

AGUIRRE ELORRIAGA, Manoel. *El Abade de Pradt em la emancipación hispanoamericana (1800-1830)*. Caracas: Universidad Católica Andrés Bello, Instituto de Investigaciones Históricas, 1983.

ALEXANDRE, Valentim. *Os sentidos do Império: questão nacional e questão colonial na crise do Antigo Regime Português*. Porto, Afrontamento, 1993.

ALMARZA VILLALOBOS, Ángel Rafael. História – Venezuela. In: FERNÁNDEZ SEBASTIÁN, Javier. (dir.). *Diccionario político y social del mundo iberoamericano. La era de las revoluciones, 1750- 1850.* Madrid: Fundación Carolina. Sociedade Estatal de Conmemoraciones Culturales. Centro de Estudios Políticos y Constitucionales. 2009, p. 681 – 692.

ANDERSON, Benedict. *Nação e consciência nacional.* São Paulo. Ática, 1989.

ARAUJO, Ana Cristina. Um império, um reino e uma monarquia na América. *In:*JANCSÓ, I. (org). *Independência: História e Historiografia.* São Paulo: FAPESP/Hucitec, 2005. p. 235-270.

ARAUJO, Valdei Lopes de. & PIMENTA, João Paulo G. História. *In*: FERES JUNIOR, João. (org.) *Léxico da História dos Conceitos Políticos do Brasil.* Belo Horizonte: Editora UFMG, 2009. p. 119-140.

ARAUJO, Valdei Lopes de. & PIMENTA, João Paulo G. História - Brasil. *In*: FERNÁNDEZ SEBASTIÁN, Javier. (dir.) *Diccionário Político y Social del mundo iberoamericano.* Madrid: Fundación Carolina/ Sociedad Estatal de Conmemoraciones Culturales/Centro de Estudios Politicos y Constitucionales, 2009. p. 593-604.

ARAUJO, Valdei Lopes de. *A experiência do tempo: Conceitos e narrativas na formação formação nacional brasileira.* São Paulo: Hucitec, 2008.

ARAUJO, Valdei Lopes de. História dos conceitos: problemas e desafios para uma releitura da modernidade ibérica. In: *Almanack Braziliense.* (revista eletrônica)., N. 7, maio de 2008. p. 47-55. Disponível em: http://www.almanack.usp.br . Acesso em 28. mai. 2010.

ARENDT, Hannah. *Da revolução.* Brasília: Editora UnB, 1988.

ARRIGHI, Giovanni. *O longo século XX: dinheiro, poder e as origens do nosso tempo*. São Paulo: Contraponto/Editora da Unesp, 1996.

ARTOLA, Miguel. *La burguesia revolucionaria (1808-1874)*. Madrid, Alianza Editorial, 1977.

BALAKRISHNAN, Golpal. (org.). *Um mapa da questão nacional*. Rio de Janeiro: Contraponto, 2000.

BARMAN, Roderick. *Brazil: the forging of a nation. 1798 – 1852*. Califórnia, Stanford University Press, 1988.

BERBEL, Márcia Regina. *A nação como artefato – deputados do Brasil nas cortes portuguesas (1821-1822)*. São Paulo, Hucitec, 1999.

_____. Márcia Regina. & MARQUESE, Rafael de Bivar. La esclavitud en las experiencias constitucionales ibericas. 1808-1824. In: FRASQUET, Ivana. (org.) *Bastillas, cetros y blasones. La independencia en Iberoamerica*. Madrid: Fundación Mapfre-Instituto de Cultura, 2006. p.347-374.

BERBEL, Márcia Regina. & MARQUESE, Rafael de Bivar. The absence of race: slavery, citizenship, and pro-slavery ideology in the Cortes of Lisbon and in the Rio de Janeiro Constituent Assembly (1821-1824) In: *Social History*, 32 (4): 415-433, November 2007.

BERBEL, Márcia Regina. "A retórica da recolonização". In: István Jancsó (org). *Independência: História e Historiografia*. São Paulo: Hucitec, 2005. p. 791 - 808.

_____. "Pátria e patriotas em Pernambuco (1817-1822)" In: JANCSÓ, István. (org.). *Brasil: formação do Estado e da nação*. São Paulo, Hucitec/FAPESP, 2003, p. 345-363.

BERNARDES, Denis Antônio de Mendonça. *O patriotismo constitucional: Pernambuco, 1820-1822*. São Paulo: Hucitec; Recife: Editora Universitária UFPE, 2006.

BETHELL, Leslie. (org.) *História da América Latina*. São Paulo/Brasília: Edusp/Funag, 1999. (v. II "A América Latina Colonial").

_____. *História da América Latina*. São Paulo/Brasília: Edusp/Funag, 2001. (v.III "Da independência até 1870").

BETHENCOURT, Francisco. & CURTO, Diogo Ramada (org.) *A memória da nação*. Lisboa: Sá da Costa, 1992.

BRADING, David. Introdução *In*: VISCARDO Y GUZMÁN, Juan Pablo. *Carta a los españoles americanos*. México, FCE, 2004.

BRAUDEL, F. A longa duração. *In: História e Ciências Sociais*. Lisboa: Presença Editorial, 1982.

CARVALHO, José Murilo de. *A construção da ordem: elite política imperial*. Brasília, UnB, 1980.

CHIARAMONTE, José Carlos. El mito de las orígenes en la historiografia latinoamericana. *In: Cuadernos Del Instituto Ravignani*, 2. Instituto de Historia Argentina y Americana Dr. Emilio Ravignani, Faculdad de Filosofia y Letras, Universidad de Buenos Aires, s. d., p. 1 –35.

_____. Metamorfoses do conceito de nação durante os séculos XVII e XVIII. In: JANCSÓ, István. (org.). *Brasil: formação do Estado e da nação*. São Paulo: Hucitec, Fapesp, 2003. p. 61-92.

COELHO, Geraldo Mártires. *Anarquistas, demagogos e dissidentes. A imprensa liberal do Pará de 1822*. Belém, Edições CEJUP, 1993.

COSTA, Wilma P. A independência na historiografia brasileira. *In*: JANCSÓ, I. (org). *Independência: História e Historiografia*. São Paulo: FAPESP/Hucitec, 2005. p. 53 – 118.

_____. Entre tempos e mundos: Chateaubriand e a outra América. In: *Almanack Braziliense*. N. 11. Maio/2010. p. 5-25. (revista eletrônica).

DIAS, J. J. da Silva. A revolução liberal portuguesa: amálgama e não substituição de classes. In: PEREIRA, M. H. & outros. (org.). *O liberalismo na península ibérica na primeira metade do século XIX*. Lisboa: Sá da Costa, 1982. v.I, p. 267-286.

DIAS, Maria Odila da Silva. A interiorização da metrópole. *In*: MOTTA, Carlos G. (org.) *1822: Dimensões*. São Paulo: Perspectiva, 1972. p. 160-184.

_____. *O fardo do homem branco : Southey, historiador do Brasil. Um estudo dos valores ideológicos do império do comércio livre*. São Paulo: Nacional, 1974.

DOLHNIKOFF, Miriam. *Construindo o Brasil: unidade nacional e pacto federativo nos projetos das elites (1820-1842)*. São Paulo: Faculdade de Filosofia, Letras e Ciências Humanas da Universidade de São Paulo, 2000 (Tese de Doutorado).

FALCON, Francisco C. *A Época Pombalina. Política Econômica e Monarquia Ilustrada.*São Paulo, Ática, 1982.

_____. Pombal e o Brasil. *In:* TENGARRINHA, José. (org.) *História de Portugal.* Bauru: Edusc; São Paulo: Unesp; Portugal: Instituto Camões, 2001. p. 227- 243.

FERES JUNIOR, João. & JASMIM, Marcelo. (org.) *História dos conceitos: debates e perspectivas*. Rio de Janeiro: Editora PucRio/ Edições Loyola, 2006.

_____. *História dos conceitos: diálogos transatlânticos*. Rio de Janeiro: Editora PucRio/Edições Loyola, 2006.

FERES JUNIOR, João. & MADER, Maria Elisa. América/americanos. In: FERES JUNIOR, João (org.) *Léxico da História dos Conceitos Políticos do Brasil*. Belo Horizonte: Editora da UFMG, 2009. p. 25-42.

FERES JUNIOR, João. (org.) *Léxico da História dos Conceitos Políticos do Brasil*. Belo Horizonte: Editora UFMG, 2009.

FERNANDES, Ana Claudia. *A Revolução em pauta: o debate Correo del Orinoco – Correio Braziliense (1817-1820)*. São Paulo: Faculdade de Filosofia, Letras e Ciências Humanas da Universidade de São Paulo, 2010. (Dissertação de Mestrado).

FERNANDES, Florestan. A sociedade escravista no Brasil. In: *Circuito* fechado. Quatro ensaios sobre o "poder institucional". São Paulo: Hucitec, 1976.

FERNÁNDEZ SEBASTIÁN, Javier. (dir.) Diccionário Político y Social del mundo iberoamericano. Madrid: Fundación Carolina/ Sociedad Estatal de Conmemoraciones Culturales/Centro de Estudios Politicos y Constitucionales, 2009.

_____. Revolucionarios y liberales. Conceptos e identidades politicas en el mundo Atlántico. In: CALDERÓN, María Teresa & THIBAUD, Clément. (orgs.) Las revoluciones en el mundo atlántico. Bogotá, Taurus História. p. 215-250.

FIGUEIREDO, Luciano. & MUNTEAL FILHO, Oswaldo. Da celebridade ao esquecimento (prefácio) In: RAYNAL, Guillaume-Thomas François. A Revolução na América. Rio de Janeiro, Arquivo Nacional, 1993, p. 1-53.

FIGUEIREDO, Luciano. Revoltas, fiscalidade e identidade colonial na América portuguesa. Rio de Janeiro, Bahia e Minas Gerais, 1640-1761. São Paulo, Faculdade de Filosofia, Letras e Ciências Humanas da Universidade de São Paulo, 1996 (Tese de Doutorado).

FRAGOSO, João. & FLORENTINO, Manolo. O arcaísmo como projeto: mercado atlântico, sociedade agrária e elite mercantil em uma sociedade colonial tardia:Rio de Janeiro, c. 1790-c. 1840. Rio de Janeiro: Civilização Brasileira, 2001.

FRASQUET, Ivana. (org.) Bastillas, cetros y blasones. La independencia en Iberoamerica. Madrid: Fundación Mapfre-Instituto de Cultura, 2006.

FRIEIRO, Eduardo. O diabo na livraria do Cônego. Belo Horizonte: Itatiaia, 1957.

GELLNER, Ernest. Nações e Nacionalismo. Lisboa: Gradiva, 1983.

GUERRA, François Xavier. Modernidad e independencias: ensayos sobre las revoluciones hispánicas. México: FCE, 1993.

_____. A nação na América espanhola – a questão das origens. In: *Revista Maracanan*. Rio de Janeiro. UFRJ, ano 1, n° 1, 1999-2000.

GUERRA, François Xavier. & LEMPÉRIÈRE, A. [et.all] *Los espacios públicos en Iberoamérica. Ambiguidades y problemas. Siglos XVIII – XIX*. México, Fondo de Cultura Económica, 1998.

GUERRA, François Xavier. A nação moderna: nova legitimidade e velhas identidades. In: JANCSÓ, István. (org.) *Brasil: formação do Estado e da nação*. São Paulo: Hucitec/FAPESP, 2003, p. 33-60.

GUIMARÃES, Lúcia Maria Paschoal. *Debaixo da proteção de Sua Majestade Imperial: O Instituto Histórico e Geográfico Brasileiro (1838-1889)*. São Paulo, FFLCH/USP, 1994. (Tese de Doutorado).

GUIMARÃES, Manuel Luís Salgado. De Paris ao Rio de Janeiro: a institucionalização da escrita da História. *In: Acervo*. Rio de Janeiro: Arquivo Nacional. V. 4, n. 1. p. 135-143, jan/jun. 1989.

_____. (org.) *Estudos sobre a escrita da História*. Rio de Janeiro: Sete Letras, 2006.

HABERMAS, Jürgen. *Mudança estrutural na esfera pública*. Rio de Janeiro: Tempo Brasileiro, 1984.

HALPERIN DONGHI, Túlio. *Reforma y disolución de los impérios ibéricos. 150-1850*. Madrid: Alianza, 1985.

HARTOG, François. *Anciens, modernes, sauvages*. Paris: Gallade, 2005.

_____. O confronto com os antigos. In: *Os antigos, o passado e o presente*. Brasília, Editora da UnB, 2003. p. 112-154.

_____. Tempo, História e a Escrita da História: a Ordem do Tempo. In: *Revista de História*. São Paulo: Departamento de História da Faculdade de Filosofia, Letras e Ciências Humanas da Universidade de São Paulo. n.148, 1° semestre de 2003.

HOBSBAWM, Eric. *A era das revoluções*. 1789-1848. 4ª ed. Rio de Janeiro: Paz e Terra, 1982.

_____. *Nações e nacionalismo desde 1780 – programa, mito e realidade*. Rio de Janeiro: Paz e Terra, 1990.

HOLANDA, Sergio Buarque de. A herança colonial, sua desagregação In: *História Geral da Civilização Brasileira*. São Paulo, Difel, 1960. Tomo II – O Brasil Monárquico.

_____. *História Geral da Civilização Brasileira*. São Paulo: Difel, 1960. Tomo II – O Brasil Monárquico.

IPANEMA, Marcello de. & IPANEMA, Cybelle de. (org.) *Instrumentação da edição fac-similar do Reverbero Constitucional Fluminense (1821-1822)*. Rio de Janeiro: Edições Biblioteca Nacional. 2005. 3v.

JANCSÓ, István. & PIMENTA, João G. Peças de um mosaico (ou apontamentos para o estudo da emergência da identidade nacional brasileira). In: MOTA, Carlos G. *Viagem incompleta – a experiência brasileira*. São Paulo, Senac, 2000, p. 127-175.

JANCSÓ, István. (org.) *Brasil: Formação do Estado e da nação*. São Paulo: Hucitec/Fapesp/Ed. Unijuí, 2003.

_____. (org) *Independência: história e historiografia*. São Paulo: FAPESP/Hucitec, 2005.

JANCSÓ, István. & SLEMIAN, Andrea. Um caso de patriotismo imperial. In: DINES, Alberto. (org.). *Hipólito José da Costa e o Correio Braziliense. Estudos*. São Paulo,/Brasília: Imprensa Oficial do Estado; Correio Braziliense, 2002, Volume XXX., p. 605-667.

JANCSÓ, István. A sedução da liberdade: cotidiano e contestação política no final do século XVIII. *In*: NOVAIS, Fernando A (dir.). & SOUZA, Laura de Mello e. (org.) *História da Vida Privada no Brasil*. São Paulo: Companhia das Letras, 1997. (V. I. Cotidiano e vida privada na América portuguesa), p. 387-437

_____. *Projeto Temático A fundação do Estado e da nação brasileiros (1750 - 1850).* São Paulo, 1º semestre de 2003. (mimeo).

JASMIM, Marcelo. *Alexis de Tocqueville: a história como ciência da política.* Rio de Janeiro: Access Editora, 1997.

KANTOR, Íris. *Esquecidos e renascidos: a historiografia acadêmica luso-americana (1724-1759).* São Paulo-Salvador: Hucitec-Centro de Estudos Baianos-UFBA, 2004.

KOSELLECK, Reinhart. *Crítica e crise. Uma contribuição à patogênese do mundo burguês.* Rio de Janeiro, Editora da Uerj/Contraponto, 1999.

_____. *Futuro passado. Contribuição à semântica dos tempos históricos.* Rio de Janeiro: Contraponto, 2006.

LE GOFF, Jacques. *História e Memória.* Campinas: Editora da Unicamp, 2003.

LEITE, Renato Lopes. *Republicanos e libertários. Pensadores radicais no Rio de Janeiro (1822).* Rio de Janeiro: Civilização Brasileira, 2000.

LIMA, Oliveira. *D. João VI no Brasil.* 3ª ed. Rio de Janeiro: Topbooks, 1996.

_____. *O Movimento da Independência. 1821-1822.* São Paulo: Melhoramentos, 1921.

LOPES, Emílio Carlos Rodriguez. *Festas Públicas, Memória e Representação: um Estudo sobre Manifestações Políticas na Corte do Rio de Janeiro, 1808-1822.* São Paulo: Humanitas / FFLCH-USP, 2004.

LOURENÇO, Jaqueline. Um espelho brasileiro: visões sobre os povos indígenas e a construção de uma simbologia nacional no Brasil (1808 - 1831). São Paulo: Faculdade de Filosofia, Letras e Ciências Humanas, Universidade de São Paulo, 2010. Dissertação de Mestrado.

LUSTOSA, Isabel. *Insultos Impressos. A guerra dos jornalistas na independência (1821-1823)*. São Paulo: Companhia das Letras, 2000.

LYRA, Maria de Lourdes Vianna. *A Utopia do poderoso império: bastidores da política (1798-1822)*. Rio de Janeiro: Sette Letras, 1994.

MACHADO, André Roberto de Arruda. *A quebra da mola real das sociedades. A crise política do Antigo Regime Português na província do Grão-Pará (1821-25)*. São Paulo, Faculdade de Filosofia, Letras e Ciências Humanas da Universidade de São Paulo, 2006 (Tese de Doutorado).

_____. As esquadras imaginárias: no extermo norte, episódios do longo processo de independência do Brasil. In: István Jancsó. *Op. cit.* p. 303 – 343.

MAGNOLI, Demétrio. *O corpo da pátria. Imaginação geográfica e política externa no Brasil (1808-1912)*. São Paulo: Editora da Unesp/Editora Moderna, 1997.

MALERBA, Jurandir. *A Corte no exílio. Civilização e poder no Brasil às vésperas da Independência (1808 a 1821)*. São Paulo: Cia das Letras, 2000.

MARCÍLIO, Maria Luiza. A população do Brasil. *In:* BETHELL, Leslie. (org.) *História da América Latina. Volume 2. A América Latina Colonial*. São Paulo: Edusp/Funag, 1999, p. 311-338.

MARQUESE, Rafael de Bivar. Escravismo e Independência: a ideologia da escravidão no Brasil, em Cuba e nos Estados Unidos nas décadas de 1810 e 1820. *In:* JANCSÓ, István. (org.). *Independência: História e Historiografia*. São Paulo: Hucitec, 2005, p. 809-827.

_____. Governo dos escravos e ordem nacional. Brasil e Estados Unidos (1820-1860) *In:* JANCSÓ, István. (org.) *A fundação do Estado e da nação brasileiros (c. 1770 – c. 1850)*. Bauru/São Paulo: Edusc, Fapesp, 2001., p. 251-265.

MATOS, Ilmar R. de. Construtores e herdeiros. A trama dos interesses na construção da unidade política. In: JANCSÓ, István. (org.) Independência: História e Historiografia. São Paulo: FAPESP/ Hucitec, 2005, p. 271-294.

MATTOSO, Kátia M. de Queirós. A Bahia no século XIX - uma província no Império. Rio de Janeiro: Nova Fronteira, 1992.

MAXWELL, K. A geração de 1790 e a ideia de um império luso-brasileiro. In: Chocolates, piratas e outros malandros. Ensaios Tropicais. Rio de Janeiro: Paz e Terra, 1999.; p. 158 - 207.

MEIRELLES, Juliana Gesuelli. Imprensa e poder na Corte joanina. A Gazeta do Rio de Janeiro, 1808-1821. Rio de Janeiro, Arquivo Nacional, 2008.

MELLO, Evaldo Cabral de. A outra independência: o federalismo pernambucano de 1817 a 1824. São Paulo: Editora 34, 2004.

_____. Rubro veio: o imaginário da restauração pernambucana. Rio de Janeiro: Editora Nova Fronteira, 1986.

MOREL, Marco. As transformações nos espaços públicos. Imprensa, Atores Políticos e Sociabilidades na Cidade Imperial (1820 - 1840). São Paulo: Hucitec, 2005.

_____. Independência no papel: a imprensa periódica. In: JANCSÓ, István. (org.) Independência: história e historiografia. São Paulo: FAPESP/Hucitec, 2005, p. 617-636.

_____. Nação e revolução: o rubro veio historiográfico no Brasil na primeira metade do século XIX. In: CHAVES, Claudia Maria das Graças. & SILVEIRA, Marco Antônio. (orgs.). Território, conflito e identidade. Belo Horizonte, Argumentum, 2008, v. 1, p. 181-206.

MOREL, Marco. & BARROS, Mariana M. Palavra, imagem e poder - o surgimento da imprensa no Brasil do século XIX. Rio de Janeiro: DP&A, 2003.

MORTON, F. W. O. The Conservative Revolution of Independence:

Economy, Society and Politics in Bahia, 1790-1840. Oxford, 1974. (Tese de Doutorado).

NEVES, Lúcia Bastos Pereira das. Corcundas e constitucionais. A cultura política da independência (1820-1822). Rio de Janeiro: Editora Revan/FAPERJ, 2003.

NOVAIS, Fernando A (dir.). & SOUZA, Laura de Mello e. (org.) História da Vida Privada no Brasil. São Paulo: Companhia das Letras, 1997. (V. I. Cotidiano e vida privada na América portuguesa).

NOVAIS, Fernando A. Condições de privacidade na colônia. In: NOVAIS, Fernando A (dir.). & SOUZA, Laura de Mello e. (org.) História da Vida Privada no Brasil. São Paulo: Companhia das Letras, 1997. (V. I. Cotidiano e vida privada na América portuguesa). p. 13-39.

NOVAIS, Fernando A. Portugal e Brasil na crise do antigo sistema colonial (1777 - 1808). 6ª ed. São Paulo, Hucitec, 1995

OLIVEIRA, Cecília Helena de Salles. A astúcia liberal. Relações de mercado e projetos políticos no Rio de Janeiro (1820-1824). Bragança Paulista: Edusf-Ícone, 1999.

_____. Sociedade e projetos políticos na província do Rio de Janeiro (1820-1824). In: JANCSÓ, István. (org.). Independência: História e Historiografia. São Paulo: FAPESP/Hucitec, 2005., p. 475-514.

PEREIRA, Míriam Halpern & outros (org.). O liberalismo na península ibérica na primeira metade do século XIX. Lisboa: Sá da Costa, 1982.

PIMENTA, João Paulo G. Brasil y las independencias de Hispanoamérica. Castellón: Publicaciones de la Universidad Jaume I, 2007.

_____. De Raynal a De Pradt: apontamentos para o estudo da ideia de emancipação da América e sua leitura no Brasil (1808-1822).

In: *Almanack Braziliense*. N. 11. Maio/2010. (revista eletrônica). p. 88-99. Disponível em: http://www.almanack.usp.br

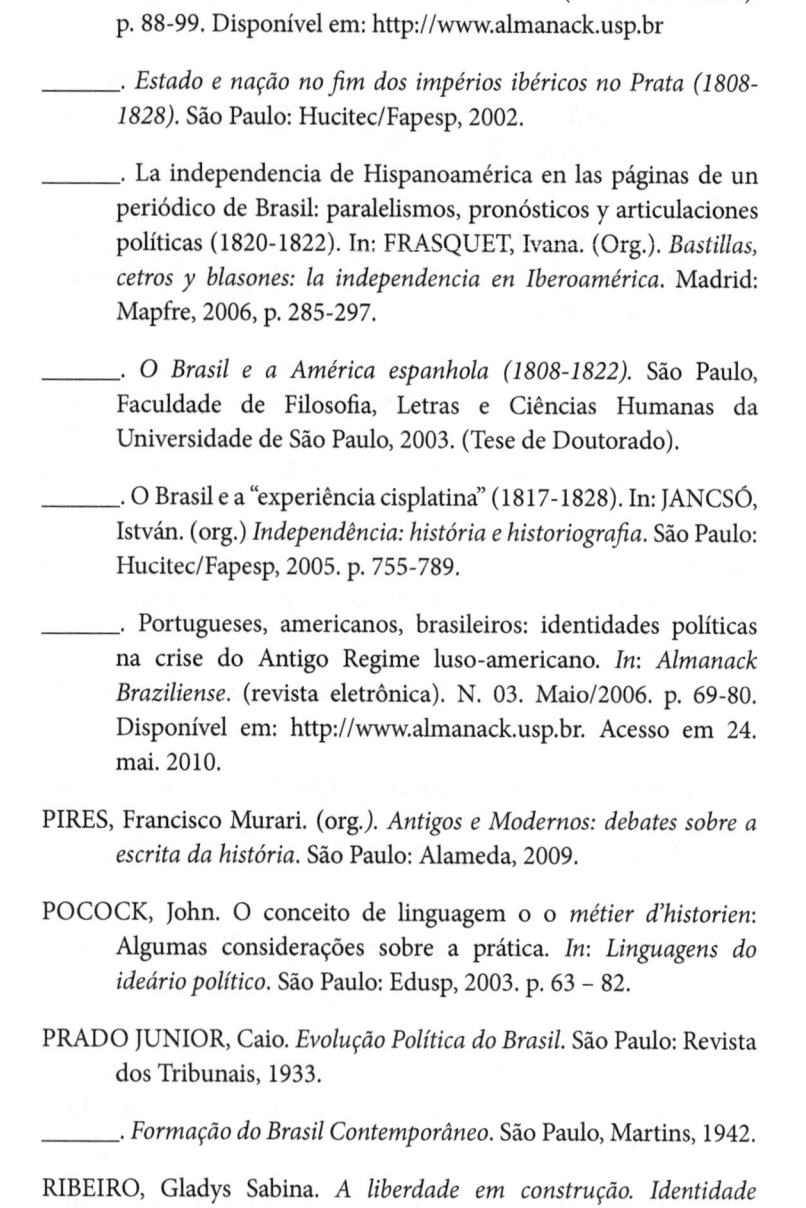

_____. *Estado e nação no fim dos impérios ibéricos no Prata (1808-1828)*. São Paulo: Hucitec/Fapesp, 2002.

_____. La independencia de Hispanoamérica en las páginas de un periódico de Brasil: paralelismos, pronósticos y articulaciones políticas (1820-1822). In: FRASQUET, Ivana. (Org.). *Bastillas, cetros y blasones: la independencia en Iberoamérica*. Madrid: Mapfre, 2006, p. 285-297.

_____. *O Brasil e a América espanhola (1808-1822)*. São Paulo, Faculdade de Filosofia, Letras e Ciências Humanas da Universidade de São Paulo, 2003. (Tese de Doutorado).

_____. O Brasil e a "experiência cisplatina" (1817-1828). In: JANCSÓ, István. (org.) *Independência: história e historiografia*. São Paulo: Hucitec/Fapesp, 2005. p. 755-789.

_____. Portugueses, americanos, brasileiros: identidades políticas na crise do Antigo Regime luso-americano. In: *Almanack Braziliense*. (revista eletrônica). N. 03. Maio/2006. p. 69-80. Disponível em: http://www.almanack.usp.br. Acesso em 24. mai. 2010.

PIRES, Francisco Murari. (org.). *Antigos e Modernos: debates sobre a escrita da história*. São Paulo: Alameda, 2009.

POCOCK, John. O conceito de linguagem o o *métier d'historien*: Algumas considerações sobre a prática. In: *Linguagens do ideário político*. São Paulo: Edusp, 2003. p. 63 – 82.

PRADO JUNIOR, Caio. *Evolução Política do Brasil*. São Paulo: Revista dos Tribunais, 1933.

_____. *Formação do Brasil Contemporâneo*. São Paulo, Martins, 1942.

RIBEIRO, Gladys Sabina. *A liberdade em construção. Identidade nacional e conflitos antilusitanos no Primeiro Reinado*. Rio de Janeiro: Relume Dumará, 2002.

RIZZINI, Carlos. *O livro, o jornal e a tipografia no Brasil. 1500-1822.* Rio de Janeiro: Kosmos, 1946.

ROCHA, Antônio Penalves. A economia política na desagregação do Império português In: CARDOSO, José Luís. (coord.) *A economia política e os dilemas do império luso-brasileiro (1790-1822).* Lisboa: Comissão Nacional para as comemorações dos descobrimentos portugueses, 2001, p. 149-197.

RODRIGUES, José Honório. *Independência: revolução e contrarevolução.* São Paulo: Francisco Alves, 1975 (5 vols).

ROSANVALLON, Pierre. Por uma história conceitual do político. In: *Revista Brasileira de História.* São Paulo: Anpuh, v. 15, n. 30, 1995.

SCHARWCZ, Lilia. *Os guardiões da nossa História Oficial.* São Paulo: IDESP, 1995.

SCHULTZ, Kirsten. *Versalhes tropical Império, monarquia e a Corte real portuguesa no Rio de Janeiro, 1808 – 1821.* Rio de Janeiro: Civilização Brasileira, 2008.

SCHWARTZ, Stuart. A formação de uma identidade colonial no Brasil. In: *Da América portuguesa ao Brasil – estudos históricos.* Lisboa: Difel, 2003.

SILVA, Ana Rosa Cloclet da. *Inventando a nação. Intelectuais ilustrados e estadistas luso-brasileiros na crise do Antigo Regime português (1750 – 1822).* São Paulo: Hucitec/Fapesp, 2006.

SILVA, Maria Beatriz Nizza da. *A primeira Gazeta da Bahia: A Idade d'Ouro do Brazil.* São Paulo: Cultrix, 1978.

SILVA, Rogério Forastieri da. *Colônia e nativismo: a História como "biografia da nação".* São Paulo: Hucitec, 1997.

SLEMIAN, Andrea. & PIMENTA, João Paulo G. *O "nascimento político" do Brasil: as origens do Estado e da nação (1808-1825).* Rio de Janeiro: DP&A, 2003.

SLEMIAN, Andrea. *Vida política em tempo de crise: Rio de Janeiro (1808-1824)*. São Paulo: Hucitec, 2006.

SMITH, Anthony. *A identidade nacional*. Lisboa, Gradiva, 1997.

_____. *Myths and Memories of the Nation*. New York: Oxford University Press, 1999.

_____. O nacionalismo e os historiadores. In: BALAKRISHNAN, Golpal. (org.). *Um mapa da questão nacional*. Rio de Janeiro: Contraponto, 2000. p. 185-208.

SODRÉ, Nelson Werneck. *História da Imprensa no Brasil*. Rio de Janeiro: Civilização Brasileira, 1966.

SOUSA, Maria Aparecida Silva. *Bahia: de capitania a província (1808-1823)*. São Paulo, Faculdade de Filosofia, Letras e Ciências Humanas da Universidade de São Paulo, 2008 (Tese de Doutorado).

SOUZA, Iara Lis C. *Pátria Coroada: o Brasil como corpo político autônomo. 1780-1831*. São Paulo: Editora da Unesp, 1998.

SOUZA, Laura de Mello. O nome do Brasil. In: *Revista de História*. São Paulo: Departamento de História da Universidade de São Paulo. N. 145. 2º semestre de 2001. p. 61-86.

_____. Laura de Mello e. A conjuntura crítica no mundo luso-brasileiro de início do século XVIII. In: *O Sol e a Sombra. Política e administração na América portuguesa do século XVIII*. São Paulo: Cia das Letras, 2006. p. 78-108.

STUMPF, Roberta G. *Filhos das Minas, americanos e portugueses: identidades coletivas na capitania de Minas Gerais (1763-1792)*. São Paulo: Faculdade de Filosofia, Letras e Ciências Humanas da Universidade de São Paulo, 2001. (Dissertação de Mestrado).

TENGARRINHA, José. *Da liberdade mitificada à liberdade subversiva: uma exploração no interior da repressão à imprensa periódica de 1820 a 1828*. Lisboa: Colibri, 1993.

THIBAUD, Clément. La guerra a muerte. In: *Repúblicas en armas. Los ejércitos bolivarianos en las guerras de Independencia de Colombia y Venezuela*, Bogotá, Planeta-IFEA, 2003. p. 107-148.

VARELLA, Flavia Florentino.; MOLLO, Helena.; MATA, Sergio da. & ARAUJO, Valdei Lopes de. *A dinâmica do historicismo: revisitando a historiografia moderna*. Belo Horizonte: Argymentvm, 2008.

VARNHAGEN, Francisco Adolfo de. *História da Independência do Brasil*. Rio de Janeiro: IHGB, 1916.

VENTURA, Roberto. *Leituras do abade Raynal na América Latina*. In: COGGIOLA, Osvaldo. (org.) *A Revolução Francesa e seu impacto na América Latina*. São Paulo: Nova Stella/CNPq, 1990, p. 165-179.

VILLALTA, Luís. O que se fala e o que se lê: língua, instrução e leitura. In: NOVAIS, Fernando A (dir.). & SOUZA, Laura de Mello e. *História da Vida Privada no Brasil*. São Paulo: Companhia das Letras, 1997. (V. I. Cotidiano e vida privada na América portuguesa), p. 331-385.

WASSERMAN, Fabio. Entre Clio e la Polis. *Conocimiento histórico y representaciones del passado en el Río de La Plata (1830-1860)*. Buenos Aires: Editorial Teseo, 2008.

WEHLING, Arno. (coord.) *Origens do Instituto Histórico e Geográfico Brasileiro: ideias filosóficas e sociais e estruturas de poder no Segundo Reinado*. Rio de Janeiro: IHGB, 1989.

_____. *Estado, história, memória : Varnhagen e a construção da identidade nacional*. Rio de Janeiro : Nova Fronteira, 1999.

WISIAK, Thomas. *A nação partida ao meio: tendências políticas na Bahia na crise do Império Luso-brasileiro*. São Paulo, Faculdade de Filosofia, Letras e Ciências Humanas da Universidade de São Paulo, 2001. (Dissertação de Mestrado).

ZERMEÑO PADILLA, Guilhermo. Historia – Introducción. In:

FERNANDEZ SEBASTIÁN, Javier. (dir.). *Diccionario político y social del mundo iberoamericano. La era de las revoluciones, 1750- 1850*. Madrid: Fundación Carolina. Sociedade Estatal de Conmemoraciones Culturales. Centro de Estudios Políticos y Constitucionales. 2009, p. 551- 592.

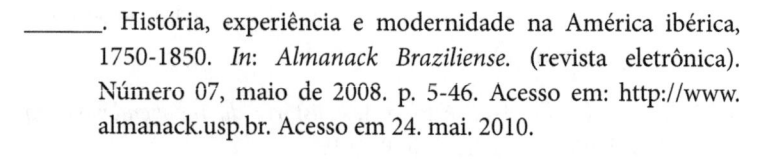

_____. História, experiência e modernidade na América ibérica, 1750-1850. In: *Almanack Braziliense*. (revista eletrônica). Número 07, maio de 2008. p. 5-46. Acesso em: http://www.almanack.usp.br. Acesso em 24. mai. 2010.

_____. *La cultura moderna de la historia: una aproximación teórica e historiográfica*. México: El Colegio del México, Centro de Estudios Históricos, 2002.

Alameda nas redes sociais:

Site: www.alamedaeditorial.com.br
Facebook.com/alamedaeditorial/
Twitter.com/editoraalameda
Instagram.com/editora_alameda/

Esta obra foi impressa em São Paulo no verão de 2017. No texto foi utilizada a fonte Minion Pro em corpo 10,7 e entrelinha de 12,84 pontos.